GERHARD LIMBERGER

Die Kompetenzen des Bundesrates und ihre Inanspruchnahme

Schriften zum Öffentlichen Recht

Band 435

Die Kompetenzen des Bundesrates und ihre Inanspruchnahme

Eine empirische Untersuchung

Von

Dr. Gerhard Limberger

DUNCKER & HUMBLOT / BERLIN

Gedruckt 1982 bei Buchdruckerei A. Sayffaerth - E. L. Krohn, Berlin 61
Printed in Germany
ISBN 3 428 05261 7

Inhaltsverzeichnis

Abkürzungsverzeichnis

a. A.	=	anderer Ansicht
AöR	=	Archiv des öffentlichen Rechts (zitiert nach Band und Seite)
BayVBl.	=	Bayerische Verwaltungsblätter
BayVGH	=	Bayerischer Verwaltungsgerichtshof
BGBl.	=	Bundesgesetzblatt
BHE	=	Bund der Heimatvertriebenen und Entrechteten
BK	=	Bonner Kommentar
BP	=	Bayernpartei
BR	=	Bundesrat
BR-Drs.	=	Bundesrats-Drucksachen
BReg	=	Bundesregierung
BTag	=	Bundestag
BPräs	=	Bundespräsident
BVerfG	=	Bundesverfassungsgericht
BVerfGE	=	Entscheidungen des Bundesverfassungsgerichts
BVerwG	=	Bundesverwaltungsgericht
BVerwGE	=	Entscheidungen des Bundesverwaltungsgerichts
CDU	=	Christlich demokratische Union
CSU	=	Christlich soziale Union
Diss.	=	Dissertation
d. h.	=	das heißt
DÖV	=	Die öffentliche Verwaltung (zitiert nach Jahrgang und Seite)
DP	=	Deutsche Partei
DPS	=	Demokratische Partei Saar
DRP	=	Deutsche Rechtspartei
DV	=	Deutsche Verwaltung
DVBl.	=	Deutsches Verwaltungsblatt
DVP	=	Demokratische Volkspartei
DZP	=	Deutsche Zentrumspartei
Erl.	=	Erläuterung
FAZ	=	Frankfurter Allgemeine Zeitung
FDP	=	Freie demokratische Partei
FN	=	Fußnote
FS für den BR	=	Festschrift für den Bundesrat
GB/BHE	=	Gesamtdeutscher Block/BHE
GDP	=	Gesamtdeutsche Partei
Ges.	=	Gesetz
GG	=	Grundgesetz
GO-VA	=	Geschäftsordnung des Vermittlungsausschusses
HdBdBR	=	Handbuch des Bundesrates
h. L.	=	herrschende Lehre
h. M.	=	herrschende Meinung

i. e.	=	das ist
i. S. d.	=	im Sinne des
i. V. m.	=	in Verbindung mit
JÖR	=	Jahrbuch des öffentlichen Rechts
JuS	=	Juristische Schulung (zitiert nach Jahrgang und Seite)
JZ	=	Juristenzeitung (zitiert nach Jahrgang und Seite)
KPD	=	Kommunistische Partei Deutschlands
LP	=	Legislaturperiode
MDHS	=	Maunz / Dürig / Herzog / Scholz, Kommentar
MP	=	Ministerpräsident
m. w. Nachw.	=	mit weiteren Nachweisen
NJW	=	Neue Juristische Wochenschrift (zitiert nach Jahrgängen und Seiten)
RN	=	Randnummer
RVO	=	Rechtsverordnung
Rspr.	=	Rechtsprechung
SPD	=	Sozialdemokratische Partei Deutschlands
SSW	=	Südschleswigsche Wählervereinigung
VermA.	=	Vermittlungsausschuß
VerwArch	=	Verwaltungsarchiv (zitiert nach Band und Seite)
Vorb.	=	Vorbemerkung
VVDStRL	=	Veröffentlichungen der Vereinigung der Deutschen Staatsrechtslehrer (zitiert nach Band und Seite)
WAV	=	Wirtschaftlicher Aufbauverein
Z	=	Zentrum
ZaöRV	=	Zeitschrift für ausländisches öffentliches Recht und Völkerrecht (zitiert nach Jahrgang und Seite)
ZParl	=	Zeitschrift für Parlamentsfragen (zitiert nach Jahrgang und Seite)
ZRP	=	Zeitschrift für Rechtspolitik (zitiert nach Jahrgang Seite)

Kapitel 1

Einleitung

I. Anlaß und Absicht der Studie

1. Kontroversen um den Bundesrat

Als im Herbst 1969 die erste Bundesregierung seit Bestehen der Bundesrepublik Deutschland gebildet wurde, an der die CDU/CSU nicht beteiligt war, konnte man zu Recht davon sprechen, daß das parlamentarische Regierungssystem erwachsen geworden war[1]. Die Regierungsfraktionen der SPD und der FDP verfügten gemeinsam über die absolute Mehrheit der Stimmen im Deutschen Bundestag[2] und hatten sich zur Bildung einer Koalitionsregierung verabredet. Dieser Mehrheit im Bundestag stand eine Stimmenmehrheit von CDU/CSU regierten Ländern im Bundesrat gegenüber, wobei allerdings lediglich in Bayern eine „reine" christdemokratische bzw. christlich-soziale Regierung im Amt war, während in den übrigen Ländern, in denen die CDU den Ministerpräsidenten stellte, Koalitionen sowohl mit der FDP als auch mit der SPD bestanden[3].

Die parteipolitisch divergierenden Mehrheitsverhältnisse in Bundestag und Bundesrat führten zu einer Aktualisierung der Diskussion über die Aufgaben und Kompetenzen des Bundesrates. Die Diskussion erfolgte auf zwei Ebenen. Neben der wissenschaftlichen Diskussion verfassungsrechtlicher und verfassungspolitischer Fragen wurde die Rolle des Bundesrates zunehmend Gegenstand der tages- und parteipolitischen Auseinandersetzungen. Glaubte man früher, man könne den Bundesrat als „Parlament der Oberregierungsräte" bezeichnen, wie dies Theodor Heuss getan haben soll[4], so wurden die Stellungnahmen und Beschlüsse des Bundesrates mehr und mehr als hochpolitische Entscheidungen angesehen, wenn der Gegenstand, über den der Bundesrat beriet, in der Öffentlichkeit diskutiert wurde.

---

[1] H. Meyer, S. 72.

[2] SPD: 224 Sitze; FDP: 30 Sitze; CDU/CSU: 242 Sitze; (ohne Berliner Abgeordnete).

[3] Näheres siehe unten Kap. 4 I. 1.

[4] Laufer in FS für den BR, S. 411.

Mit dem Amtsantritt der Regierung Brandt/Scheel war der politische Frontenverlauf zwischen den Parteien trotz zahlreicher im Vergleich zur Koalition auf Bundesebene unterschiedlich zusammengesetzter Koalitionen auf Länderebene klar. Die CDU/CSU war durch die sog. kleine SPD/FDP-Koalition in die für sie ungewohnte Oppositionsrolle gedrängt. Bereits während der Regierungsbildung hatte der damalige Vorsitzende der CDU und noch amtierende Bundeskanzler Kiesinger im Zusammenhang mit einer eventuell erforderlichen Oppositionsstrategie der Unionsparteien erklärt, neben der möglichen Errichtung eines Gegenkabinetts würden der SPD/FDP-Regierung Schwierigkeiten über den Bundesrat bereitet werden[5]. Die CDU/CSU-Stimmenmehrheit im Bundesrat sollte als Instrument der Bundestagsopposition genutzt werden[6]. Die Partei selbst kündigte eine Politisierung des Bundesrates an, woraufhin Politiker der SPD und FDP ihre Absicht äußerten, eine Blockierung der Bundestagsmehrheit durch den Bundesrat mit allen zur Verfügung stehenden Mitteln, gegebenenfalls auch einem Sturz einer CDU/FDP-Landesregierung zu verhindern[7]. Herbert Wehner warf später als Fraktionsvorsitzender der SPD-Fraktion der Opposition die Blockade von rechtsgültigen Beschlüssen des Bundestages im Bundesrat vor[8].

Wenn auch die Auseinandersetzungen über die Rolle des Bundesrates ab der 6. Legislaturperiode mit unterschiedlicher Heftigkeit geführt wurden — insbesondere relativierten Sprecher und Repräsentanten der CDU/CSU die von Kiesinger gemachten Äußerungen und verwiesen darauf, daß der Bundesrat eine politische Institution sei, in der politische Entscheidungen getroffen werden und daß dies schon immer so gewesen sei, auch schon vor dem Machtwechsel in Bonn[9] — blieb das Thema bis heute aktuell. So erklärte der baden-württembergische Ministerpräsident Späth im Januar 1981, die Unionsparteien wollten sich künftig im Bundesrat mehr als bisher auf die Geltendmachung von eigentlichen Länderinteressen beschränken und nicht mehr „Ausputzer" konservativer Teile in SPD und FDP sein, die mit der Politik der eigenen Partei nicht mehr einverstanden seien. Dadurch werde dem Wähler besser verdeutlicht, daß die Regierungskoalition die politische Verantwortung zu tragen habe[10].

---

[5] Vgl. Bermbach, S. 18; Westdt. Allgemeine vom 6. 10. 69; Der Spiegel vom 6. 10. 1969.

[6] Interview vom 22. 2. 1970; Pressedienst Bundesrat 4/70.

[7] Vgl. Bermbach, S. 14/15.

[8] Zitiert nach Laufer in ZParl 70, 319.

[9] Vgl. statt vieler, Interview des ehem. Bay. Staatsministers für Bundesangelegenheiten und Bevollmächtigten Bayerns beim Bund, Heubl, in ZParl 70, 309 f.

[10] Interview im Hessischen Rundfunk, Frankfurter Gespräche, 18. Januar 1981.

Die Auseinandersetzungen um den Bundesrat wurden zu einem Dauerstreit zwischen der Bundesregierung und der sie tragenden Fraktionen im Bundestag einerseits und den CDU/CSU geführten Bundesländern und der Opposition im Bundestag andererseits.

Eine weitere Folge der divergierenden Mehrheitsverhältnisse in Bundestag und Bundesrat war, daß bei Koalitionsvereinbarungen und Koalitionsverhandlungen auf Landesebene Wohlverhaltensklauseln für die Arbeit der Landesregierung im Bundesrat zunehmend an Bedeutung gewannen. Dabei blieb es der FDP überlassen, die Bonner Regierungskoalition auf diese Weise zu schützen[11].

Bewirkte der Regierungswechsel im Oktober 1969 eine Aktualisierung der Diskussion über den Bundesrat und wurde diese Diskussion in die breite politische Öffentlichkeit getragen, so waren doch Aufgaben und verfassungsrechtliche Stellung dieses Verfassungsorgans schon seit Beginn seiner Tätigkeit umstritten[12]. Die Frage nach der Zulässigkeit parteipolitisch motivierter Entscheidungen wurde im Bundesrat schon sehr früh behandelt[13]. Die geringe Resonanz der Arbeit des Bundesrates in der Öffentlichkeit, sein Informationsrecht nach Art. 53 GG[14] und die Klage über die kurzen Fristen, die das Grundgesetz für die Arbeit des Bundesrates bis zum Jahr 1969 vorsah, waren Gegenstand der politischen Diskussion. Seine Vermittlerrolle und seine Integrationsfunktion, die Kontinuität seiner Arbeit und der Charakter als politische Institution, und nicht nur als Vertreter von Länderinteressen, wurde von Ministerpräsidenten aller Parteien betont[15].

In der wissenschaftlichen Diskussion wurde vornehmlich der Kompetenzumfang des Bundesrates bei den sog. Zustimmungsgesetzen behandelt. Daneben waren Fragen nach dem richtigen Adressaten für den Erlaß von Verwaltungsvorschriften nach Art. 84 Abs. 2, 85 Abs. 2, 108 Abs. 7 und den damit verbundenen Rechten des Bundesrates sowie nach

---

[11] Bei der Regierungsbildung im Saarland 1977 und in Niedersachsen 1976 waren sog. Bundesratsklauseln Gegenstand von Koalitionsverhandlungen. In Hessen bot der CDU-Kandidat Dregger der FDP die Stimmführerschaft im BR im Falle einer Koalition zwischen CDU und FDP an; vgl. auch Bandorf, ZRP 77, 81; Fabritius in ZParl 76, 448.

[12] Stern, Bd. I, S. 576.

[13] Der Erste Bürgermeister von Hamburg, Dr. Sieveking (CDU), forderte in seiner Antrittsrede als Bundesratspräsident 1956, daß parteipolitische Momente im Hinblick auf die staatspolitischen Aufgaben des Bundesrates zurückzutreten hätten. G. A. Zinn (SPD) erklärte bei gleicher Gelegenheit 1953, politische, auch parteipolitische Entscheidungen im Bundesrat seien zulässig; vgl. Rummel, S. 58, 35. Dagegen fürchtete der frühere bay. Ministerpräsident Ehard eine Entfremdung der Struktur des Bundesrates durch eine mögliche Parteienbundesstaatlichkeit, vgl. Rummel, S. 98.

[14] Art. ohne Gesetzesangabe sind im folgenden solche des Grundgesetzes.

[15] Vgl. die von Rummel zusammengetragenen Antrittsreden der Bundesratspräsidenten.

den Kompetenzen im Zusammenhang mit Art. 80 Abs. 2 Streitpunkte der Diskussion.

Insgesamt kann man sagen, daß die Arbeit des Bundesrates und sein Kompetenzanspruch niemals unumstritten waren[16]. Entsprechend der Anzahl und Bedeutung der Streitpunkte im Zusammenhang mit dem Bundesrat wurde seine Arbeit von einer Fülle wissenschaftlicher Abhandlungen sowohl aus dem politologischen als auch aus dem staats- und verfassungsrechtlichen Bereich, sowie politischer Aufsätze und Reden begleitet.

2. Gegenstand der Untersuchung

Die wissenschaftlichen Untersuchungen über den Bundesrat beschäftigen sich fast ausnahmslos mit einer theoretischen Auseinandersetzung über den Umfang der ihm vom Grundgesetz zugewiesenen Kompetenzen. Erst mit dem Regierungswechsel 1969 und der damit verbundenen Frage der Zulässigkeit parteipolitischer Entscheidungen im Bundesrat wurde auch das „Wie" der Kompetenzinanspruchnahme durch den Bundesrat näher untersucht, wenn auch nur unter parteipolitischen Aspekten[17]. Eine umfassende Untersuchung über die Art und Weise der Inanspruchnahme der Kompetenzen durch den Bundesrat fehlt. Diese Lücke will die vorliegende Studie für den wichtigsten Bereich, das Rechtsetzungsverfahren, schließen.

Dabei kommt es dem Verfasser zum einen darauf an, ein Gesamtbild über die gesetzgeberische Tätigkeit des Bundesrates seit 1949 zu geben, zum anderen die Beweggründe und Motive bei Entscheidungen im Bundesrat nicht nur unter dem Gesichtspunkt der Parteipolitik herauszuarbeiten. Das parteipolitische Moment ist nur ein wichtiger Gesichtspunkt unter mehreren.

Eine auf parteipolitische Aspekte beschränkte Untersuchung hätte zwei Mängel. Zum einen würde sie der Arbeit des Bundesrates insoweit nicht gerecht, als die große Mehrheit der behandelten Gesetzesbeschlüsse parteipolitisch nicht umstritten waren und sind[18]. Zum anderen lassen sich parteipolitische Momente und Motive nur sehr schwer nachweisen. Gilt dies schon für die Zeit nach 1969, so erst recht für die

[16] Dabei fällt auf, daß der Streit im Parlamentarischen Rat, ob eine Senats- oder eine Bundesratslösung vorzuziehen sei, später eine sehr geringe Rolle gespielt hat.

[17] Vgl. Fromme, Gesetzgebung im Widerstreit; Bandorf, Der Bundesrat als Instrument der Parteipolitik; Laufer, Der Bundesrat als Instrument der Opposition; Klein, Parteipolitik im Bundesrat u. a.

[18] In der 7. und 8. Legislaturperiode wurden im BTag lediglich 6,4 bzw. 7,3 % der Vorlagen kontrovers behandelt, vgl. Parlamentsstatistik, ZParl 81, 13. Dies läßt den Schluß zu, daß der Anteil der parteipolitisch umstrittenen Gesetze im Bundesrat auch nicht viel höher war.

davorliegende Zeit. Die stenografischen Berichte und Drucksachen des Bundesrates enthalten allenfalls versteckt Hinweise auf Parteipolitik, die häufig auch nur dann zu verstehen sind, wenn aus anderen Quellen der politische Hintergrund, vor dem die Entscheidung getroffen worden ist, bekannt ist. Dies ist bei einer zeitlich rückläufigen Betrachtung kaum mehr möglich, je länger die Entscheidungen zurückliegen. Es bestünde die Gefahr, daß statt gesicherter, nachweisbarer und nachprüfbarer Erkenntnisse Vermutungen und Spekulationen Aufschluß über die Art, wie der Bundesrat seine Kompetenzen in Anspruch genommen hat, geben müßten.

Die vorliegende Studie will dagegen verläßlich Auskunft darüber geben, mit welchen Gründen der Bundesrat im Gesetzgebungsverfahren versucht hat, Einfluß zu nehmen und ob er damit erfolgreich war.

Die Untersuchung geht von einer Darstellung und Klassifizierung der Kompetenzen des Bundesrates aus und unterscheidet zum einen nach den unterschiedlichen Strukturen der Mitwirkungsrechte des Bundesrates, zum anderen nach dem Gegenstand der Mitwirkung. Die vom Bundesrat gefaßten Beschlüsse werden auf ihre Begründungen hin untersucht, und diese sollen in Form von Kategorien den Kompetenznormen gegenübergestellt werden. Darüber hinaus soll festgestellt werden, wie sich der Erfolg der Einflußnahme des Bundesrates auf die Mitwirkungsrechte und -gegenstände verteilt. Neben dem Verhältnis zwischen Kompetenznormen und Begründungskategorien sollen diese auf ihre Bedeutung für die unterschiedlichen Strukturen und Gewichte der Mitwirkungsrechte untersucht werden. Daneben soll eine weitere Untersuchung darüber treten, inwiefern zeitliche Faktoren und parteipolitische Veränderungen in Bundestag und Bundesrat sich auf die Arbeit des Bundesrates sowohl hinsichtlich des Umfangs als auch des Inhalts der Kompetenzinanspruchnahme ausgewirkt haben.

3. Aufgabenbereich des Bundesrates und Untersuchungsbereich

Um das Verhalten des Bundesrates umfassend beurteilen zu können, müßte seine Tätigkeit vollständig untersucht werden. Aus sachlichen wie aus arbeitstechnischen Gründen ist dies jedoch nicht möglich.

a) Aufgaben des Bundesrates

Gemäß Art. 50 wirken die Länder durch den Bundesrat bei der Gesetzgebung und Verwaltung des Bundes mit. Diese Funktionsbeschreibung ist nicht als abschließend zu verstehen[19] und enthält nur eine abstrakte Aufgabenumschreibung, die man als Zusammenfassung der

[19] Stern, Bd. I S. 575.

dem Bundesrat im Grundgesetz zugewiesenen Kompetenzen auffassen kann[20]. Einzelne Kompetenzen oder der Umfang von Kompetenzen sind aus Art. 50 nicht abzuleiten[21]. Die Vorschrift hat lediglich deklaratorische Bedeutung[22]. Unvollständig ist Art. 50 insoweit, als das Grundgesetz dem Bundesrat neben Aufgaben im Bereich der Gesetzgebung und Verwaltung auch Aufgaben im Bereich der Rechtsprechung und der Präsidialgeschäfte zuweist[23].

Das politisch bedeutsamste Mitwirkungsrecht des Bundesrates liegt in seiner Teilnahme am Gesetzgebungsverfahren. Kein Gesetz kann wirksam erlassen werden, ohne daß der Bundesrat an dem Verfahren beteiligt gewesen wäre[24].

Eine besondere Aufgabe fällt dem Bundesrat im Falle des Gesetzgebungsnotstandes zu. Unter den Voraussetzungen des Art. 81 gilt nach Erklärung des Gesetzgebungsnotstandes durch den Bundespräsidenten ein Gesetz als zustande gekommen, „soweit der Bundesrat ihm zustimmt". Diese häufig als „Legalitätsreserve des Bundesrates"[25] bezeichnete Funktion verstärkt in Ausnahmelagen die rechtliche Stellung des Bundesrates. Entsprechend dem Sinn und Zweck der fingierenden Wirkung des Art. 81 Abs. 2 Satz 1 treten Bundesregierung und Bundesrat gemeinsam an die Stelle von Bundestag und Bundesrat[26]. Dabei ist Art. 81 so konzipiert, daß Bundesregierung und Bundesrat gehalten sind, in jeder Phase der Ausnahmelage gemeinsam zu handeln und den Bundestag gemeinsam zu vertreten[27]. Daß Bundesregierung und Bundesrat gemeinsam die „Legalitätsreserve" bilden, ist evident. Nur von der Bundesregierung beschlossene Gesetzesvorlagen können Gegenstand der Beratungen des Bundesrates sein. Die von der Bundesregierung beschlossenen Gesetzesvorlagen kann der Bundesrat nur insgesamt annehmen oder ablehnen. Einseitige Änderungen kann er nicht vornehmen. Der Wortlaut ist wegen des „soweit" unklar. Daraus resultieren die Streitigkeiten, ob der Bundesrat sachlich auf das Gesetz

[20] Maunz in MDHS, Art. 50 RN 12; Lechner in DÖV 52, 417 f.

[21] v. Doemmig in JÖR 1 (NF) S. 382; Stern, Bd. I S. 575.

[22] Darüber herrschte schon im Parlamentarischen Rat Einigkeit, vgl. v. Doemmig, FN 21.

[23] Siehe im einzelnen unten Kap. 1 I. 3 a.

[24] Siehe im einzelnen unten Kap. 2 I., Kap. 2 II. und Kap. 2 III.

[25] v. Mangoldt / Klein, Art. 81 Anm. IV 2 a bb; Herrfahrdt in BK, Erl. 1 zu Art. 81; Füsslein in JÖR 1 (NF), S. 593; Hamann / Lenz, Art. 81 Anm. A; Strickrodt in DÖV 50, 525 (527).

[26] So auch von Mangoldt / Klein, Art. 81 Anm. IV 2 b; Schäfer, Bundesrat, S. 99; Schneider in VVDStRL 8, 43; Liesegang in v. Münch, Art. 81 RN 18; Maunz in MDHS, Art. 81 RN 17.

[27] So zu Recht Liesegang in v. Münch, Art. 81 RN 18; von Mangoldt / Klein, Art. 81 Anm. IV 3 a; Herrfahrdt in BK, Art. 81 Erl. II 3; Maunz in MDHS, Art. 81 RN 17.

Einfluß nehmen kann[28]. Man muß bei dieser Frage, wie Maunz[29] zu Recht darlegt, zwischen staatsrechtlicher Zustimmung und politischen sowie gesetzgeberischen Erwägungen unterscheiden. Letztere im Sinne einer versuchten Einflußnahme auf die Gesetzesvorlage sind sicherlich zulässig. Eine formalisierte Einflußnahmemöglichkeit wie sie für das normale Gesetzgebungsverfahren mit der Möglichkeit, den Vermittlungsausschuß anzurufen, gegeben ist, sieht Art. 81 dagegen nicht vor[30]. Daraus und aus dem Gebot zu gemeinsamem Handeln folgt die Zulässigkeit eines von Bundesregierung und Bundesrat bei Differenzen ad hoc gebildeten und gemeinsam besetzten Ausschusses, in dem eine Einigung gesucht werden kann[31]. Dafür spricht auch der Gedanke, daß der Bundesrat mit seinem absoluten Vetorecht die Gesetzesvorlage der Bundesregierung zum Scheitern bringen kann und daher die Einigungsmöglichkeit und damit die Einflußmöglichkeit im Interesse der Bundesregierung liegt.

Neben der Teilnahme am formellen Gesetzgebungsverfahren liegt ein zweiter Schwerpunkt der Kompetenzen und der Arbeit des Bundesrates in der Beratung von Rechtsverordnungen. Hier ist es vor allem Art. 80 Abs. 2, der die Zustimmungsbedürftigkeit auslöst[32]. Weiterhin gehören hierher die zahlreichen Rechtsverordnungen aus dem EG-Bereich.

Rein quantitativ sind die Rechtsverordnungen das Hauptbetätigungsfeld des Bundesrates. In den acht Legislaturperioden beriet der Bundesrat 4587 Rechtsverordnungen gegenüber 3599 Gesetzesvorlagen[33]. Die sehr weitgehende Kompetenz in Art. 80 Abs. 2 hat dazu geführt, daß kaum noch Rechtsverordnungen ohne Zustimmung des Bundesrates erlassen werden können[34].

---

[28] Bejahend Maunz, FN 27, unter ausdrücklichem Hinweis auf den Wortlaut; ebenfalls dafür, aber ohne Begründung Schmidt-Bleibtreu / Klein, Art. 81 RN 4; Schäfer, Bundesrat, S. 99; verneinend: von Mangoldt / Klein, Art. 81 Anm. IV 3 a; Jellinek in VVDStRL 8, 15, die in dem „soweit" ein redaktionelles Versehen sehen und darauf hinweisen, daß die Vorentwürfe zu Art. 81 bei den Beratungen des Parlamentarischen Rates jeweils statt „soweit" das Wort „sobald" enthielten, vgl. dazu JÖR 1 (NF) S. 594—597, 600, 602; Füsslein sieht ohne Begründung oder entsprechende Hinweise in der Veränderung des Wortlauts den Grund dafür, daß der Bundesrat auch eine nur teilweise Zustimmung erteilen kann, vgl. JÖR 1 (NF) S. 604; Hesse, Grundzüge, S. 288 spricht statt von „soweit" von „wenn".

[29] Maunz in MDHS, Art. 81 RN 17.

[30] Eine entspr. Anwendung des Art. 77 scheidet u. a. wegen der Besetzung des VermA. aus; a. A. Schneider in VVDStRL 8, 46.

[31] So auch Maunz in MDHS, Art. 81 RN 17; von Mangoldt / Klein Art. 81 Anm. IV 3 b.

[32] Die Kompetenzen zur Zustimmung bei Rechtsverordnungen nach Art. 119, 130, 132 spielen praktisch keine Rolle.

[33] Ohne Vorlagen aus dem EG-Bereich, vgl. HdBdBR S. 177, 179.

[34] Dies konnte Schäfer, Bundesrat, S. 101 schon 1955 feststellen; ebenso Denninger, S. 76.

Allgemeine Verwaltungsvorschriften bedürfen ebenfalls der Zustimmung des Bundesrates, wenn sie Vorschriften für die Ausführung von Bundesgesetzen durch die Länder als eigene Angelegenheiten nach Art. 84 Abs. 2, als Auftragsangelegenheiten nach Art. 85 Abs. 2 enthalten oder die Finanzverwaltung betreffen, soweit diese Aufgabe der Landesfinanzbehörden oder der Gemeinden oder der Gemeindeverbände ist, Art. 108 Abs. 7.

Andere Verwaltungs- und z. T. Regierungsmaßnahmen, an denen der Bundesrat beteiligt ist, sind die Mitwirkung an der Erarbeitung der Geschäftsordnung des Vermittlungsausschusses, Art. 77 Abs. 2 Satz 2, an der Entsendung von Beauftragten der Bundesregierung nach Art. 84 Abs. 4[35], an den Regelungen über nicht auf Landesrecht oder Staatsverträgen beruhende Einrichtungen im Sinne von Art. 130 Abs. 1 Satz 2 sowie bei Maßnahmen der Bundesregierung bei der Durchführung des Bundeszwanges nach Art. 37 Abs. 1.

Wichtigstes Mitwirkungsrecht des Bundesrates auf dem Gebiet der Rechtsprechung ist sein Recht, die Hälfte der Mitglieder des Bundesverfassungsgerichts zu wählen, Art. 94 Abs. 1 Satz 2. Daneben ist er im Parteiverbotsverfahren, bei Organstreitigkeiten, Präsidentenanklagen sowie beim Streit über die Fortgeltung alten Rechts antragsberechtigt, Art. 21 Abs. 2, 93 Abs. 1 Nr. 1, 61 Abs. 11, 126 i. V. m. §§ 13 Nr. 14, 86 BVerfGG. Hinzu kommt das Äußerungsrecht in anderen Verfahren[36].

Neben diesen Funktionen in Gesetzgebung, Verwaltung und Rechtsprechung kommen dem Bundesrat weitere Befugnisse zu. So nimmt er über sein Informationsrecht und sein Zitierrecht, Art. 53 Abs. 1 und 3, an den Geschäften der Bundesregierung teil.

Ebenso gehören die Mitwirkung bei der Ausübung der Bundesaufsicht, bei der Aufhebung von Maßnahmen im Zusammenhang mit Notstandsmaßnahmen, bei der Frage, ob vorkonstitutionelle Ermächtigungen zur Verordnungsgebung fortgelten, und das Recht auf Rechnungslegung durch den Bundesminister der Finanzen und auf Unterrichtung durch den Bundesrechnungshof sowie die Kompetenz zur Entlastungserteilung hierher, Art. 84 Abs. 4 Satz 1, 91 Abs. 2 Satz 2, 129 Abs. 1 Satz 2, 114.

Zu diesen Aufgaben kommen noch die sog. Präsidialgeschäfte[37], die weder Gesetzgebung noch Verwaltung sind: Entgegennahme des Amts-

---

[35] In diesem Fall ist das Mitwirkungsrecht nicht auf Zustimmung beschränkt, sondern hier hat der Bundesrat zu beschließen und die Bundesregierung zu beantragen.

[36] Vgl. §§ 13 Nr. 12 i. V. m. 83, 13 Nr. 13 i. V. m. 85 BVerfGG.

[37] Maunz in MDHS, Art. 50 RN 23, der auch die Anklage des Bundespräsidenten nach Art. 61 hierzu rechnet.

eides des Bundespräsidenten gemeinsam mit dem Bundestag sowie die Vertretung des Bundespräsidenten durch den Bundesratspräsidenten, Art. 56 Abs. 1, 57.

Eine wichtige Funktion des Bundesrates bei seiner Mitwirkung an der Verwaltung besteht in der Entsendung von Mitgliedern in verschiedene Aufsichts- und Verwaltungsgremien. Der Bundesrat entsendet derzeit in 39 Gremien Mitglieder[38]. Die Funktionen in solchen Gremien werden von den Mitgliedern des Bundesrates selbst oder durch beauftragte Dritte wahrgenommen.

Schließlich ist noch das Zutritts- und Rederecht der Mitglieder des Bundesrates zu allen Sitzungen des Bundestages und seiner Ausschüsse gemäß Art. 43 Abs. 2 zu nennen.

Im Verteidigungsfall kommen dem Bundesrat weitere Kompetenzen zu. So hat er gemeinsam mit dem Bundestag den Verteidigungsfall festzustellen, Art. 115 a. Der Kompetenzverlust der Länder nach Art. 115 c durch die Erstreckung der konkurrierenden Gesetzgebungskompetenz des Bundes auf Sachgebiete, für die die Länder zuständig sind, wird durch das Zustimmungsrecht des Bundesrates zu Gesetzen, die diese Materien behandeln, zu kompensieren versucht. Abweichende Regelungen im Bereich der Verwaltung und des Finanzwesens bedürfen ebenfalls der Zustimmung des Bundesrates, Art. 115 c Abs. 3, 115 k Abs. 3 Satz 2.

Weiterhin gehören das Aufhebungsrecht von Gesetzen des Gemeinsamen Ausschusses gemeinsam mit dem Bundestag sowie das damit korrespondierende Recht, einen Beschluß des Bundestages dazu zu verlangen, zu den Befugnissen des Bundesrates, Art. 115 l.

Eine bedeutsame politische Kompetenz des Bundesrates enthält Art. 59 Abs. 2. Verträge des Bundes, die die politischen Beziehungen des Bundes regeln oder sich auf Gegenstände der Bundesgesetzgebung beziehen, bedürfen der Zustimmung oder der Mitwirkung des Bundesrates. Diese Kompetenz ist zwar formal den Befugnissen des Bundesrates bei der Gesetzgebung zuzuordnen, da die Verträge durch Gesetz in innerstaatliches Recht transformiert werden müssen, sofern nicht der Ausnahmefall des Art. 25 vorliegt. Dennoch unterscheidet sich jene von dieser dadurch, daß der Bundesrat regelmäßig keinen Einfluß auf den Inhalt des Vertragsgesetzes mehr nehmen kann, da der Vertragsinhalt nach der Ratifikation allein durch die vertragschließenden Parteien gemeinsam geändert werden kann. Insoweit hat der Bundesrat lediglich ein Mitwirkungsrecht, wenn das Vertragsgesetz ein Ein-

---

[38] Wegen weiterer Einzelheiten, insbesondere die genaue Auflistung der Gremien, vgl. HdBdBR, S. 151 f, Stand: 3. 11. 1980.

spruchsgesetz ist, oder ein Mitbestimmungsrecht, wenn das Vertragsgesetz ein Zustimmungsgesetz ist. Ein mittelbares Mitgestaltungsrecht wie im normalen Gesetzgebungsverfahren ist ihm dagegen nicht gegeben. Unter Umständen kann er jedoch dadurch, daß er androht, seine Zustimmung zu versagen, ergänzende Verhandlungen erzwingen[39].

Die beschriebenen Aufgaben haben unterschiedliches politisches Gewicht und fallen zahlenmäßig durch entsprechende Vorlagen in unterschiedlichem Umfang an. Die politisch bedeutsamste Kompetenz liegt in der Beteiligung am Gesetzgebungsverfahren des Bundes.

b) Beschränkung auf das Rechtsetzungsverfahren

Die vorliegende Untersuchung deckt nur einen Teil der dem Bundesrat zugewiesenen Aufgaben ab.

Die Kompetenzen für den Verteidigungsfall hat der Bundesrat noch nicht in Anspruch genommen. Entsprechendes gilt für Art. 81. Aussagen über die Personalpolitik des Bundesrates lassen sich nicht treffen, weil das zugängliche Material hierzu keine Aussagen enthält. Personaldiskussionen finden im Plenum des Bundesrates nicht statt. Für die Teilnahme an Präsidialgeschäften und Regierungsmaßnahmen gilt entsprechendes. Entweder eignen die Kompetenzen sich für eine Untersuchung nicht, weil sie rein passiver Natur sind, wie z. B. die Entgegennahme des Amtseides des Bundespräsidenten oder sie wurden bisher noch nicht in Anspruch genommen, wie z. B. das Zustimmungsrecht des Bundesrates zu Maßnahmen der Bundesregierung im Wege des Bundeszwanges[40], bzw. der Bundesaufsicht.

Die Tätigkeit des Bundesrates im Bereich der Verfassungsrechtsprechung zu untersuchen, würde den Rahmen dieser Arbeit sprengen. Hinzu kommt, daß die Anrufung des Bundesverfassungsgerichtes durch den Bundesrat nicht zu seinen spezifischen, seine Rolle und verfassungsrechtliche Stellung charakterisierenden Befugnissen gehört. Insoweit hat der Bundesrat, wenn auch mit unterschiedlichen Einzelbefugnissen, ähnliche Rechte wie die anderen Verfassungsorgane des Bundes. Auch hat der Bundesrat bisher von seinen Klagemöglichkeiten wenig Gebrauch gemacht. Dies liegt neben den im Vergleich zu anderen Verfassungsorganen geringeren Klagemöglichkeiten[41] auch daran, daß der Bundesrat in Fällen, in denen ihm politische Opportunität es sinnvoll

[39] Näheres hierzu siehe Krause, S. 423 ff, insb. S. 431.

[40] Gubelt in v. Münch, Art. 37 RN 2; Maunz in MDHS, Art. 37 RN 9.

[41] So kann der Bundesrat eines der wichtigsten Verfahren, das abstrakte Normenkontrollverfahren, nicht von sich aus einleiten. Antragsberechtigt sind nach § 76 BVerfGG nur die Bundesregierung, eine Landesregierung oder ein Drittel der Mitglieder des Bundestages.

erscheinen läßt, Länder den Weg zum Bundesverfassungsgericht beschreiten läßt, auch wenn dies nur durch eine informelle Absprache der Bundesratsmehrheit mit einem oder mehreren Ländern möglich ist[42]. Auch sind die herangezogenen Materialien in diesem Bereich der Bundesratsarbeit wenig ergiebig. Die Plenumsdebatten zeigen, daß im Normalfall die Erklärungen, die der Bundesrat zu Prozessen abgab und die juristisch vorbereitet dem Plenum vorgelegt wurden, in der Regel keine Debatte im Plenum ausgelöst haben.

Damit verbleibt als Untersuchungsbereich das Gesetzgebungsverfahren und der Erlaß von Rechtsverordnungen und Verwaltungsvorschriften, das Rechtsetzungsverfahren.

Hinsichtlich des Rechtsetzungsverfahrens sind zwei Einschränkungen zu machen. Die Kompetenzinanspruchnahme läßt sich nicht bei solchen Vorlagen untersuchen, denen der Bundesrat ohne weiteres zugestimmt hat, da die einschlägigen Materialien in solchen Fällen regelmäßig nur Auskunft über die Beschlußfassung, nicht aber über die die Entscheidung bestimmenden Gründe und Motive geben. Darüber hinaus zwingen Ausführungen, die eine Zustimmung begründen, wenn es sie überhaupt gibt, nicht wie Änderungswünsche, Einsprüche und Zustimmungsverweigerungen zu einem solchen Maß an Konkretisierung, daß aus ihnen zuverlässig auf die Art und Weise der Inanspruchnahme einer Kompetenz geschlossen werden kann.

Die zweite Einschränkung gilt den unterschiedlichen Befugnissen des Bundesrates im Gesetzgebungsverfahren. Es ist aus arbeitstechnischen Gründen nicht möglich, neben den Stellungnahmen des Bundesrates im sog. zweiten Durchgang zu allen Gesetzesbeschlüssen aus acht Legislaturperioden auch die Stellungnahmen nach Art. 76 Abs. 2 zu untersuchen. Hinzu kommt, daß diese Stellungnahmen rechtlich nicht verbindlich sind[43], Gesetzesentwürfe der Bundesregierung und nicht Gesetzesbeschlüsse des Bundestages betreffen, auch wenn sie politisch eine große Rolle spielen können. Bezüglich der Bedeutung dieser Stellungnahmen kann auf die Untersuchungen von Neunreither und Niemann verwiesen werden[44].

---

[42] So wurde das für die Rechte des Bundesrates überaus bedeutsame Verfahren zum 4. Rentenversicherungs-Änderungsgesetz nicht vom Bundesrat, sondern von den Ländern Rheinland-Pfalz und Bayern als abstraktes Normenkontrollverfahren betrieben. Auch das Verfahren betreffend das Ausbildungsplatzförderungsgesetz, bei dem die Frage nach der Zustimmungsbedürftigkeit eine zentrale Rolle spielte, wurde nicht vom Bundesrat, sondern von Bayern angestrengt.

[43] Maunz in MDHS, Art. 76 RN 9; Bryde in v. Münch, Art. 76 RN 19; BVerfGE 3, 12.

[44] Neunreither, S. 56 ff; Niemann, S. 31 ff.

Das Gesetzesinitiativrecht des Bundesrates zu untersuchen, lassen arbeitstechnische Gründe nicht zu.

Die Arbeit umfaßt daher alle vom Bundesrat eingelegten Einsprüche, Versagungen der Zustimmung und Anrufungen des Vermittlungsausschusses.

Bei den Rechtsverordnungen werden aus arbeitsökonomischen Gründen nur solche erfaßt, an deren Behandlung der Bundesrat aufgrund grundgesetzlicher Ermächtigungen beteiligt war. Dies sind mit Ausnahme der Vorlagen aus dem EG-Bereich die meisten. Rechtsverordnungen, denen der Bundesrat aufgrund einer gesetzlichen Regelung zuzustimmen hatte oder die Zustimmung verweigern konnte, scheiden daher ebenso wie die Vorlagen aus dem EG-Bereich aus der Untersuchung aus.

Die allgemeinen Verwaltungsvorschriften werden wegen ihrer geringen zu behandelnden Zahl als Annex mit untersucht, obwohl sie nicht ohne weiteres unter den Begriff Rechtsetzung zu subsumieren sind.

Sowohl für Rechtsverordnungen als auch für Verwaltungsvorschriften gilt, daß Erkenntnisse nur aus Ablehnungsbeschlüssen des Bundesrates gewonnen werden können. Mehr noch als bei Gesetzesvorlagen findet vor einem zustimmenden Beschluß zu einer Rechtsverordnung oder einer Verwaltungsvorschrift keine Aussprache statt.

In zeitlicher Hinsicht ist die Untersuchung auf acht Legislaturperioden beschränkt.

II. Quellen und Methoden

Als Quellen für die vorliegende Studie wurden die Drucksachen des Bundesrates[45] und die Stenographischen Protokolle der Bundesratssitzungen herangezogen. Zur systematischen Erschließung der Bundesratsdrucksachen dienten die Statistischen Übersichten in den jeweils nach Jahrgängen erstellten Sach- und Sprechregistern. Für die Jahre 1949 bis 1954, für die die Sach- und Sprechregister hinsichtlich der Drucksachennummern keine Angaben enthalten, mußte das Material anhand der Tagesordnungen zu den einzelnen Bundesratssitzungen zusammengestellt werden. Entsprechendes gilt für die letzten Jahrgänge, für die die Sach- und Sprechregister noch nicht zur Verfügung standen.

---

[45] Maßgeblich war dabei jeweils die im Bundesrat beschlossene Stellungnahme. Anträge der Länder oder der Bundesratsausschüsse wurden daher nur insoweit berücksichtigt, als sie in den eigentlichen Beschluß eingeflossen sind.

1. Aussagewert

Die Wahl dieser Quellen kann die Ergebnisse relativieren. Es ist nicht sichergestellt, daß die vom Bundesrat beschlossenen Gründe[46] tatsächlich immer den Motiven und Meinungen der Abstimmenden entsprechen[47]. Daß Gründe vorgeschoben wurden, um nicht ausgesprochene Interessen wahrzunehmen, und dies weder aus den Drucksachen noch aus den Protokollen ersichtlich ist, kann nicht völlig ausgeschlossen werden. Das zahlenmäßige Gewicht solcher Fälle dürfte gering sein. Solche Vorgänge sind nicht mehr nachvollziehbar und daher nicht mehr erforschbar, es sei denn, man beschränkt sich auf ausgewählte Einzelfälle.

2. Zuverlässigkeit des Materials

Ausgangspunkt, um die vorhandenen Quellen zu nutzen, waren die Statistischen Angaben des Bundesrates. Dabei ist festzustellen, daß geringe Abweichungen in den Zahlen je nach der benutzten Statistik auftreten. So beträgt die Zahl der Zustimmungsverweigerungen in der 2. Legislaturperiode nach den in der Festschrift für den Bundesrat enthaltenen und vom Bundesrat herrührenden Angaben 9 und für die 3. Legislaturperiode 6[48]. Laut statistischen Angaben im Handbuch des Bundesrates dagegen 11 und 4[49]. Diese Unterschiede lassen sich darauf zurückführen, daß die Verwaltung die statistischen Erhebungen nach Kalenderjahren vornimmt, die Ergebnisse in der Regel aber nach Legislaturperioden bekanntgemacht werden. Da der Bundesrat nach Ende einer Legislaturperiode im betreffenden Kalenderjahr meist mindestens noch einmal tagt, ergeben sich Probleme, welcher Legislaturperiode Beschlüsse der letzten Sitzungen im Jahr zuzurechnen sind, wenn sie kalendermäßig mit den Beschlüssen gemeinsam erfaßt sind, die in ihrer großen Mehrheit dem letzten Kalenderjahr einer Legislaturperiode angehören.

---

[46] Seit Beginn der Tätigkeit des Bundesrates gehört es zu seiner Praxis, daß über die einzelnen Begründungen zu Einsprüchen, Zustimmungsverweigerungen oder Anrufungen des VermA. jeweils gesondert abgestimmt wird.

[47] So wurde z. B. die Zustimmungsverweigerung zu dem Gesetz über technische Arbeitsmittel, BR-Drs. 108/68, von dem Hamburger Ersten Bürgermeister Weichmann damit begründet, es handele sich bei der Vorlage um „überflüssigen Gesetzesperfektionismus", 321. Sitzung vom 22. 3. 1968, S. 40 A; die Ausführungen des Hessischen Ministers Hemsath lassen indes auf dahinterstehende Wirtschaftsinteressen, insbesondere des Stadtstaates Hamburg, schließen. Nach einem von der Bundesregierung eingeleiteten Vermittlungsverfahren stimmte der Bundesrat doch zu, BR-Drs. 244/68.

[48] FS für den BR, S. 482; ebenso bei Rapp, Der Bundesrat, S. 110.

[49] HdBdBR, S. 178.

Die Abweichungen bei den Zahlen über die Rechtsverordnungen erklären sich daraus, daß im Handbuch des Bundesrates[50] für Vorlagen aus dem EG-Bereich eine eigene Rubrik besteht, während in der Festschrift für den Bundesrat[51] alle Verordnungen in einer Rubrik zusammengefaßt sind.

Auch die für diese Studie maßgeblichen Angaben in den Sach- und Sprechregistern sind nicht völlig fehlerfrei. So ist z. B. der Entwurf eines Gesetzes zur Änderung und Ergänzung der Finanzverfassung (Finanzverfassungsgesetz)[52] weder 1954[53] als der Bundesrat dem Gesetz das erstemal die Zustimmung versagte, noch 1955[54] bei der zweiten Verweigerung der Zustimmung als verfassungsänderndes Gesetz ausgewiesen, wie dies sonst bei diesen statistischen Angaben üblich ist.

Die insgesamt sehr kleine Zahl von Ungenauigkeiten ist m. E. nicht geeignet, die Ergebnisse in ihrer Aussagekraft auch nur unwesentlich zu beeinträchtigen, da es sich nur um Zuordnungsprobheme in einem System von konstanten Faktoren handelt und die Zuordnung nur sekundäre Bedeutung hat.

---

[50] Ebenda S. 178 f.

[51] FS für den BR. S. 483.

[52] BR-Drs. 394/54.

[53] Vgl. Sach- und Sprechregister 1954, S. XXXII und XXXIII.

[54] Vgl. Sach- und Sprechregister 1955, S. XXXIV, XXXV und XXXVI. Die zweite Zustimmungsverweigerung, BR-Drs. 78/55 wurde vielmehr mit den normalen Zustimmungsgesetzen geführt. Entsprechendes gilt für die in dieser Sache erfolgte Anrufung des Vermittlungsausschusses, BR-Drs. 373/55.

Kapitel 2

Kompetenzen des Bundesrates und deren Inanspruchnahme im Hinblick auf inhaltliche Formen

Gemäß Art. 50 wirken die Länder durch den Bundesrat bei der Gesetzgebung und Verwaltung des Bundes mit. Dabei räumt das Grundgesetz zur Konkretisierung dieses Grundsatzes dem Bundesrat unterschiedliche Kompetenzen und Rechte ein, je nachdem, was Gegenstand der vom Bundesrat zu behandelnden Vorlage ist. Die Art und der Umfang der Kompetenz richten sich im Rechtsetzungsverfahren danach, ob ein verfassungsänderndes Gesetz, ein Zustimmungsgesetz, ein Einspruchsgesetz oder eine Rechtsverordnung von der Ländervertretung zu beraten und entsprechende Beschlüsse zu fassen sind. So kann der Bundesrat den Vermittlungsausschuß bei allen Gesetzen anrufen, verfassungsändernden Gesetzen, Zustimmungsgesetzen und Rechtsverordnungen seine Zustimmung erteilen oder versagen und bei Einspruchsgesetzen Einspruch einlegen, falls er nicht zustimmt. Neben diesen im Grundgesetz vorgesehenen Rechten kann der Bundesrat durch Untätigkeit in Verbindung mit Fristablauf Einspruchsgesetze passieren lassen und das Zustandekommen von Zustimmungsgesetzen und verfassungsändernden Gesetzen verhindern. Weiterhin besteht die ebenfalls im Grundgesetz nicht ausdrücklich vorgesehene, aber gleichwohl ständig praktizierte Möglichkeit, Rechtsverordnungen nur unter bestimmten Bedingungen zuzustimmen.

Durch die vom Grundgesetz gewährten Rechte wird dem Bundesrat die Möglichkeit eröffnet, Einfluß auf die Beschlüsse des Bundestages und der Bundesregierung zu nehmen.

Die rechtlichen Mitwirkungsrechte des Bundesrates im Rechtsetzungsverfahren sind dabei dort am stärksten, wo er zu einer Vorlage seine Zustimmung erteilen muß, damit der vorgelegte Beschluß Gültigkeit erlangen kann. Dies ist neben den Zustimmungsgesetzen noch bei verfassungsändernden Gesetzen und Rechtsverordnungen der Fall. Gleichwohl bedeutet diese starke Rechtsstellung nicht, daß der Bundesrat in den genannten Fällen ein im Verhältnis zum Bundestag gleichberechtigter Teil eines einheitlichen Gesetzgebungsorgans ist[1]. Sein

[1] So auch BVerfGE 37, 363 (380); Friesenhahn, S. 253 f.

Mitwirkungsrecht ist auch nicht gleichberechtigt, wie Maunz meint[2]. Dies folgt aus dem Umstand, daß der Bundesrat nicht einseitig Einfluß auf die zu beratenden Vorlagen nehmen kann. Seine Änderungswünsche bedürfen bei Gesetzen und Verfassungsänderungen in jedem Fall der Zustimmung des Bundestages. Bei Rechtsverordnungen ist die Zustimmung des Verordnungsgebers erforderlich, damit die Vorstellungen des Bundesrates geltendes Recht werden können. Sind die inhaltlichen Vorstellungen des Bundestages oder des Verordnungsgebers für den Bundesrat nicht akzeptabel, kann er nur mittelbar Einfluß nehmen, indem er den Vermittlungsausschuß anruft, und als letzte Konsequenz seine Zustimmung verweigern bzw. Einspruch einlegen. Seine Position beschränkt sich im weitestgehenden Fall auf ein absolutes, nicht überwindbares Vetorecht. Der verbindliche Inhalt einer Vorlage wird dagegen allein vom Bundestag bzw. Verordnungsgeber festgelegt[3]. So schreibt es das Grundgesetz vor, Art. 77. Der Bundesrat hat dazu seine Zustimmung zu erteilen oder zu versagen. Mit Recht schreibt Friesenhahn, daß es „im Wesen der Zustimmung" liege, „daß ihr Objekt das Handeln eines anderen" sei[4].

Soweit dem Bundesrat die Möglichkeit gegeben ist, mittelbar, durch Anrufung des Vermittlungsausschusses, Einfluß auf den Inhalt einer Vorlage zu nehmen, ist im Hinblick auf seine Stellung im Rahmen des Gesetzgebungsverfahrens zu berücksichtigen, daß der Vermittlungsausschuß der Konzeption des Grundgesetzes nach kein Organ des Bundesrates ist, sondern ein eigenständiges und selbständiges Gremium. Dies zeigt sich an seiner Zusammensetzung aus gleichberechtigten Vertretern des Bundestages und des Bundesrates sowie an der Weisungsungebundenheit der Bundesratsvertreter, Art. 77 Abs. 2 S. 3. Inhaltliche Änderungsvorschläge, die auf Vorstellungen des Bundesrates zurückgehen, werden erst im paritätisch besetzten Vermittlungsausschuß beraten und beschlossen. Dieser trägt etwa beschlosssene Änderungsanträge an den Bundestag heran, nicht der Bundesrat. Auch in diesem Fall ist es der Bundestag, der den verbindlichen Gesetzesinhalt festlegt, indem er entweder den Vermittlungsvorschlag akzeptiert oder ablehnt. Der Bundesrat kann zu diesem Beschluß wiederum nur seine Zustimmung erteilen oder versagen bzw. Einspruch einlegen. Den Gesetzesinhalt einseitig festlegen kann er keinesfalls. Entsprechendes gilt für Rechtsverordnungen.

Im nachfolgenden Kapitel soll untersucht werden, wie der Bundesrat die ihm vom Grundgesetz zur Verfügung gestellten Mittel der Einfluß-

---

[2] Maunz in MDHS Art. 50 RN 16; so auch der Bundesrat in seinem Beschluß zum Normenkontrollverfahren betr.: 4. Rentenversicherungs-Änderungsgesetz, BR-Drs. 594/73.

[3] Friesenhahn, S. 258.

[4] Ebenda.

nahme in den bisherigen acht Legislaturperioden wahrgenommen hat, insbesondere welche Gründe und Argumente ihn bestimmt haben, einen Beschluß des Bundestages dahingehend ändern zu wollen, daß er den von ihm vorgeschlagenen Inhalt erhält. Dabei sollen die unterschiedliche Struktur und die unterschiedliche Bedeutung der Mitwirkungs- und Einflußnahmerechte berücksichtigt werden, um erkennen zu können, ob die Unterschiede der einzelnen Kompetenzen Einfluß auf den Inhalt der Einflußnahmen haben.

Weiterhin soll herausgearbeitet werden, wie erfolgreich die Einflußnahme des Bundesrates war und ist.

Die im Grundgesetz vorgesehenen Kompetenzen des Bundesrates verfolgen im Gesamtgefüge des Grundgesetzes einen bestimmten Zweck, der bei vielen Einzelvorschriften ähnlich ist. Es gibt jedoch auch Unterschiede. Die Auswertung der Bundesratsbeschlüsse im Hinblick auf inhaltliche Faktoren soll durch eine Gegenüberstellung mit den einzelnen Kompetenzvorschriften zeigen, ob und inwieweit der Bundesrat seine Rechte am Normzweck orientiert ausgeübt hat, also seinen Einfluß normzweckentsprechend geltend gemacht hat. Da für den Bereich der Gesetzgebung lediglich bei Zustimmungsgesetzen das Grundgesetz in einzelnen Vorschriften mit unterschiedlichem Inhalt Kompetenzen an den Bundesrat gibt, beschränkt sich dieser Teil der Untersuchung auf die Zustimmungsgesetze.

Die Untersuchung gliedert sich nach den Arten der Vorlage, die der Bundesrat zu behandeln hatte.

I. Zustimmungsgesetze

Unter Zustimmungsgesetzen sind solche Gesetze zu verstehen, die nur dann wirksam zustande kommen können, wenn der Bundesrat dem Gesetzesbeschluß des Bundestages ausdrücklich zugestimmt hat[5,6]. Zustimmung bedeutet dabei ebenso wie im Privatrecht, daß sie Wirksamkeitsvoraussetzung für die Rechtshandlung eines anderen Rechtssubjekts ist. In diesem Fall ist ein positiver Beschluß erforderlich.

Die Versagung der Zustimmung ist für den Bundestag nicht überwindbar. Deshalb spricht man in diesem Zusammenhang auch von einem echten, unüberwindbaren Vetorecht des Bundesrates[7].

---

[5] BVerfGE 8, 274 (296); 28, 66 (80), Maunz in MDHS, Art. 77 RN 6; Bryde in v. Münch, Art. 77 RN 19, 78 RN 3; Herrfahrdt in BK, Art. 78 Erl. II; Stern, Bd. I, S. 626.

[6] GG-Änderungen werden im vorliegenden Kapitel nicht als Zustimmungsgesetze behandelt, da ihnen ein eigenes Kapitel gewidmet ist.

[7] Statt vieler Haas, AöR 80, 81 (84).

Die Zustimmung muß gemäß Art. 52 Abs. 3 mit der Mehrheit der Stimmen beschlossen sein, um Gültigkeit zu erlangen. Es genügt deshalb nicht, wenn Ja-Stimmen die Nein-Stimmen überwiegen, die Ja-Stimmen aber wegen zahlreicher Enthaltungen nicht die Mehrheit der Stimmen erreichen[8].

Ein Nichttätigwerden des Bundesrates bedeutet Ablehnung[9], wenn eindeutig feststeht, daß die Untätigkeit endgültig sein soll.

Ein Gesetz ist immer dann zustimmungsbedürftig, wenn das Grundgesetz das Erfordernis der Zustimmung vorschreibt[10]. Die Fälle sind im Grundgesetz einzeln aufgeführt. Gesetzessystematisch folgt das Grundgesetz dabei dem Enumerationsprinzip[11]. Diese Systematik hat zur Folge, daß nach der Konzeption des Grundgesetzes das Zustimmungsgesetz die Ausnahme und das Einspruchsgesetz die Regel sein soll[12]. Obwohl sich die Staatspraxis bis heute dahingehend entwickelt hat, daß zahlenmäßig die Zustimmungsgesetze gegenüber den Einspruchsgesetzen überwiegen[13], bedeutet das Regel-Ausnahme-Verhältnis für die Auslegung von Verfassungsnormen, die ein Zustimmungserfordernis enthalten, immer noch, daß sie jedenfalls nicht extensiv ausgelegt werden dürfen[14]. Die weitere Bedeutung des Regel-Ausnahme-Verhältnisses besteht im vorliegenden Zusammenhang darin, daß der Bundesrat, wenn er sein Zustimmungsrecht geltend machen will, einer Abstützung auf eine ausdrückliche Verfassungsnorm bedarf, aus der heraus er sein Recht legitimieren muß[15]. Der Bundesrat muß „die Zustimmungsbedürftigkeit durch einen ‚Titel' nachweisen"[16].

In zwei Fällen hat das Bundesverfassungsgericht[17] die Zustimmungsbedürftigkeit eines Gesetzes bejaht, ohne daß eine Norm des Grundgesetzes die Zustimmungsbedürftigkeit ausdrücklich vorgesehen hat. Dabei hat das Gericht das Enumerationsprinzip insoweit aufgelockert, als die Zustimmung des Bundesrates nicht nur dann erforderlich sei,

---

[8] Kritisch hierzu Bryde in v. Münch, Art. 78 RN 8.

[9] Bryde, FN 8, RN 3.

[10] BVerfGE 37, 363 (381), 28, 66 (79), 1, 76 (79); Bryde in v. Münch, Art. 77 RN 20; Friesenhahn, S. 254; Ossenbühl in AöR 99, 369 (390); Stern, Bd. II, S. 144; Maunz in MDHS, Art. 50 RN 14.

[11] BVerfGE 1, 76 (79); Bryde in v. Münch, Art. 77 RN 20; Ossenbühl in AöR 99, 369 (390); Stern, Bd. II, S. 144.

[12] BVerfGE 37, 363 (381); Ossenbühl in AöR 99, 369 (383 ff.); Neunreither, S. 67, auch zur Entstehungsgeschichte des Grundgesetzes; Stern, Bd. II, S. 144, Bryde in v. Münch, Art. 77 RN 20; Niemann, S. 38; Konow in ZRP 73, 161; Bullinger in DÖV 70, 766; Weides in JuS 73, 338; Bandorf, Bundesrat, S. 19.

[13] Zur Entwicklung der Zahlen siehe unten FN 42.

[14] Ossenbühl in AöR 99, 369 (383); Engisch, S. 102, Larenz, S. 343 f.

[15] Ossenbühl in AöR 99, 369 (386).

[16] Stern, Bd. II S. 144.

[17] BVerfGE 26, 338, 28, 66.

wenn es die Verfassung „ausdrücklich bestimmt", sondern auch, wenn sie „dahin zu interpretieren" sei. So bedürfen Gesetze, die abweichend vom Wortlaut der Art. 84 Abs. 2 und 85 Abs. 2 einen Ressortminister anstatt des Kollegialorgans Bundesregierung zum Erlaß allgemeiner Verwaltungsvorschriften ermächtigen, was mangels Verbots bundesstaatsrechtlich zulässig sein soll[18], der Zustimmung des Bundesrates. Wenn man die Zulässigkeit der Ermächtigung eines einzelnen Bundesministers verfassungsrechtlich bejaht[19], ist das Zustimmungsrecht im Gesamtzusammenhang der Art. 84, 85 und im Hinblick auf die Einflußnahmemöglichkeiten des ermächtigten Ministers auf die Länder durch Erlaß allgemeiner Verwaltungsvorschriften zwingend[20], denn der Sinn und Zweck der Art. 84 Abs. 2 und 85 Abs. 2 ist der Schutz der Eigenständigkeit der Länderverwaltungen bei der Ausführung der Bundesgesetze.

Der zweite Fall, in dem das Bundesverfassungsgericht das Enumerationsprinzip aufgelockert hat, betrifft Art. 80 Abs. 2[21]. Macht der Bundesgesetzgeber von dem Vorbehalt in Art. 80 Abs. 2 Gebrauch und schließt er die in der Regel vorgeschriebene Zustimmungsbedürftigkeit zu den in Art. 80 Abs. 2 genannten Rechtsverordnungen aus, bedarf dieses Gesetz seinerseits der Zustimmung des Bundesrates. Das Bundesverfassungsgericht hält es aus der Natur der Sache heraus für widersinnig[22], wenn das Erfordernis der Zustimmung durch einfaches Bundesgesetz ohne Zustimmung des Bundesrates beseitigt werden könnte. Wollte man dies zulassen, so würde dies einer von der Verfassung nicht gewollten Verkürzung der Gestaltungsrechte des Bundesrates im Rechtsetzungsverfahren gleichkommen[23]. Diese Auslegung des Art. 80 Abs. 2 ist überzeugend[24].

Das Zustimmungserfordernis soll, wie das Bundesverfassungsgericht formuliert[25], „die Grundentscheidung der Verfassung zugunsten des föderalistischen Staatsaufbaus mit absichern und verhindern, daß ‚Systemverschiebungen' im bundesstaatlichen Gefüge im Wege der einfachen Gesetzgebung herbeigeführt werden". So richtig diese Defi-

---

[18] Ablehnend etwa Broß in v. Münch, Art. 84 RN 17; Maunz in MDHS, Art. 84 RN 34.

[19] Zweifelnd Friesenhahn, S. 255.

[20] Derselbe, S. 256.

[21] BVerfGE 28, 66.

[22] BVerfGE 28, 66 (77).

[23] BVerfGE ebenda.

[24] Wie hier Friesenhahn, S. 256; Bryde in v. Münch, Art. 80 RN 28; Maunz in MDHS, Art. 80 RN 68; Bettermann, Posttarifhoheit, S. 27 ff.; Stern, Bd. II, S. 148; a. A. BVerwGE 28, 36 (38 ff.); Wilke in v. Mangoldt / Klein, Art. 80 Anm. V 7 c; Hesse, Rundfunkleistungen, S. 23.

[25] BVerfGE 37, 363 (380 f., 383 f.), NJW 81, 329 (334).

nition des Gerichtes ist, es lassen sich die Fälle der Zustimmungsbedürftigkeit nur beschränkt auf ein solches logisches, konsequentes Verfassungskonzept zurückführen[26]. Wenn das Bundesverfassungsgericht sagt[27], das Zustimmungsrecht beziehe sich auf bestimmte, im Grundgesetz einzeln aufgeführte Fälle, in welchen die Interessen der Länder besonders stark berührt seien, so ist dies insoweit unrichtig, als es auch Bundesgesetze gibt, die Länderinteressen besonders stark berühren, aber zustimmungsfrei sind, wie z. B. das Haushaltsgesetz, ein Gesetz über die Staatsangehörigkeit in den Ländern oder das Parteiengesetz[28]. Zum anderen berührt letztlich jedes Gesetz die Interessen der Länder.

Bei Zustimmungsgesetzen können neben dem Bundesrat[29] auch die Bundesregierung und der Bundestag den Vermittlungsausschuß anrufen, falls der Bundesrat zuvor seine Zustimmung verweigert hat, Art. 77 Abs. 2. Diese Regelung ist eine Folge davon, daß der Bundesrat seine Zustimmung verweigern kann, ohne zuvor den Vermittlungsausschuß anzurufen. Bundestag und Bundesregierung haben durch ihre Anrufungsmöglichkeit die Chance, das Scheitern des Gesetzes zu verhindern[30]. Ist das Anrufungsrecht somit ein Verteidigungsmittel für Bundesregierung und Bundestag, kann es erst nach einem negativen Beschluß des Bundesrates ausgeübt werden[31] oder bei einer fehlenden Beschlußfassung, also dem Fall des Nichttätigwerdens des Bundesrates, wenn eindeutig feststeht, daß die Untätigkeit endgültig sein soll, der Gesetzesbeschluß also den Bundesrat nicht passieren soll[32,33].

Bei Zustimmungsgesetzen kann der Vermittlungsausschuß daher insgesamt von drei Verfassungsorganen angerufen werden. In der Praxis sind solche mehrfachen Anrufungen selten[34]. Haben Bundesrat, Bundesregierung oder Bundestag schon einmal zu einem Gesetzesbeschluß angerufen, so können sie mit demselben Gesetz den Vermittlungsausschuß nicht noch einmal beschäftigen. Der Bundesrat ist dann darauf beschränkt, seine Zustimmung zu erteilen oder zu versagen[35]. Dies folgt

[26] Stern, Bd. II, S. 144.

[27] BVerfGE 1, 76 (79).

[28] Weitere Beispiele bei Friesenhahn, S. 254 f.

[29] Näheres siehe unten Kap. 2 I. 1.

[30] Bryde in v. Münch, Art. 77 RN 16.

[31] Wie hier Bryde, FN 30; Maunz in MDHS, Art. 77 RN 15; Stern, Bd. II S. 629; Wessel in AöR 77, 283 (294); Schäfer, Bundesrat, S. 73; ders in. FS für den BR, S. 293.

[32] Bryde in v. Münch, Art. 77 RN 17; Maunz in MDHS, Art. 77, RN 15.

[33] Wegen der einzuhaltenden Fristen vgl. Maunz, Bryde, FN 32.

[34] Von insgesamt 481 Anrufungen des VermA. bis 1981 wurden in 19 Fällen zu einem Gesetz der VermA. zweimal, und in vier Fällen dreimal angerufen.

[35] Wie hier die h. M., allerdings ohne Begründung. Vgl. etwa Stern, Bd. I S. 628; von Mangoldt / Klein, Art. 77 Anm. IV, 13; Bryde in v. Münch, Art. 77 RN 16; Schäfer in FS für den BR, S. 293; Wessel in AöR 77, 283 (312).

zum einen aus dem Wortlaut der Absätze 2 und 3 des Art. 77[36]. Das Grundgesetz geht ersichtlich davon aus, daß der Bundesrat den Vermittlungsausschuß zu ein und demselben Gesetz nur einmal anrufen kann, indem es das Anrufungsrecht in Abs. 2 unmittelbar anschließend an eine vom Eingang des Gesetzesbeschlusses bei Bundesrat abhängige Frist regelt und damit den Normalfall anspricht, daß der Bundestagspräsident nach Abschluß der 3. Lesung den Gesetzesbeschluß weiterleitet und nicht etwa eine Beschlußfassung nach vorausgegangenem Vermittlungsverfahren meint. Außerdem sagt Abs. 3, daß der Bundesrat nach Abschluß des Vermittlungsverfahrens bei nicht zustimmungspflichtigen Gesetzen Einspruch einlegen kann, also nicht noch einmal ein Vermittlungsverfahren einleiten darf. Da aber die Interessenlage hinsichtlich der Häufigkeit der Anrufungsmöglichkeit des Vermittlungsausschusses bei Zustimmungsgesetzen und Einspruchsgesetzen gleich ist, muß die Regelung, die Abs. 3 enthält, dem Sinn nach auch für Zustimmungsgesetze gelten. Ist es aber dem Bundesrat nicht möglich, den Vermittlungsausschuß mehrmals anzurufen, so ist kein Grund ersichtlich, warum Bundesregierung oder Bundestag dieses Recht haben sollten.

Zum anderen gebietet der Zweck des Vermittlungsverfahrens eine Beschränkung auf insgesamt drei Vermittlungsverfahren. Die Aufgabe des Vermittlungsverfahrens besteht darin, Interessengegensätze zwischen den am Gesetzgebungsverfahren beteiligten Verfassungsorganen dadurch auszugleichen, daß gemeinsam ein Kompromiß angestrebt wird. Die Beschränkung auf maximal drei Vermittlungsverfahren verstärkt den Druck auf die Verfassungsorgane, kompromißbereit eine für alle Beteiligten akzeptable Lösung zu suchen, wollen sie nicht das Scheitern des Gesetzes riskieren.

Tatsächlich zeigt die Staatspraxis, daß in allen vier Fällen, in denen der Vermittlungsausschuß bisher dreimal angerufen worden ist, schließlich eine Einigung erzielt werden konnte[37]. Wollte man eine mehrfache Anrufung durch ein Verfassungsorgan zulassen, entfiele dieser Druck auf die Kompromißbereitschaft. Zudem würde das Gesetzgebungsverfahren länger dauern[38].

Wieviele der vom Bundesrat im Laufe der acht Legislaturperioden behandelten Gesetzesbeschlüsse Zustimmungsgesetze waren, läßt sich nicht eindeutig beantworten. Für eine exakte Beantwortung wäre eine Untersuchung aller 3599 Gesetzesvorlagen[39] erforderlich. Dies lassen

---

[36] So auch von der Heide in DÖV 53, 129 (132).

[37] Vgl. BR-Drs. 394/54, 384/67, 276/75, 252/79.

[38] Die durchschnittliche Dauer des Gesetzgebungsverfahrens beträgt 231 Tage in den ersten acht Legislaturperioden, vgl. Parlamentsstatistik in ZParl. 81, 13.

[39] Quelle: HdBdBR., S. 177, Stand: 3. 11. 80.

arbeitstechnische Gründe nicht zu. Als Annäherungswert läßt sich jedoch die Auffassung des Bundesrates über die Zustimmungsbedürftigkeit heranziehen. Dabei ist allerdings zu bedenken, daß der Bundesrat seine Kompetenzen naturgemäß extensiv auszulegen versuchte. Besonders deutlich zeigt sich dies daran, daß im Bundesrat bis zum Urteil des Bundesverfassungsgerichts zum 4. Rentenversicherungs-Änderungsgesetz[40] jedes Gesetz, das ein Zustimmungsgesetz änderte, als Zustimmungsgesetz angesehen wurde, unabhängig davon, ob das Änderungsgesetz Normen enthielt, die ihrerseits die Zustimmungsbedürftigkeit auslösten. Diese Rechtsansicht war zwischen Bundesrat und Bundestag sehr umstritten[41].

Nach Ansicht des Bundesrates waren ca. 63 % aller von ihm behandelten Gesetze zustimmungsbedürftig und ca. 37 % Einspruchsgesetze[42]. Rechtliche Grundlage für diesen hohen Anteil der Zustimmungsgesetze waren vor allem die Art. 84, 85, 105. Nach Ossenbühl[43] waren 1973 etwa 70 % aller Zustimmungsgesetze nach Art. 84 Abs. 1 zustimmungsbedürftig. Die Auswertung der für diese Studie untersuchten Beschlüsse des Bundesrates zu Zustimmungsgesetzen ergibt[44] hinsichtlich der rechtlichen Grundlagen der Zustimmungsbedürftigkeit, daß von 367 untersuchten Beschlüssen rund 64 % nach Art. 84 Abs. 1 zustimmungsbedürftig waren[45].

---

[40] BVerfGE 37, 363.

[41] Vgl. Stellungnahme der Bundesregierung in BVerfGE 36, 363 (375).

[42] Quelle: Sach- und Sprechregister des BR. Bei der Ermittlung der Anteile wurden die Grundgesetzänderungen aus der absoluten Gesamtzahl herausgerechnet. Die Zahlen beziehen sich auf den Stand vom 3. 11. 80. Für die einzelnen Legislaturperioden ergibt sich folgendes Bild:

	Zustimmungsgesetze	Einspruchsgesetze in %
1. LP	44,74	55,26
2. LP	60,51	39,49
3. LP	68,79	31,21
4. LP	73,32	26,68
5. LP	70,99	29,01
6. LP	67,29	32,71
7. LP	65,82	34,18
8. LP	61,02	38,98
Total	63,32	36,68

[43] Ossenbühl in AöR 99, 369 (372), Herzog, FS für den BR, S. 242 nennt 55—60 %.

[44] Der Bundesrat hat seit Beginn seiner Tätigkeit immer sehr exakt und umfassend angegeben, nach welchen Vorschriften des Grundgesetzes er ein Gesetz für zustimmungsbedürftig hielt. Dies dürfte auf die intensiven Vorberatungen in den Länderministerien und in den Bundesratsausschüssen zurückzuführen sein.

[45] Grundlage sind 367 Beschlüsse (Anrufungen des VermA. und Zustimmungsverweigerungen).

Nimmt man die Art. 85 und 105 hinzu, erhöht sich der Anteil auf 77 %. Damit wird zugleich deutlich, daß der Ansatz für die starke Stellung des Bundesrates im Gesetzgebungsverfahren, die er durch den hohen Anteil von Zustimmungsgesetzen einnimmt, schon in der ersten Fassung des Grundgesetzes, wenn auch nicht beabsichtigt, angelegt war[46], denn bei allen drei genannten Normen handelt es sich um sog. Altkompetenzen, also Vorschriften, die schon von Anfang an im Grundgesetz vorhanden waren. Eine extensive Auslegung der Art. 84 Abs. 1, 85 Abs. 1 und 105 Abs. 3[47] hat dann zusätzlich dazu geführt, daß deren Zustimmungsklauseln eine nicht vorhergesehene Bedeutung bekommen haben. Insgesamt waren von den hier untersuchten Gesetzesvorlagen ca. 87 % aufgrund von Altkompetenzen, ca. 4 % aufgrund einer Neukompetenz, d. i. eine Vorschrift, die die Zustimmung des Bundesrates vorschreibt und erst nachträglich in das Grundgesetz aufgenommen worden ist, zustimmungsbedürftig und bei ca. 9 % waren Alt- und Neukompetenzen gemeinsam entscheidend[48]. Damit wird auch klar, daß die Vermehrung der Fälle der Zustimmungsbedürftigkeit von 13 auf 42 im Wege der Verfassungsänderung[49] keine ausschlaggebende Rolle für die hohe Zahl von Zustimmungsgesetzen spielt[50] und die häufig vermutete Interdependenz zwischen Zustimmung des Bundesrates zu einer Verfassungsänderung und Einräumung eines Zustimmungsrechtes sich nicht in einem so großen Umfang ausgewirkt hat, daß die Stellung des Bundesrates im Gesetzgebungsverfahren deshalb

Nach Legislaturperioden:

1. LP	56,82 %	5. LP	87,10 %
2. LP	62,50 %	6. LP	66,06 %
3. LP	71,43 %	7. LP	62,03 %
4. LP	75 %	8. LP	44,15 %

46 Ähnlich Ossenbühl in AöR 99, 369 (385).

47 Diese drei Normen decken ca. 90 % aller Altkompetenzen bei den hier untersuchten Zustimmungsgesetzen ab.

48 Im einzelnen und auf die acht Legislaturperioden verteilt ergibt sich:

	% d. Altkomp.	% d. Neukomp.	% d. Alt- u. Neukomp.
1. LP	100	—	—
2. LP	85,72	1,78	12,5
3. LP	92,86	2,38	4,76
4. LP	97,23	—	2,77
5. LP	100	—	—
6. LP	77,78	3,70	18,52
7. LP	79,75	5,06	15,19
8. LP	71,15	17,31	11,54
Total	86,65	4,36	8,99

49 Vgl. Bryde in v. Münch, Art. 77 RN 21.

50 Wie hier Ossenbühl in AöR 99, 369 (385); a. A. teilweise Friesenhahn, S. 255; Bryde, FN 49.

stärker geworden wäre[51]. Soweit allerdings die bloße Existenz einer vom Bundestag nicht zu überwindenden Vetoposition des Bundesrates bei Bundestag und Bundesregierung Vorwirkungen auf deren Verhalten entfaltet hat, kann eine solche Interdependenz, und damit ein Machtzuwachs, nicht ausgeschlossen werden.

Die Art. 84, 85, 105 decken fast den gesamten Bereich der Tätigkeit des Bundesrates bei Zustimmungsgesetzen ab und bilden die wichtigsten rechtlichen Grundlagen für seine Arbeit.

1. Kompetenzen des Bundesrates bei Zustimmungsgesetzen im einzelnen

Bei Zustimmungsgesetzen kann der Bundesrat seine Zustimmung erteilen oder verweigern oder den Vermittlungsausschuß anrufen. Letzteres wird heute von niemandem mehr bestritten, obwohl der Wortlaut des Art. 77 insoweit nicht eindeutig ist[52]. Dabei hat der Bundesrat lediglich das Recht, nicht aber die Pflicht, den Vermittlungsausschuß anzurufen. In der Staatspraxis mußte sich der Vermittlungsausschuß mit deutlich mehr Gesetzen, die der Bundesrat für Zustimmungsgesetze hielt, beschäftigen als mit sog. Einspruchsgesetzen[53]. Die Zustimmung kann vor oder nach einem Vermittlungsverfahren erteilt bzw. versagt werden.

Erteilt der Bundesrat zu einem Gesetz seine Zustimmung, so stimmt er dem gesamten Gesetz zu und nicht nur den Vorschriften, die die Zustimmungsbedürftigkeit ausgelöst haben. Darüber besteht heute weitgehend Einigkeit[54]. Diese sog. Einheitsthese, die sich aus dem Wortlaut des Grundgesetzes, insbesondere der Art. 78, 84 nicht unmittelbar ergibt[55], ist jedoch in ihrer Begründung niemals unumstritten

---

[51] So aber Bandorf, S. 138.

[52] Bryde in v. Münch, Art. 77 RN 8; Maunz in MDHS, Art. 77 RN 14; von Mangoldt / Klein, Erl. IV 5 zu Art. 77; Herrfahrdt in BK, Erl. II 3 zu Art. 77; Kratzer in AöR 77, 266 (276); Wessel in AöR 77, 283 (295); Schäfer, S. 77; Neunreither, S. 75; Vonderbeck, S. 79 f.; Schmidt-Bleibtreu / Klein, Art. 77 RN 9; Hamann / Lenz, Art. 77 B 2; Niemann, S. 35.

[53] So betrafen 343 Anrufungen nach Ansicht des Bundesrates Zustimmungsgesetze gegenüber 90 Anrufungen zu Einspruchsgesetzen (Stand: Ende Dezember 1980).

[54] BVerfG in NJW 81, 329 (334), BVerfGE 48, 127 (177 f.), 37, 363 (380 f.), 24, 184 (195), 8, 274 (294); Maunz in MDHS, Art. 77 RN 8; Bryde in v. Münch, Art. 77 RN 21; von Mangoldt / Klein, Erl. V 3 vor Art. 70; Friesenhahn, S. 267; Ossenbühl in AöR 99, 369 (403); Stern, Bd. II S. 145; a. A. Schneider in DVBl. 53, 257 (260 f.), Wilke in AöR 98, 225.

[55] So auch Sondervotum Rottmann zu BVerfG, NJW 81, 329 in NJW 81, 337. Entgegen der Ansicht des BVerfG in E 8, 274 (295) gibt Art. 78 zur Begründung der Einheitsthese nichts her. Zwar ist mit „das vom Bundestag beschlossene Gesetz“ sicher das Gesetz als Ganzes gemeint. Über die Beteiligungsrechte des Bundesrates wird jedoch nichts ausgesagt. Eine reine Wortlautauslegung würde schon eher aus Art. 77 Abs. 3 S. 1, 87 b Abs. 1 S. 4 das

gewesen. Nach einer Ansicht[56] ist sie allein mit verfassungsbedingten Notwendigkeiten zu begründen. Dies bedeutet, daß durch den Beschluß des Bundestages eine verfahrensbedingte Gesetzeseinheit hergestellt und begründet wird. Die Einheitsthese dient dann dem Zweck, zu gewährleisten, daß der Bundestag im Gesetzgebungsverfahren in seiner Gestaltungsfreiheit geschützt wird. Die zeitlich nachfolgende Stellungnahme des Bundesrates zu einem Gesetzesbeschluß des Bundestages kann nur, vom Vermittlungsverfahren hier einmal abgesehen, den Gesetzesbeschluß insgesamt ablehnen oder annehmen, nicht jedoch den Willen des Parlaments dergestalt ändern, daß Teile des Gesetzesbeschlusses in Kraft treten, während andere Teile an der fehlenden Zustimmung des Bundesrates scheitern. Dies wäre aber möglich, wenn nur die Teile, die die Zustimmung ausgelöst haben, von der Zustimmung erfaßt würden[57].

Die zweite Version der Einheitsthese geht weiter. Danach ist die Gesetzeseinheit nicht nur verfahrensbedingt, sondern auch sachbedingt. Jedes Gesetz bildet nach dieser Auffassung eine zweckbezogene und zweckgerichtete Einheit, da zwischen den einzelnen Vorschriften eines Gesetzes ein enger innerer Zusammenhang bestehe. Zustimmungsbedürftige und zustimmungsfreie Normen bedingten sich gegenseitig[58].

Das Bundesverfassungsgericht[59] geht auch von einer gesetzgebungstechnischen Einheit des Gesetzes aus, begründet diese aber damit, daß andernfalls kaum überwindbare Schwierigkeiten im Gesetzgebungsverfahren und bei der Verkündung von Gesetzen entstünden[60], daß „Bundesgesetz" in Art. 78, 84 das zusammengefaßte Gesetz sei[61], und daß es ständige Praxis der Verfassungsorgane sei, das ganze Gesetz als zustimmungsbedürftig anzusehen[62].

Hinsichtlich der Begründung der Einheitsthese ist das Bundesverfassungsgericht auf dem Stand von 1958 stehen geblieben. In den nach-

---

Gegenteil ableiten können, denn dort ist die Rede von Gesetzen, „soweit" sie der Zustimmung bedürfen. Wie hier Pestalozza in JuS 75, 366 (370); Schweitzer, Der Staat 76, 169, Schneider in DVBl. 53, 253.

[56] Haas in AöR 80, 81 (85); Ossenbühl in AöR 99, 369 (398); Friesenhahn, S. 267, Maunz in MDHS, Art. 77 RN 8.

[57] Das übersieht Schneider in DVBl. 53, 257 (261 f.); ebenso Schweitzer in Der Staat 76, 169 (184). Die Möglichkeit, den nichtzustimmungspflichtigen Teil als Einspruchsgesetz zu behandeln, mit der Folge, daß der Bundestag über den verbleibenden Torso entscheiden kann, versagt, wenn der Bundestag dem zustimmungsfreien Teil ausdrücklich zustimmt oder den Vermittlungsausschuß nicht anruft.

[58] Diese Ansicht wurde vor allem vom Bundesrat vertreten, vgl. Stellungnahme zu BVerfGE 24, 184 (189), BVerfGE 37, 363 (374).

[59] BVerfGE 8, 274 (294 f.), 24, 184 (195), 37, 363 (380 f.), NJW 81, 329 (334).

[60] BVerfGE 8, 274 (294).

[61] Ebenda S. 293 f.; zum Wert dieser Argumentation siehe oben FN 55.

[62] Ebenda FN 60.

folgenden Entscheidungen bemüht sich das Gericht nicht, die Einheitsthese weiter zu begründen, sondern verweist auf seine ständige Rechtsprechung[63]. Eine neue Begründung wäre umso erforderlicher gewesen, als die Argumente des Bundesverfassungsgerichts die Einheitsthese nicht tragen. Die ständige Praxis der Verfassungsorgane ersetzt nicht die rechtliche Begründung. Der Wortlaut der Art. 78, 84 gibt nicht viel her[64]. Daß die Schwierigkeiten im Gesetzgebungsverfahren und bei der Verkündung nicht unüberwindbar sein müssen, haben Schneider und Schweitzer nachgewiesen[65]. Aber auch die vom Bundesrat vertretene Ansicht, die Gesetzeseinheit sei nicht nur verfahrensbedingt, sondern auch inhaltsbedingt, überzeugt letztlich nicht. Man kann in einem Gesetz sehr wohl zwischen zustimmungsfreien und zustimmungsbedürftigen Normen unterscheiden, auch wenn zwischen diesen ein enger sachlicher Zusammenhang besteht. Man muß dies auch tun, um überhaupt die Zustimmungsbedürftigkeit bejahen zu können[66]. Aus der Interdependenz zwischen zustimmungsfreien und zustimmungsbedürftigen Normen folgt demnach keine inhaltsbezogene Gesetzeseinheit.

Die gesetzgebungstechnische Einheit eines Gesetzesbeschlusses, der dem Bundesrat vorliegt, folgt allein aus der Überlegung, daß die Integrität der Beschlüsse des Bundestages davor geschützt wird, daß der verbindlich festgestellte Gesetzesinhalt vom Bundesrat in einen Torso verwandelt werden kann und somit in seinem Inhalt verfälscht wird.

Die h. M. folgert aus der Einheitsthese, daß der Bundesrat ein Zustimmungsgesetz auch aus solchen Gründen ablehnen darf, die sich gegen Vorschriften richten, die die Zustimmungsbedürftigkeit nicht ausgelöst haben[67]. Dies ergibt sich jedoch keineswegs aus der Einheitsthese, so wie sie hier oder vom Bundesverfassungsgericht verstanden wird. Da die Gesetzeseinheit vom Bundestag hergestellt wird und die Theorie von der gesetzgebungstechnischen Einheit dem Schutz der Beschlußintegrität des Bundestages dient, bedeutet Gesetzeseinheit lediglich, daß zustimmungsfreie und zustimmungsbedürftige Normen dasselbe rechtliche Schicksal erfahren, nämlich Gesetzeskraft erlangen, wenn der Bundesrat zugestimmt hat, oder als Vorlage gescheitert sind,

---

[63] Zuletzt BVerfG in NJW 81, 329 (334).

[64] Siehe oben FN 55.

[65] Schneider in DVBl. 53, 257 (260); Schweitzer in Der Staat 76, 169 (175).

[66] So auch Schweitzer in Der Staat 76, 169 (175); Ossenbühl in AöR 99, 369 (399); dafür spricht auch, daß der Bundestag nach ganz h. M. berechtigt ist, einen Gesetzesbeschluß in zwei selbständige Gesetze aufzuspalten, wovon eines nur die zustimmungspflichtigen Normen enthält. Die Grenze liegt bei der Willkür; vgl. Bryde in v. Münch, Art. 77 RN 23; Bettermann, S. 35; Dittmann in DÖV 74, 400; Fiedler in ZRP 77, 59; von Hase in DÖV 73, 842; Konow in ZRP 73, 158 (160); Pestalozza in ZRP 76, 156 f.

[67] Vgl. etwa Maunz in MDHS, Art. 77 RN 8; Friesenhahn, S. 267; BVerfGE 37, 363 (381).

wenn der Bundesrat seine Zustimmung versagt hat. Aus dieser „rechtlichen Schicksalsgemeinschaft“[68] folgt, daß die Zustimmung bzw. die Versagung der Zustimmung das ganze Gesetz erfaßt. Über den Inhalt der Zustimmungsbefugnis des Bundesrates sagt die Einheitsthese nichts aus[69].

Gleichwohl kommt die h. M. im Ergebnis zu Recht zu der Annahme, der Bundesrat könne seine Zustimmung auch deshalb versagen, weil ihm die nichtzustimmungspflichtigen Teile eines Gesetzes nicht akzeptabel erscheinen. Nur folgt dies nicht aus der Einheitsthese, sondern aus dem allgemeinen Mitwirkungsrecht, das dem Bundesrat gemäß Art. 50 zusteht. Der Bundesrat hat bei jedem Bundesgesetz, also auch bei Zustimmungsgesetzen, von Verfassungs wegen das Recht zur inhaltlichen Mitgestaltung. Daraus folgt zunächst, daß hinsichtlich der Anrufung des Vermittlungsausschusses bei Zustimmungsgesetzen ebensowenig inhaltliche Restriktionen bestehen wie bei Einspruchsgesetzen, denn der Vermittlungsausschuß kann vom Bundesrat bei Gesetzen schlechthin immer angerufen werden. Insoweit differenziert das Grundgesetz nicht nach Zustimmungsgesetzen und Einspruchsgesetzen und knüpft die Zulässigkeit der Anrufung des Vermittlungsausschusses nicht an das Vorliegen bestimmter im Grundgesetz genannter Tatbestandsvoraussetzungen, wie etwa bei der Frage, ob ein Gesetz zustimmungsbedürftig ist.

Der Bundesrat überschreitet aber auch nicht seine Zustimmungsbefugnis, wenn er seine Zustimmung aus Gründen versagt, die sich auf die die Zustimmungsbedürftigkeit nicht auslösenden Gesetzesteile beziehen, denn das Grundgesetz schreibt dem Bundesrat keine Beschränkung auf Teilaspekte der von ihm behandelten Vorlagen vor, was aber erforderlich wäre, um angesichts der allgemeinen Mitwirkungsbefugnis aus Art. 50 den Bundesrat auf die ausschließliche Behandlung solcher Teile einer Vorlage zu beschränken, die die Kompetenz, sich damit befassen zu können, ausgelöst haben.

Schon immer umstritten war die Frage, ob der Bundesrat parteipolitisch argumentieren dürfe[70]. Parteipolitische Argumentationen und Motive hat es schon immer gegeben, obwohl dies im Einzelfall nur sehr schwer nachzuweisen ist. Erwähnt seien hier nur das Paket der Westverträge in den 50er Jahren[71] und die Ostverträge in den 70er Jahren[72]. Diese beiden Beispiele machen gleichzeitig deutlich, daß Partei-

---

[68] Ossenbühl in AöR 99, 369 (413).

[69] Ebenda FN 68.

[70] Siehe oben Kap. 1 I. 1.

[71] Dazu und wegen weiterer Beispiele Bandorf, S. 81 ff.; Feuchte in AöR 98, 473 (521); Neunreither, S. 152 ff.

[72] Ebenda.

politik für die Bundesratsmehrheit genauso von Bedeutung war und ist wie für die Minderheit. Das Phänomen Parteipolitik im Bundesrat ist also keineswegs davon abhängig, daß die Bundesratsmehrheit parteipolitisch in Opposition zur Bundestagsmehrheit und zur Bundesregierung steht.

Vor allem Maunz[73] hat Bedenken verfassungsrechtlicher Art gegen parteipolitische Argumentation im Bundesrat. Zur Begründung führt er aus[74], daß es nach der Konzeption des Grundgesetzes nicht die Aufgabe des Bundesrates sei, ein parteipolitisches Kräfteverhältnis widerzuspiegeln und daß das Grundgesetz keinen Parteienbundesstaat wolle. Gleichwohl sieht er die Funktion des Bundesrates in hervorragendem Maß als hochpolitisch und folgert lediglich, daß sie nicht parteipolitisch sein soll[75].

Parteipolitisch motivierte Entscheidungen spiegeln jedoch nicht ohne weiteres parteipolitische Kräfteverhältnisse wider, wie dies etwa bei Fraktionsbildungen der Fall ist. Zwar ist es richtig, daß der Bundesrat der sinnfälligste Ausdruck des föderalistischen Systems im Grundgesetz ist, und läßt sich die Konzeption des Grundgesetzes dahingehend verstehen, daß über den Bundesrat regionale Interessen und Erfahrungen in den Willensbildungsprozeß auf Bundesebene eingebracht werden sollen, jedoch läßt sich aus dem Grundgesetz unmittelbar kein Verbot parteipolitisch motivierter Entscheidungen ableiten. Auch aus der Entstehungsgeschichte folgt ein derartiges Verbot nicht. Zwar wurde das parteipolitische Moment bei der Diskussion des Bundesrats- bzw. Senatsmodell gesehen[76]. Jedoch lassen die entscheidenden Argumente für die Bundesratslösung nicht den Schluß zu, die zukünftigen Regierungsvertreter sollten sich nur auf die Geltendmachung der Belange ihrer Länder, also Partikularinteressen, beschränken.

Gegen eine mit unabhängigen Senatoren besetzte Kammer wurde vorgebracht, sie stelle eine Parallele zum Bundestag dar und bringe eine Fraktionsbildung der Senatoren mit sich, da diese regelmäßig von den Parteien gestellt würden, die auch im Bundestag vertreten seien[77]. Die Befürworter des Senatsprinzips argumentierten, daß die Landesregierungen aufgrund der heimischen Koalitionen leichter parteipolitischen Einflüssen unterliegen könnten[78]. Daraus läßt sich ableiten, daß sowohl Befürworter als auch Gegner des Bundesratsmodells einen vor

---

[73] Maunz in MDHS, Art. 50 RN 25.

[74] Ebenda.

[75] Ähnlich Hendrichs in v. Münch, Art. 51 RN 22.

[76] v. Doemming / Füsslein / Matz in JÖR N. F. 1, S. 380.

[77] Ebenda.

[78] Bericht über den Verfassungskonvent auf Herrenchiemsee, Darst. Teil, S. 39.

allem parteipolitisch orientierten Bundesrat nicht anstrebten. Andererseits zeigen diese beiden unterschiedlichen Stellungnahmen jedoch auch, daß man das Problem gesehen hat und sich dennoch zu einer Regelung entschlossen hat, die es nicht verhindert, daß parteipolitische Aspekte im Bundesrat eine Rolle spielen. Dies folgt daraus, daß Regierungsvertreter Mitglieder im Bundesrat sind. Daß diese aber auch ein parteipolitisches Moment mit in ihre Bundesratsarbeit einbringen würden, war im Hinblick auf den Stellenwert, der den Parteien zugedacht war und in Art. 21 zum Ausdruck kam, nicht zu übersehen.

Die Entstehungsgeschichte des Grundgesetzes läßt also nicht die Absicht erkennen, daß Parteipolitik völlig aus der Arbeit des Bundesrates herausgehalten werden sollte. Dafür hätte es, da man das Problem gesehen hat, weiterer Regelungen bedurft oder müßten die Materialien zum Grundgesetz eindeutiger Aufschluß geben.

Für die Zulässigkeit parteipolitisch motivierter Entscheidungen spricht, daß das Grundgesetz nicht nur den Bundesstaat, sondern auch den Parteienstaat kennt, wie es in Art. 21, der systematisch unter dem Titel „Der Bund und die Länder" in das Grundgesetz aufgenommen worden ist, zum Ausdruck kommt[79]. Daraus läßt sich schließen, daß das Grundgesetz zumindest in Kauf nimmt, daß parteipolitische Einflüsse über die Länder in den Willensbildungsprozeß auf Bundesebene eingebracht werden. Dies kann aber organisatorisch nur durch den Bundesrat geschehen.

Weiterhin spricht dafür, daß das Grundgesetz bei keinem Verfassungsorgan Einschränkungen in der Entscheidungsfreiheit vorsieht. Die einzige Grenze insoweit ist, daß eine sachliche, keine willkürliche Entscheidung getroffen werden muß. Eine Bewertung der Motivation der Entscheidungsträger ist dem Grundgesetz fremd.

Rein tatsächlich sind parteipolitische Entscheidungen durch die personellen und parteipolitischen Verflechtungen des Entscheidungsträgers mit den politischen Parteien unvermeidlich[80]. Auch spricht die Kompetenzlage des Bundesrates insgesamt dagegen, daß er nur Länderbelange bei seinen Entscheidungen geltend machen darf, was die Konsequenz aus einem Verbot parteipolitisch motivierter Entscheidungen wäre. Die Frage nach der Zulässigkeit von Parteipolitik im Bundesrat wird fast ausnahmslos im Zusammenhang mit dem Gesetzgebungsverfahren, und dort mit den Zustimmungsgesetzen gesehen, obwohl diese Frage die Stellung des Bundesrates insgesamt und alle seine Kompetenzen betrifft[81]. Bei einigen wichtigen Kompetenzen würde die An-

---

[79] So vor allem Leibholz / Hesselberger in FS für den BR, S. 111.

[80] Vgl. Klein in DÖV 71, 325 (326 f.).

[81] Daß das Enumerationsprinzip hinsichtlich der Zustimmungsbedürftigkeit von Gesetzen nicht als Grund herangezogen werden kann, um den Bundes-

nahme, der Bundesrat müsse sich auf die Geltendmachung von Länderinteressen beschränken, befremdlich wirken und wird auch, soweit ersichtlich, von niemandem vertreten. Das Zustimmungsrecht des Bundesrates zu Verfassungsänderungen, durch die z. B. Vorschriften über die innere Organisation der Bundesregierung geändert würden, wäre nicht sinnvoll, wenn er sich nur auf die Geltendmachung von Partikularinteressen beschränken müßte. Gemäß Art. 76 kann der Bundesrat Gesetze initiieren. Zu Recht vertritt niemand, daß er dabei nur Länderinteressen wahrnehmen darf. Die Kompetenzen bei Einspruchsgesetzen und im Gesetzgebungsnotstand sowie Verteidigungsfall[82] werfen dieselbe Frage nach ihrem Sinn auf, wenn nur die Wahrnehmung von Partikularinteressen zulässig sein soll. Die dem Bundesrat zugewiesenen Präsidialaufgaben[83] sind von regionalen Interessen losgelöst und können deshalb nicht entsprechend wahrgenommen werden. Sein Informations- und Zitierrecht nach Art. 53 beschränkt sich nicht auf Sachgebiete mit regionalem Bezug.

Daneben gibt es allerdings eine Reihe von Kompetenzen, die einen starken Länderbezug aufweisen, wie etwa die Mitwirkung des Bundesrates bei Maßnahmen der Bundesaufsicht oder des Bundeszwanges, Art. 37, 84. Daraus kann aber nicht geschlossen werden, das Grundgesetz beschränke den Bundesrat in einigen Fällen auf die Wahrnehmung regionaler Interessen und gestatte in anderen die Wahrnehmung auch anderer als Partikularbelange, denn daß sich hinter den genannten Vorschriften ein Verfassungskonzept verbirgt, ist in keiner Weise erkennbar und seine Konstruktion könnte nicht widerspruchsfrei erfolgen, wie beispielhaft die teilweise widersprüchliche Regelung der Zustimmungsbedürftigkeit von Gesetzen zeigt[84]. Auch fehlen Anhaltspunkte, daß eine solche Konstruktion subjektiv beabsichtigt war.

Der Bundesrat ist deshalb grundsätzlich nicht darauf beschränkt, lediglich Länderinteressen geltend zu machen. Daher ist ihm eine politische und parteipolitische Argumentation nicht versagt. Dieses Ergebnis wird dadurch unterstützt, daß bei der Diskussion um diese Frage immer stillschweigend unterstellt wird, es sei möglich, zwischen Länderbelangen, politischen und parteipolitischen Belangen zu unterscheiden. Dies ist jedoch nicht in dem Maß möglich, wie es erforderlich wäre, um Kompetenzen eines Verfassungsorgans zu umschreiben und zu beschränken. Gerade Kompetenznormen bedürfen aber der Klar-

---

rat auf eine Beschränkung als Hüter von Länderinteressen lediglich bei Zustimmungsgesetzen festzulegen, ergibt sich daraus, daß hinter diesem Prinzip kein logisch-konsequentes Verfassungskonzept steht.

[82] Siehe oben Kap. I. 3. a).

[83] Siehe oben Kap. I. 3. a).

[84] Siehe oben Kap. 2 I.

heit[85]. Zwar lassen sich Interessen vorstellen, die eindeutig länderbezogen oder politisch sind, wobei jedoch meist unklar bleibt, worin der Unterschied zwischen politisch und parteipolitisch zu sehen ist. Aber in der Mehrzahl der Fälle dürfte eine solche Differenzierung nicht möglich sein, weil zum einen die Grenzen fließend sind und zum anderen die Kategorien identisch sein können. Wenn der Bundesrat 1974 das Radikalengesetz[86] ablehnt[87], weil etwa die Folgen der bloßen Mitgliedschaft in einer verfassungsfeindlichen Organisation einen höheren Stellenwert in der Beurteilung eines Beamtenanwärters haben sollten, so kann man diese Argumentation im Hinblick auf die Auseinandersetzungen der politischen Parteien über dieses Thema als parteipolitisch bezeichnen. Neben dieser Einordnung als parteipolitisch muß man die Argumentation jedoch auch als Wahrnehmung von Länderinteressen bezeichnen, denn ein wesentlicher Belang, nämlich ihre Personalhoheit, wird tangiert.

Weiterhin ist zu bedenken, daß es de lage lata kein sinnvolles praktisches Verfahren gibt, mit dem einer als unzulässig angesehenen parteipolitischen Argumentation im Bundesrat begegnet werden könnte. Dem Bundespräsidenten die Aufgabe der Motivforschung zu übertragen, erscheint angesichts der nicht unumstrittenen Frage nach dessen Prüfungskompetenz nicht sinnvoll. Das Bundesverfassungsgericht damit zu beschäftigen, das der Bundesrat anrufen könnte, wenn seine Zustimmungsverweigerung wegen sachfremder Erwägungen als unbeachtlich behandelt würde oder das im Wege der Organklage angerufen werden könnte, erscheint ebensowenig sinnvoll, weil die vom Gericht dann vorzunehmende Motivforschung durch ein die Nachweisbarkeit ausschaltendes Verhalten der beschlußfassenden Bundesratsmehrheit leicht hinfällig werden könnte, von den verfassungspolitischen Aspekten einmal abgesehen. Darüber hinaus könnte nur das Verhalten der Bundesratsmehrheit, nicht aber ein entsprechendes Verhalten der Minderheit im Bundesrat sanktioniert werden. Auch wenn in einem solchen Fall deren Verhalten sich nicht nach außen auswirken kann, ist nicht einzusehen, warum die Minderheit im Bundesrat anders argumentieren dürfen soll als die Mehrheit.

Der Bundestag schließlich ist einem solchen Argumentationsverhalten des Bundesrates auch nicht schutzlos ausgesetzt, denn er hat die Möglichkeit, durch Teilung von Gesetzen über die Zustimmungsbedürftigkeit zu befinden. Diese Befugnis ist dem Grunde nach heute unbestritten[88].

---

[85] BVerfGE 36, 363 (381); Friesenhahn, S. 268.

[86] BR-Drs. 681/75.

[87] BR-Drs. 124/76.

[88] Vgl. mit weiteren Nachweisen FN 66.

Parteipolitisch motivierte Entscheidungen im Bundesrat sind daher zulässig. Dies schließt auch ein, daß im Bundesrat oppositionelle Vorstellungen aus dem Bundestag in den Willensbildungsprozeß der Ländervertreter miteinfließen. Dies ist weder praktisch zu verhindern noch ist ein Verbot rechtlich zu begründen.

Dies gilt jedoch nicht unbegrenzt. Die Grenze für ein parteipolitisch motiviertes Begründungsverhalten des Bundesrates besteht darin, daß die zu behandelnde Vorlage die möglichen parteipolitischen Einwände limitiert, d. h. der Bundesrat darf aus parteipolitischen Gründen eine Vorlage ablehnen oder einen bestimmten Änderungsantrag beschließen, wenn die Gründe in einem engen Zusammenhang mit dem Inhalt der Vorlage stehen. Dies ist immer dann der Fall, wenn der Änderungsantrag schlüssig mit parteipolitischen Gründen begründet werden kann. Für den Ablehnungsbeschluß gilt dies ebenfalls, wobei allerdings wegen der Möglichkeit, einen Gesetzesbeschluß in toto ablehnen zu können, ohne daß die Gründe hierfür an einer oder wenigen konkreten Normen festgemacht werden müssen, der parteipolitisch motivierte Ablehnungsbeschluß sich nicht an einzelnen Normen orientieren muß, sondern sich im Regelungsbereich der Vorlage bewegen muß. Unzulässig ist ein parteipolitisch motiviertes Verhalten und entsprechendes Argumentieren immer dann, wenn zwischen dem Inhalt der Vorlage und dem parteipolitisch motivierten Regelungsgehalt nur ein mittelbarer Zusammenhang besteht, denn dann bedeutet eine parteipolitische Entscheidung eine Überschreitung der Kompetenzen des Bundesrates und zwar nicht nur hinsichtlich der Wahl des Mitwirkungsrechtes, sondern auch hinsichtlich der Begründung. Die zu behandelnde Vorlage setzt dem Bundesrat bei seiner Beschäftigung damit in jeder Hinsicht Grenzen. Insoweit ist er vom Bundestag und dessen Beschlußfassung völlig abhängig.

Ein Beispiel mag dies verdeutlichen. Im Jahre 1978 rief der Bundesrat mit der Stimmenmehrheit der CDU/CSU regierten Länder den Vermittlungsausschuß zu dem Gesetz zur Änderung des Gesetzes über Versammlungen und Aufzüge, BR-Dr. 302/78, an. Neben Änderungsanträgen, die unmittelbar die Vorlage betrafen, wie z. B. die Präzisierung der Anmeldepflicht von Demonstrationen und das Verbot passiver Bewaffnung, verlangte der Bundesrat Änderungen von Vorschriften des StGB, StPO und StVollzG, obwohl der Gesetzesbeschluß des Bundestages hierzu keinerlei Regelungen enthielt. Absicht des Bundesrates war es, eine politische Auseinandersetzung über Strafverschärfungen für gewalttätige Demonstranten und Terroristen erneut zu führen, nachdem diese Frage im Bundestag schon behandelt worden war, als die CDU/CSU dieselben Anträge eingebracht hatte, aber erfolglos geblieben war. Da der Vermittlungsausschuß den Gesetzesbeschluß bestätigte, versagte der Bundesrat seine Zustimmung[89].

In diesem Fall hat der Bundesrat sowohl seine Kompetenz zur Anrufung des Vermittlungsausschusses überschritten als auch seine Befugnis zur parteipolitischen Argumentation. Letzteres ergibt sich daraus, daß die Änderungsanträge zum StGB, StPO und StVollzG nicht in einem engen Zusammenhang mit der zu behandelnden Vorlage standen. Lediglich ein mittelbarer Zusammenhang, etwa unter dem Stichwort „Innere Sicherheit", war gegeben, der aber nicht ausreicht. Im Beispielsfall fallen unzulässige Begründung und unzulässige Wahl des Gestaltungsmittels zusammen. Dies wird häufig der Fall sein, ist aber nicht zwingend.

Kommt eine Zustimmungsverweigerung auf solch unzulässige Weise zustande, müssen sich Bundestag und Bundesregierung mit den in der Verfassung vorgesehenen Mitteln, notfalls einem Verfassungsprozeß dagegen wehren. Die dann von dem Bundesverfassungsgericht zu leistende Abgrenzungsarbeit mag im Einzelfall schwierig sein, jedoch nicht unzumutbar, da eine objektive Abgrenzung vorzunehmen ist und nicht über subjektive Elemente, wie Motivation zu befinden ist. Auch ist es nicht unüblich, daß Gerichte schwierige Abgrenzungsfragen im Sinne obiger Beschreibung vorzunehmen haben.

Die Zulässigkeit parteipolitisch motivierter Entscheidungen im Bundesrat wird also durch den Inhalt der Vorlage begrenzt[90].

Weitere kompetenzrechtliche Probleme ergeben sich aus den Tatbestandsvoraussetzungen der das Zustimmungsrecht gewährenden Normen und aus dem Umfang des Zustimmungsrechts.

Wann die Tatbestandsvoraussetzungen, an deren Vorliegen das Grundgesetz die Zustimmungsbedürftigkeit knüpft, erfüllt sind, läßt sich abstrakt nicht darstellen und ist bei jeder Norm selbständig zu beantworten[91].

Die Zustimmungsbedürftigkeit von Gesetzen, die Zustimmungsgesetze ändern, bestimmt sich allein nach ihrem Inhalt. Enthält das Änderungsgesetz selbst zustimmungsbedürftige Normen, ist es nach Maßgabe der Einheitsthese zustimmungsbedürftig, denn auch das Änderungsgesetz ist für sich genommen eine gesetzgebungstechnische Einheit[92]. Wird ein Zustimmungsgesetz geändert, ohne daß das Änderungs-

---

[89] Das Gesetz wurde dann ohne Zustimmungsformel verkündet, da es nach Ansicht der Bundesregierung nicht zustimmungsbedürftig war.

[90] Die von Laufer gezogene Grenze, daß der BR nicht aus einer Obstruktionshaltung heraus Opposition der Opposition wegen betreiben darf, ist ebenso richtig wie unpraktikabel, Laufer, Bundesrat, S. 29; ebenso Niemann, S. 231.

[91] Vgl. zu Art. 84 neuerdings BVerfG in NJW 81, 329 (335).

[92] So zu Recht BVerfGE 37, 363 (382).

gesetz zustimmungsbedürftige Normen enthält, so ist es grundsätzlich nicht zustimmungsbedürftig[93].

Weder die Mitverantwortungstheorie[94], die Friesenhahn und Ossenbühl überzeugend widerlegt haben[95], noch eine durch den Begriff der Sinneinheit erweiterte Einheitsthese[96], die die Einheit von Änderungsgesetz und geändertem Gesetz umfaßt, vermögen zu begründen, daß Materien, für die das Grundgesetz eine Zustimmungspflicht nicht vorsieht, der Zustimmungspflicht unterworfen werden. Dies folgt schon aus dem Zweck des Zustimmungserfordernisses. Dient die Zustimmungspflicht dazu, eine Systemverschiebung der vom Grundgesetz vorgesehenen Balance der zwischen Bund und Ländern aufgeteilten Kompetenzen nur bei Zustimmung durch den Bundesrat zuzulassen[97], so muß die Zustimmungspflicht immer an eine Systemverschiebung gebunden sein. Die an sich zustimmungsfreie Änderung eines Zustimmungsgesetzes bedingt aber keine Systemverschiebung über das hinaus, was von der ursprünglichen Zustimmung schon erfaßt ist. Das Änderungsgesetz ist daher zustimmungsfrei. Dies gilt sowohl für das direkte Änderungsgesetz, also ein Gesetz, das den Text ändert, als auch für solche Gesetze, die nach den Auslegungsgrundsätzen lex posterior derogat legi priori und lex specialis derogat legi generali mittelbar eine Gesetzesänderung darstellen.

Kommt es bei Änderungsgesetzen allein auf deren Inhalt an, um die Zustimmungsbedürftigkeit zu beurteilen, so kann nach der Rechtsprechung des Bundesverfassungsgerichts[98], sich die Zustimmungsbedürftigkeit ausnahmsweise auch dann ergeben, wenn die Normen des Änderungsgesetzes an und für sich zustimmungsfrei sind, aber durch Änderung der zustimmungsfreien Normen des zu ändernden Gesetzes dessen ehemals zustimmungspflichtigen Vorschriften eine wesentlich andere Bedeutung und Tragweite erhalten. In einem solchen Fall ist das Änderungsgesetz zustimmungsbedürftig.

---

[93] BVerfGE 37, 363 (383); BVerwGE 28, 36 (43); Bay.VGH Bay.VBl. 68, 33; Schmidt-Bleibtreu / Klein Art. 77 RN 9; Haas in AöR 80, 83; Bettermann, S. 33; Friesenhahn, S. 267 f.; Bryde in v. Münch, Art. 77 RN 22; Ossenbühl in AöR 99, 369 (427); Franssen in JZ 74, 314; Lepa in DVBl. 74, 399; Pestalozza in JuS 75, 366; Rössler, S. 42 f.; Niemann, S. 57; von Hase in DÖV 73, 841; a. A. Minderheitsvotum in BVerfGE 37, 363 (401 ff.); von Mangoldt / Klein, Vorb. V 4 a vor Art. 70; Maunz in MDHS, Art. 77 RN 9 f.; Kratzer in AöR 77, 269; Held in AöR 80, 57; Weides in JuS 73, 341; Schäfer, Bundesrat, S. 91.

[94] Begründet von Kutscher, DÖV 52, 710 ff. Die Mitverantwortungstheorie ist im Bundesrat niemals beraten worden, weder im Ausschuß noch im Plenum, vgl. von Ditfurth, S. 54.

[95] Friesenhahn, S. 253 ff.; Ossenbühl in AöR 99, 369 (403 ff.); auch von Hase in DÖV 73, 838; Lepa in DVBl. 74, 399; Achterberg in DÖV 75, 158.

[96] So das Minderheitsvotum in BVerfGE 37, 363 (406 ff.).

[97] BVerfGE 37, 363 (379 f.).

[98] BVerfGE 37, 363 LS 4.

Ist die Systemverschiebung entscheidend[99], so bedeutet dies bei Verlängerungsgesetzen, daß diese unzweifelhaft zustimmungspflichtig sind, wenn die Geltungsdauer eines Zustimmungsgesetzes insgesamt verlängert wird[100]. Denn durch die Verlängerung wird die Systemverschiebung verfestigt bzw. rein zeitlich gesehen, neu festgemacht. Betrifft die Verlängerung nur Teile eines Zustimmungsgesetzes, so ist entscheidend, ob die von der Verlängerung betroffenen Teile zustimmungsbedürftig sind oder nicht.

Hebt ein Gesetz ein Zustimmungsgesetz auf oder Teile eines solchen Gesetzes, die die Zustimmungsbedürftigkeit ausgelöst haben, so ist das Aufhebungsgesetz nicht zustimmungsbedürftig, da eine neue Systemverschiebung nicht nur nicht vorliegt, sondern gerade beendet wird[101].

Ergänzungsgesetze zu Zustimmungsgesetzen sind hinsichtlich ihrer Zustimmungsbedürftigkeit wie alle anderen Gesetze zu behandeln.

Versagt der Bundesrat seine Zustimmung, ist das gesamte Gesetz gescheitert. Ein gleichwohl verkündetes Gesetz wäre nichtig, da es nicht ordnungsgemäß zustandegekommen wäre. Die Nichtigkeit erfaßt das gesamte Gesetz. Bloße Teilnichtigkeit anzunehmen[102], würde dem Grundsatz der gesetzgebungstechnischen Einheit widersprechen, auf den wegen des Schutzes der Beschlußintegrität des Bundestages nicht verzichtet werden kann. Deshalb können auch die zustimmungsfreien Teile nicht als zustandegekommen betrachtet werden[103].

Auch der Vorschlag Pestalozzas[104], zum Schutz der Beschlußintegrität des Bundestages den bei einer Versagung der Zustimmung zu zustimmungsbedürftigen Normen verbleibenden zustimmungsfreien Gesetzesteil dem Parlament zur erneuten Beschlußfassung gemäß Art. 77 Abs. 2 Satz 5 analog vorzulegen, damit dieses entscheiden kann, ob der verbleibende Rest des Gesetzes Gesetzeskraft erlangen soll, übersieht, daß das Grundgesetz davon ausgeht, daß Gesetze in einem förmlich festgelegten Verfahren verabschiedet werden und dabei eine erneute Befassung des Bundestages mit einem von ihm beschlossenen Gesetz nicht vorgesehen ist, sondern im Rahmen der Formvorschriften über das Gesetzgebungsverfahren bei einer Modifizierung des Inhalts nur ein neues Gesetzgebungsverfahren eingeleitet werden kann. De lege lata ist dieser Vorschlag nicht zu verwirklichen[105].

---

[99] Siehe oben FN 97.

[100] So die h. M., vgl. statt vieler Ossenbühl in AöR 99, 369 (431).

[101] So auch BVerfGE 10, 20 (49); Ossenbühl, S. 429.

[102] So neuerdings Rottmann, Hirsch in ihren Sondervoten zu BVerfG in NJW 81, 329 in NJW 81, 337 ff.

[103] So aber Schneider in DVBl. 53, 257 (261); Schweitzer in Der Staat 76, 169.

[104] Pestalozza in JuS 75, 366 (370).

2. Katalogisierung der die Zustimmungsbedürftigkeit auslösenden Normen des Grundgesetzes

Die Zustimmungsbedürftigkeit von Bundesgesetzen ergibt sich, abgesehen von den oben beschriebenen Ausnahmen[106], aus Einzelbestimmungen des Grundgesetzes. Es lassen sich grob drei Gruppen von Einzelbestimmungen bilden, nach denen Bundesgesetze zustimmungsbedürftig sind:

— Gesetze, die die Verfassung ändern, Art. 79 Abs. 2,

— Gesetze, die das Finanzaufkommen der Länder berühren,

— Gesetze, die in die Verwaltungshoheit der Länder eingreifen.

Diese Gliederung ist für die vorliegende Arbeit jedoch wenig aufschlußreich, da die Kategorien zu undifferenziert sind. Um Aufschluß über das Verhalten des Bundesrates bei der Inanspruchnahme seiner Kompetenzen zu gewinnen, ist es erforderlich, den Gründen, die den Beschlüssen des Bundesrates zugrunde lagen, Kategorien gegenüberzustellen, die ein differenziertes Bild der die Zustimmungsbedürftigkeit auslösenden Normen innerhalb der oben genannten Gliederung geben.

Die verfassungsändernden Gesetze finden in diesem Teil der Untersuchung keine Berücksichtigung, da ihnen ein eigener Abschnitt gewidmet ist.

a) Einteilung

Gesetze, die die Verwaltungshoheit der Länder berühren, sind aufgrund einer Reihe von Vorschriften des Grundgesetzes zustimmungsbedürftig, die sich in folgende Kategorien einordnen lassen.

— Organisation und Verwaltungsverfahren von Landesbehörden: Art. 84 Abs. 1; 85 Abs. 1; 108 Abs. 2, Abs. 5.

— Einrichtung bundeseigener Verwaltung und von Bundesauftragsverwaltung: Art. 87 Abs. 3 Satz 2; 87 b Abs. 1 Satz 3, 4, Abs. 2 Satz 1; 87 c; 87 d Abs. 2; 120 a Abs. 1 Satz 1 1. Alt.

— Bundesaufsicht über Landesbehörden: Art. 84 Abs. 5; 87 b Abs. 2 Satz 2; 120 a Abs. 1 Satz 1 2. Alt.

— Abgrenzung und Zusammenwirken von Bundes- und Landesverwaltung: Art. 108 Abs. 4 Satz 1

[105] Eine entsprechende Grundgesetzänderung fordern Heinsen, Rietdorf, Böckenförde, Sondervotum zu den Empfehlungen zur Verfassungsreform, Zur Sache 3/76, S. 217.

[106] Siehe oben Kap. 2 I.

Gesetze, die die Finanzhoheit der Länder berühren und deshalb zustimmungsbedürftig sind, lassen sich in folgende Kategorien einteilen.

— Gesetze über Steuern, deren Aufkommen den Ländern oder Gemeinden ganz oder teilweise zufließt: Art. 105 Abs. 3

— Finanzausgleich im weiteren Sinn: Art. 104 a; 106; 107

— Haushalts- und Wirtschaftsführung: Art. 109 Abs. 3, 4 Satz 1

— Besoldung und Versorgung von Angehörigen des Öffentlichen Dienstes: Art. 74 a Abs. 2, 3, 4 (Art. 98 Abs. 1)

— Rechtsnachfolge in Reichs- oder Landesvermögen: Art. 134 Abs. 4; 135 Abs. 5

Eine weitere Kategorie bilden die Normen des Grundgesetzes, die Gesetze für zustimmungsbedürftig erklären, die, ohne daß sie die Finanzhoheit der Länder oder deren Verwaltungshoheit im engeren Sinn berühren, das Bund-Länderverhältnis grundsätzlich betreffen. Hierher gehören die sogenannten Gemeinschaftsaufgaben nach Art. 91 a Abs. 2 und das Verfahren bei Gebietsänderungen nach Art. 29 Abs. 7. Schließlich ist noch Art. 96 Abs. 5 zu nennen, der die Ausübung der Gerichtsbarkeit des Bundes durch die Länder betrifft.

Außer Betracht bleiben sollen hier die Normen des Grundgesetzes, die im Zusammenhang mit dem Gesetzgebungsnotstand und Verteidigungsfall Gesetze des Bundes oder Beschlüsse des Bundestages bzw. der Bundesregierung für zustimmungsbedürftig erklären. Diese Normen und Normkategorien können deshalb unberücksichtigt bleiben, weil weder der Gesetzgebungsnotstand noch der Verteidigungsfall bisher eingetreten sind. Folglich gibt es keine Beschlüsse des Bundesrates in diesem Zusammenhang[107].

b) *Ratio*

Alle Normen des Grundgesetzes, die die Zustimmungsbedürftigkeit bestimmter Gesetze vorschreiben, haben einen gemeinsamen Sinn. Sie sollen gewährleisten, daß das vom Grundgesetz vorgesehene Gewaltenverhältnis zwischen dem Bund und den Ländern nicht geändert oder verschoben werden kann, ohne daß die betroffenen Länder durch das für sie vom Grundgesetz zur Verfügung gestellte Organ an der Entscheidung beteiligt sind[108]. Daneben soll die Mitwirkung der Länder an

---

[107] Vgl. insgesamt Friesenhahn, S. 262, der eine ähnliche Kategorisierung vornimmt, dabei jedoch die Einzelkategorien in unterschiedlicher Weise zueinander in Bezug setzt und von anderen Oberkategorien ausgeht; siehe auch Maunz in MDHS, Art. 50 RN 15, der die die Zustimmungsbedürftigkeit auslösenden Normen allerdings nur aufzählt und nicht ihrem Inhalt nach gliedert. Entgegen dem Hinweis im Text RN 15 ist die Aufzählung jedoch nicht abschließend; siehe auch Bandorf, S. 19 f.

[108] Siehe oben Kap. 2 I. mit weiteren Nachweisen.

der Gesetzgebung des Bundes bewirken, daß die Erfahrungen und besonderen Kenntnisse der Länderregierungen für die Gesetzgebung des Bundes genutzt werden können und dort eingebracht werden.

Entsprechend der unter a) vorgenommenen Kategorisierung lassen sich die Normen, die die Zustimmungsbedürftigkeit auslösen, und die dahinterstehenden Interessen der Länder jedoch noch weiter nach ihrem spezifischen Sinn aufschlüsseln.

Die sowohl zahlenmäßig[109] als auch von ihrer Bedeutung wichtigsten Kompetenznormen für den Bundesrat sind die Vorschriften über die Organisation von Landesbehörden und das Verwaltungsverfahren der Länder. Innerhalb dieser Gruppe kommt Art. 84 Abs. 1 wiederum die größte Bedeutung zu, da diese Vorschrift bei der Mehrzahl der Gesetze die Zustimmungspflicht auslöst. Für die Finanzverwaltung enthält Art. 108 eine Spezialregelung. Bei der Regelung der Organisation und des Verfahrens der Landesbehörden durch Bundesgesetz wird in eine der wichtigsten Kompetenzen der Länder eingegriffen, denn die Machtbalance des Grundgesetzes gibt auf dem Gebiet der Verwaltung den Ländern eindeutig den Vorrang, wie Art. 83 zeigt. Eingriffe in diese Kompetenz sollen durch das Zustimmungserfordernis kompensiert werden.

Dem Schutz dieser Verwaltungshoheit dienen auch die Vorschriften, die Gesetze über die Einrichtung bundeseigener Verwaltung und über die Bundesauftragsverwaltung sowie bezüglich der Bundesaufsicht über Landesbehörden betreffen.

Das Verhältnis dieser Kategorien zueinander läßt sich aus Art. 83 erklären. Die Kategorie Organisation und Verfahren von Landesbehörden enthält einen primären Schutz der Verwaltungshoheit der Länder, indem solche Gesetze zustimmungspflichtig sind, die vom Grundsatz der eigenständigen Länderverwaltung abweichen und damit die von der Verfassung als Regelfall vorgesehene Machtverteilung durchbrechen. Die Kategorien, die die Einrichtung bundeseigener Verwaltung und die Bundesauftragsverwaltung sowie die, die die Bundesaufsicht über Länder betreffen, umfassen Normen, die schon von sich aus vom Grundsatz des Art. 83 abweichen. Insoweit besteht die Verwaltungshoheit der Länder nur im Rahmen dieser Grenzen. Durch das Zustimmungserfordernis wird es aber dem Bundesgesetzgeber erschwert, von den Ländern zu duldende Eingriffe vorzusehen. Die Ausnahmeregelung im Grundgesetz wird durch die Zustimmungspflicht nochmals verstärkt und betont. Der Einbruch in die Verwaltungshoheit der Länder, den das Grundgesetz schon vorsieht, wird durch die Zustimmungsbedürftigkeit einzelner Gesetze ausgeglichen.

---

[109] Siehe oben Kap. 2 I.

Eine Spezialregelung für die Finanzverwaltung enthält Art. 108 Abs. 4 Satz 1. Wenn der Bund durch Bundesgesetz die Länderverwaltungen zum Zusammenwirken mit der Bundesfinanzverwaltung zwingen kann[110], dann kann dieser Eingriff in die Eigenständigkeit und die Länderverwaltungshoheit nur durch ein Zustimmungsrecht des Bundesrates kompensiert werden. Entsprechendes gilt für die 2. Alternative des Art. 108 Abs. 4 Satz 1, wonach durch Bundesgesetz unter den genannten Voraussetzungen eine Bundeskompetenz zur Verwaltung bestimmter Steuern vorgesehen werden kann. Nur die Teilnahme des Bundesrates an der beschriebenen Gesetzgebung kann dabei den Kompetenzbereich der Länder wirksam schützen, denn im Fall des Art. 108 Abs. 4 Satz 1 1. Alt. übernimmt der Bund die Verwaltungshoheit zu eigener Ausübung[111]. Dies gilt erst recht für die zweite Alternative.

Die zweite große Gruppe von Normen, die die Zustimmungsbedürftigkeit verschiedener Gesetze vorschreibt, betrifft Gesetze, die die Finanzhoheit der Länder tangieren.

Wenn Art. 105 Abs. 3 Bundesgesetze für zustimmungsbedürftig erklärt, die Steuern[112] betreffen, deren Aufkommen den Ländern oder Gemeinden ganz oder teilweise zufließen, so sollen damit die materiellen Interessen der Länder im Hinblick auf die in Art. 106 vorgenommene Aufteilung der Steuereinnahmen gesichert werden[113].

Dabei stellt das Zustimmungsrecht des Bundesrates zum einen sicher, daß nicht gegen den Willen der Länder finanzielle Mittel zu ihren Lasten verteilt werden, und zum anderen ist es eine Kompensation für die in Art. 105 Abs. 1 und 2 getroffene Regelung, durch die die Länder im Bereich der Steuergesetzgebung weitgehend verdrängt werden[114].

Die Mitwirkung des Bundesrates gewährleistet in diesem Zusammenhang einen wichtigen Aspekt der bundesstaatlichen Ordnung. Die Mitwirkung der Länder an der Steuergesetzgebung und damit an der

---

[110] Art. 108 Abs. 4 Satz 1 enthält insofern ein verfassungsrechtliches Novum, als er die Möglichkeit eröffnet, eine Zuständigkeits- und Aufgabenverteilung zwischen Bundes- und Landesbehörden durch Bundesgesetz vorzusehen. Der Gesetzgeber hat vor allem in §§ 18 ff. FVG davon Gebrauch gemacht.

[111] Vgl. Vogel / Wachenhausen in BK, Art. 108 RN 122 (Zweitbearbeitung).

[112] Dabei bezieht sich das Zustimmungserfordernis lediglich auf das materielle Steuerrecht, da der Bund aus Art. 105 nur hierfür eine Gesetzgebungskompetenz hat. Der verfahrensrechtliche und organisatorische Teil des Steuerrechts beruht auf Art. 108. Ebenso das entsprechende Zustimmungsrecht. Wie hier Fischer-Menshausen in v. Münch, Art. 105 RN 27; Vogel / Walter in BK, Art. 105 RN 129 (Zweitbearbeitung); a. A. allerdings ohne Begründung Maunz in MDHS, Art. 105 RN 30.

[113] BVerfGE 14, 197 (220).

[114] Vgl. Maunz in MDHS, Art. 105 RN 28; Vogel / Walter in BK, Art. 105 RN 127 (Zweitbearbeitung).

Entscheidung über die steuerliche Gesamtbelastung der Volkswirtschaft und vor allem bei der Entscheidung über die Verteilung des Steueraufkommens zwischen Bund und Ländern ist „eine unerläßliche Voraussetzung für das Funktionieren der Bundesstaatlichkeit", worauf Maunz zu Recht hinweist[115]. Ein Bundesstaat, in dem der Zentralstaat über die Finanzkraft der Gliedstaaten allein entscheiden könnte, wäre wegen der mit der Entscheidungskompetenz auf dem finanziellen Sektor verbundenen faktischen politischen Macht des Zentralstaates höchstens noch formal als Bundesstaat anzusehen.

Art. 105 Abs. 3 enthält daher neben seinem unmittelbaren Regelungsbereich auf dem Gebiet der Steuergesetzgebung eine der wichtigsten Garantien der in Art. 20 zum Ausdruck gebrachten bundesstaatlichen Struktur des Grundgesetzes[116].

Regelt Art. 105 Abs. 3 die Befugnisse des Bundesrates bei der Gesetzgebung über bestimmte Steuern und damit auch über Steuereinnahmen, so regeln die Art. 104 a, 106, 107 die Mitwirkungsbefugnisse des Bundesrates bei der Verteilung der Steuererträge sowie die Verteilung der Ausgaben zwischen Bund und Ländern sowie zwischen den Ländern. Gesetze, die von dem Grundsatz der Ausgabenverteilung in Art. 104 a Abs. 1, wonach Bund und Länder die Ausgaben für die von ihnen wahrgenommenen und wahrzunehmenden Aufgaben jeweils gesondert zu tragen haben, abweichen, bedürfen der Zustimmung des Bundesrates, wenn es sich um Geldleistungsgesetze handelt und die Länder mehr als 25 v. H. der Ausgaben zu tragen haben, Art. 104 a Abs. 3. Der Sinn dieser Regelung besteht im Schutz der Länder vor ausgabenintensiven Bundesgesetzen, durch die zum einen die Finanzhoheit der Länder und zum anderen deren politische Selbständigkeit und Handlungsfähigkeit gefährdet werden könnte.

Besondere Bedeutung kommt Art. 104 a Abs. 4 zu. Diese Vorschrift gibt dem Bund unter den genannten Voraussetzungen die Möglichkeit, Vorhaben in den Ländern zu finanzieren, für deren Durchführung er nicht zuständig ist[117]. Dadurch wird dem Bund die Möglichkeit eröffnet, auf die Länderverwaltungen und die Landespolitik Einfluß zu nehmen. Schon das Inaussichtstellen einer Finanzhilfe oder deren Versagung kann zu einer erheblichen Einflußnahme auf die Landespolitik füh-

---

[115] Maunz in MDHS, Art. 105 RN 28; vgl. Stern, Bd. I. S. 533, der zu Recht behauptet, daß die bundesstaatliche Gliederung um so mehr durch die in der Finanzordnung angelegte Kompetenzverteilung geprägt wird, je stärker staatliches Wirken von der finanziellen Ausstattung abhängt. In diesem Sinn auch Friauf, der in dem Zustimmungserfordernis einen Schutz gegen eine Aushöhlung der verfassungsrechtlichen Steuerverteilung nach Art. 106 durch einfachgesetzliches Steuerrecht sieht, S. 322.

[116] Vgl. Maunz in MDHS, Art. 105 RN 98.

[117] Vgl. Vogel / Kirchhof in BK, Art. 104 a RN 98.

ren[118]. Die Länder können ihre Eigenständigkeit zwar durch die Ablehnung der Finanzhilfe schützen, denn der Bund kann Hilfe nur anbieten und ist insofern auf die Zustimmung des betroffenen Landes angewiesen, zumal Art. 104 a Abs. 4 nur erlaubt, daß die bereitgestellten Mittel vom Bund vor deren Ausgabe zugewiesen werden. Diese Möglichkeit ist allerdings eher theoretisch als praktisch durchführbar. Es dürfte für eine Landesregierung sehr schwer sein, Finanzhilfen abzulehnen und dies der Bevölkerung verständlich zu machen[119]. Vor diesem Hintergrund erhält das Zustimmungsrecht des Bundesrates besondere Bedeutung. Auch hier dient das Zustimmungsrecht dem Schutz der Eigenständigkeit der Länder und ihrer Handlungsfähigkeit, wobei allerdings der Bundesrat, also das Gremium aller Landesvertreter, für einzelne Länder entscheiden muß und nicht wie es sonst üblich ist, über Gesetze des Bundes, die in der Regel die Gesamtheit der Länder betreffen. Neben der Verwaltungsvereinbarung[120] ist das Zustimmungsgesetz die einzige Möglichkeit der Länder, Einfluß auf den Inhalt der Regelungen zu nehmen, deren Modalitäten die Gewährung der Finanzhilfen bestimmen. Nur auf diese Weise können die Länder ihr verfassungsrechtliches Mitwirkungsrecht an der Entscheidung über die Finanzzuweisungen ausüben[121]. Wenn auch die früheren Bedingungen und Auflagen nicht mehr zulässig sind, kann der Bund dennoch Einfluß auf die Länderpolitik nehmen, da Finanzhilfen eine anteilige Kostenübernahme durch den Bund darstellen, die Länder also die Restkosten finanzieren müssen, wodurch eine Bindung von Landesmitteln erreicht wird. Umso wichtiger ist die Zustimmungsbefugnis des Bundesrates.

Art. 104 a Abs. 5 schließlich enthält eine Klarstellung für die Verwaltungskosten. Er wiederholt und konkretisiert den Konnexitätsgrundsatz aus Abs. 1[122]. Das Zustimmungserfordernis des Bundesrates dient auch hier dem Schutz der Länder vor einer zu starken finanziellen Belastung durch den Bund. Zwar ist die Regelung des Abs. 5 ihrem Wortlaut nach klar und eindeutig, jedoch kann die Auslegung, was Verwaltungskosten sind und was nicht[123], höchst umstritten sein. Eine

---

[118] Ebenda RN 99.

[119] Ebenda.

[120] Zu den inhaltlichen Anforderungen der Verwaltungsvereinbarungen aber auch der Zustimmungsgesetze nach Art. 104 a Abs. 4, vgl. BVerfGE 41, 291 (306 f.).

[121] Wie sehr der Bund in Länderkompetenzen mittels Finanzhilfen eingreifen kann, zeigen die heute unzulässigen Mittel aus der Zeit der Fondswirtschaft wie Einvernehmens-, Zustimmungs- und Genehmigungsvorbehalt und Dotationsauflagen, vgl. BVerfGE 39, 96; Maunz in MDHS, Art. 83 RN 63.

[122] Vogel / Kirchhof in BK, Art. 104 a RN 155; Maunz in MDHS, Art. 104 a RN 58 f.

[123] Den Gegensatz bilden Zweckausgaben, vgl. hierzu Vogel / Kirchhof in BK, Art. 104 a RN 58 f.

einseitige Definitionskompetenz des Bundes könnte die Länder mit nicht unerheblichen Kosten belasten. Man denke in diesem Zusammenhang nur an die schon während der Finanzreform diskutierte Streitfrage, ob Baunebenkosten als Verwaltungskosten anzusehen sind, wenn der Bund Baukosten als Zweckausgaben mitfinanziert[124].

Ebenfalls von finanzieller Bedeutung kann die Regelung der Modalitäten der in Abs. 5 Satz 1 mit unmittelbarer Geltung festgelegten gegenseitigen Haftung[125] für eine ordnungsgemäße Verwaltung sein. Einzelheiten zum Haftungsmaßstab und -umfang, Fragen der Mitverursachung oder das Verfahren können Länder nicht unwesentlich in ihren finanziellen Belangen berühren.

Insgesamt kommt dem Art. 104 a in der Kategorie der Normen, die im weiteren Sinn den Finanzausgleich regeln, eine große Bedeutung zu und damit steigt die Wichtigkeit des Zustimmungsrechtes des Bundesrates für die Länder, weil Art. 104 a dem Bund das individuellste und subtilste Instrument zur Einflußnahme auf die Länderpolitik gibt, obwohl dies nicht sein Sinn ist.

Art. 106 gibt den Ländern mit der Anordnung, daß die Anteile der Länder und des Bundes an der Umsatzsteuer durch ein Zustimmungsgesetz bestimmt werden, ein formelles Mittel, ihre Interessen bei der Einnahmeverteilung geltend zu machen.

Finanzzuweisungen für Mehrbelastungen nach Art. 106 Abs. 4 Satz 2 werden durch Zustimmungsgesetz verteilt, wenn den Ländern zusätzliche Aufgaben auferlegt oder Einnahmen entzogen werden. Hier sichert das Zustimmungsrecht des Bundesrates die Finanzhoheit der Länder ebensosehr wie die damit verbundene politische Eigenständigkeit der Länder. Das Ermessen des Bundes wird durch das Mitwirkungsrecht des Bundesrates begrenzt. Der Unterschied zu Art. 104 a Abs. 4 besteht dabei darin, daß eine Zweckbindung durch den Bund nicht zulässig ist.

Das Zustimmungsrecht in Abs. 5 trägt dem Umstand Rechnung, daß das Grundgesetz trotz der Mitverantwortung des Bundes für die Finanzsituation der Gemeinden grundsätzlich keine unmittelbaren Beziehungen zwischen Bund und den Gemeinden erlaubt. Die Hauptverantwortung tragen die Länder. Wenn ein Bundesgesetz etwas regelt, was mittelbar die Gemeindefinanzen betrifft, so können die Länder ihre Interessen und Verantwortung nur über den Bundesrat geltend machen. Entsprechendes gilt für Abs. 6 Satz 5.

---

[124] Maunz in MDHS, Art. 104 a RN 65.

[125] Maunz in MDHS, Art. 104 a RN 68; Vogel / Kirchhof in BK, Art. 104 a RN 160; Fischer-Menshausen in v. Münch, Art. 104 a RN 43.

Das in Art. 107 genannte Gesetz hat die Aufgabe, den Finanzausgleich unter den Ländern und die Abgrenzung der Finanzmassen der einzelnen Länder gegeneinander zu regeln, soweit nicht Art. 107 die Regelung selbst vornimmt. Hierbei sind elementare Interessen der Länder betroffen. Bei den finanzstarken Ländern geht es um das Ob, aber vor allem um die Höhe der Abgaben an andere Länder, für die finanzschwachen entscheidet der Finanzausgleich über die Höhe der Einnahmen. Da das Grundgesetz als Mittel der Festsetzung ein Bundesgesetz vorsieht, versteht es sich von selbst, daß den betroffenen Ländern mit dem Zustimmungsrecht des Bundesrates das stärkste Mitgestaltungsrecht, das das Grundgesetz vorsieht, im Willensbildungsprozeß auf Bundesebene zur Verfügung steht.

Eine weitere selbständige Kategorie bildet Art. 109. Ein Bundesgesetz kann für die grundsätzlich selbständige und unabhängige Haushaltswirtschaft gemeinsam für Bund und Länder geltende Grundsätze für das Haushaltsrecht aufstellen. Dieses Gesetz greift in den Kompetenzbereich der Länder ein, indem landesinterne Haushaltsregeln vom Bund bestimmt werden. Dabei ist sowohl die Verwaltungshoheit als auch die Finanzhoheit der Länder tangiert. So sind Vorschriften, die das Verfahren der Aufstellung eines Haushaltsplanes betreffen und solche über seinen Inhalt, Eingriffe in die Befugnis der Länder zu selbstbestimmter und eigenverantwortlicher Regelung[126]. Gleichzeitig können Bestimmungen die Finanzhoheit beschränken, z. B. wenn das Bundesgesetz nach Art. 109 Abs. 3 für die Kreditaufnahme im Haushaltsgesetz eine gesetzliche Ermächtigung verlangt oder die Ermächtigung zur Kreditaufnahme mit einer Zweckbestimmung versehen wird. Diese Kompetenzbeeinträchtigung wird durch das Zustimmungsrecht des Bundesrates kompensiert.

Direkt in die Befugnis zur freien Entscheidung über die vorhandenen Finanzmittel und in die Befugnis zur Kreditaufnahme greift ein Gesetz nach Art. 109 Abs. 3 ein. Auch hier ist das Zustimmungsrecht ein Kompensationsmittel.

Die Kategorie „Besoldung und Versorgung von Angehörigen des öffentlichen Dienstes", Art. 74 a Abs. 2 bis 4, 98 Abs. 1 gibt dem Bundesrat ein Zustimmungsrecht, weil durch die Einfügung des Art. 74 a in das Grundgesetz dem Bund im Vergleich zur früheren Regelung, die nur eine Rahmengesetzgebungskompetenz vorsah, durch die Übertragung der konkurrierenden Gesetzgebungskompetenz für das Besoldungs- und Versorgungsrecht für die in den Ländern und Gemeinden im Öffentlichen Dienst Beschäftigten eine wichtige Regelungskompetenz für rein landesinterne Bereiche eingeräumt wurde. Die hinter

[126] Vgl. etwa die verschiedenen Vorschriften des auf Art. 109 Abs. 3 beruhenden Haushaltsgrundsätzegesetz.

der Kompetenzänderung stehende Absicht war, im Bund und den Ländern die Verhältnisse möglichst zu vereinheitlichen, um dem „besoldungsrechtlichen ‚Wildwuchs'"[127] zu begegnen. Durch die nach Art. 74 a zu erlassenden Gesetze wird die Personalhoheit, soweit ihr finanzieller Bereich betroffen ist, und die Finanzhoheit der Länder, soweit die Besoldungs- und Versorgungsgesetze die Länder zu konkreten Leistungen verpflichten, erheblich berührt und eingeschränkt. Daß dies nur mit Zustimmung des Bundesrates erfolgen kann, ist konsequent.

Darüber hinaus enthält Art. 74 a noch eine besondere Kompensationsform durch das Zustimmungsrecht des Bundesrates. Ähnlich der Kompetenz des Bundes, unmittelbar geltende Regeln für Landes- und Gemeindebedienstete sowie Richter im Landesdienst zu treffen, haben die Länder ein Mitwirkungsrecht bei Regelungen für Bundesrichter, Art. 98 Abs. 1, 74 a Abs. 4 Satz 2, und für abweichende Vorschriften, die allein die im Dienste des Bundes stehenden Bediensteten betreffen, sofern die in Art. 74 a genannten Materien in Frage stehen. Wurde dem Bund die Kompetenz nach Art. 74 a zur Vereinheitlichung des Besoldungswesens übertragen, so ist als Ausgleich der Bundesrat im Hinblick auf die Bundesbesoldung und -versorgung zur Mitwirkung berechtigt.

Praktisch keine große Bedeutung spielen die Art. 134 Abs. 4 und Art. 135 Abs. 5, die für die die Rechtsnachfolge in Reichs- und Landesvermögen regelnden Gesetze die Zustimmung des Bundesrates verlangen. Durch die Rechtsnachfolge oder Rechtsänderung werden die Vermögensinteressen der Länder unmittelbar berührt. Dies kann durch Gewinn, Verlust oder Belastung geschehen. Daher ist die Zustimmung des Bundesrates erforderlich.

Die Ratio des Art. 96 Abs. 5 besteht im Hinblick auf das Zustimmungserfordernis darin, daß, wenn man der h. M. zur Auslegung dieser Vorschrift folgt, der Bund im Wege der Organleihe[128] eine Bundeskompetenz zur Ausführung auf Länderbehörden sowie Gerichte überträgt und die Länder diese nur mit ihrer Zustimmung wahrnehmen müssen. Dabei bleibt die den Ländern übertragene Gerichtsbarkeit materiell Bundesgerichtsbarkeit[129]. Liegt aber mit der Übertragung von Aufgaben des Bundes auf die Länder im Wege der Organleihe eine Regelung vor, die es dem Bund erlaubt, die Länder einseitig mit Aufgaben zu belasten, so sieht das Grundgesetz als Ausgleich für diese Kompetenzübertragung ein Zustimmungserfordernis des Bundesrates vor.

---

[127] Maunz in MDHS, Art. 74 a RN 2.

[128] Vgl. Herzog in MDHS, Art. 96 RN 51.

[129] Ebenda.

Die letzte Kategorie bilden die Art. 29 Abs. 7 und 91 a Abs. 2. Wegen ihrer fundamentalen Bedeutung benötigen Gesetze, die Änderungen des Gebietsstandes außerhalb der in Art. 29 Abs. 1 bis 6 genannten Art vorsehen, der Zustimmung des Bundesrates. Hierbei geht es um den flächenmäßigen Bestand der Länder. Art. 91 a Abs. 2 fordert für Gesetze, die die in Abs. 1 genannten Gemeinschaftsaufgaben näher bestimmen, die Zustimmung des Bundesrates. Diese Vorschrift schützt die Länder vor Eingriffen des Bundes in ihre Eigenständigkeit mittels seiner finanziellen Macht. Mit dem Lockmittel Geld und einer einseitigen extensiven Auslegung des Begriffs Gemeinschaftsaufgaben könnte der Bund erheblichen Einfluß auf die Länderpolitik und ihre Eigenständigkeit nehmen.

Gleichzeitig bedeutet Art. 91 a Abs. 2 aber auch, daß über die nach Art. 91 a durchzuführenden Projekte nicht allein der Bund und das Standortland, die die Finanzlasten zu tragen haben, sondern über den Bundesrat alle elf Länder zu entscheiden haben, da die Gemeinschaftsaufgaben durch ein Zustimmungsgesetz näher bestimmt werden. Hier tritt also ausnahmsweise nicht nur ein Souveränitätsverlust gegenüber dem Bund ein, sondern gleichzeitig gegenüber den nicht von dem Projekt unmittelbar betroffenen Ländern.

3. Inanspruchnahme der Kompetenzen

Nachfolgend soll neben statistischen Angaben dargelegt werden, nach welchen Kriterien die untersuchten Beschlüsse ausgewertet wurden, bevor die eigentliche Auswertung der Zustimmungsgesetze erfolgt.

a) Statistische Angaben

In den ersten acht Legislaturperioden hatte der Bundesrat insgesamt 3599 Gesetzesbeschlüsse[130] zu beraten. Von diesen 3599 Vorlagen waren nach Ansicht des Bundesrates 2258 zustimmungsbedürftig und wurden von ihm als solche behandelt.

Der Bundesrat hat zu den von ihm als Zustimmungsgesetze betrachteten Gesetzesvorlagen insgesamt in 343 Fällen den Vermittlungsausschuß angerufen. Diesen Vermittlungsbegehren ging in keinem Fall die Versagung der Zustimmung voraus[131].

---

[130] Vgl. HdBdBR, Stand: November 1980, S. 177.

[131] Solche Fälle sind dann möglich, wenn der Bundestag oder die Bundesregierung den VermA. nach Versagung der Zustimmung durch den Bundesrat angerufen haben und das vom Bundestag akzeptierte Vermittlungsergebnis vom Bundesrat erneut beraten wird und der Vermittlungsausschuß angerufen wird.

In 84 Fällen hat der Bundesrat seine Zustimmung verweigert[132], wobei in 9 Fällen die Zustimmung ein zweitesmal versagt wurde[133]. Dreimal, wie dies aufgrund der Kompetenzen von Bundesregierung und Bundestag zur Anrufung des Vermittlungsausschusses möglich wäre, hat der Bundesrat seine Zustimmung noch nicht verweigert.

Bei 30 Gesetzesvorlagen wurde die Zustimmung verweigert, ohne daß zuvor ein Vermittlungsverfahren durch den Bundesrat eingeleitet worden war. In den übrigen 54 Fällen erfolgte die Zustimmungsverweigerung nach einem solchen vorherigen Vermittlungsverfahren.

Von den 84 Fällen der Zustimmungsverweigerung war in 37 Fällen die Versagung der Zustimmung endgültig, d. h. dem Gesetzesinitianten ist es trotz der grundsätzlich vorhandenen Möglichkeit zu einem Kompromiß im Vermittlungsverfahren nicht gelungen, seine Absicht, eine bestimmte gesetzliche Regelung zu treffen, in einem Gesetzgebungsverfahren zu verwirklichen. Die Möglichkeit, daß ein solchermaßen gescheitertes Gesetz erneut eingebracht wird, eventuell von einem anderen Initianten, mit oder ohne Änderungen, bleibt bei der hier vertretenen Definition der endgültigen Zustimmungsversagung unberücksichtigt[134].

Sachbereich	Anrufung des Vermittlungsausschusses	Zustimmungsverweigerungen[135]
Auswärtiges		1
Inneres	67	21 (6)
Justiz	56	6 (4)
Finanzen/Steuern	67	25 (14)
Wirtschaft	28	9 (2)
Agrar	14	2 (1)
Arbeits- und Sozialordnung	35	8 (5)
Verteidigung	5	1
Familie/Gesundheit/Jugend	20	4 (3)
Städtebau und Wohnungswesen	14	2
Bildung/Wissenschaft/Kultur	7	1
Wirtschaftliche Zusammenarbeit	2	
Verkehr	13	3 (2)
Vertriebene/Flüchtlinge/Kriegsgeschädigte	11	1
Wirtschaftlicher Besitz[136] des Bundes	4	

[132] Zahlendifferenzen zur Statistik des Bundesrates ergeben sich daraus, daß hier die verfassungsändernden Gesetze nicht erfaßt sind, die wiederholten Zustimmungsverweigerungen dagegen selbständig mitgezählt werden.

[133] Dies ist möglich, wenn der Bundesrat erneut die Zustimmung versagt, nachdem der Bundestag oder die Bundesregierung den Vermittlungsausschuß angerufen haben.

Die vorstehende Auflistung soll einen Überblick über die Gesetzesmaterien geben, die von den Anrufungen des Vermittlungsausschusses und den Verweigerungen der Zustimmungen durch den Bundesrat betroffen worden sind.

b) Kategorisierung der Beschlußgründe

Die unter a) aufgeführten Beschlüsse des Bundesrates, also die Anrufungen des Vermittlungsausschusses und die Zustimmungsverweigerungen, beruhen auf unterschiedlichen Gründen und Motiven. Um über das Verhalten des Bundesrates bei der Mitwirkung am Gesetzgebungsverfahren Erkenntnisse gewinnen zu können, bedarf es einer näheren Untersuchung der für die Bundesratsbeschlüsse maßgeblichen Gründe. Soll bei der hohen Zahl der untersuchten Beschlüsse eine Aussage getroffen werden können, die zum einen differenziert ist, zum anderen sich aber nicht in eine nicht mehr übersehbare Zahl von Einzelfällen verliert, bedarf es einer Kategorisierung der Begründungen. Diese Kategorien bedürfen der Darstellung und Erläuterung.

aa) Gesetzestechnische Gründe

Bei der Untersuchung der Beschlußfassungen des Bundesrates stellt man fest, daß der Bundesrat die Änderung von Gesetzen verlangt oder sogar die Zustimmung verweigert, weil er Bedenken gegen Form, Systematik oder gesetzgebungstechnische Details der Gesetzesvorlage hat. Diese Bedenken werden entweder allein[137] oder gemeinsam mit anderen Gründen vorgebracht. Dabei sind als Einwände denkbar: die gesetzliche Regelung ist überflüssig[138], da ihr materieller Gehalt schon anderweitig geregelt ist; die vorgesehene Regelung gehört systematisch

---

[134] So hat z. B. der Bundesrat 1954 den Gesetzentwurf der Bundesregierung über die Beiträge des Bundes zu den Steuerverwaltungskosten der Länder abgelehnt, nachdem der Bundestag das Vermittlungsergebnis nicht akzeptierte, BR-Drs. 341/54. Anschließend kam aus der Mitte des Bundestages derselbe Entwurf unter Berücksichtigung des Vermittlungsergebnisses aus dem ersten Verfahren, BR-Drs. 437/54. Nachdem der Bundesrat erneut den Vermittlungsausschuß angerufen hatte, stimmte er der Vorlage zu.

[135] Die Zahlen in Klammern beziehen sich auf die endgültigen Zustimmungsverweigerungen.

[136] Diese katalogisierende Auswertung der Gesetzesmaterien berücksichtigt nur den Hauptinhalt einer Gesetzesvorlage. Mehrfachzuweisungen finden daher nicht statt. Die für die Zuweisung maßgeblichen Kategorien sind, um eine vertretbare Zahl zu erreichen, an die heutige Geschäftsverteilung innerhalb der Bundesregierung angelehnt, soweit dies möglich war. Eine Identität der Kategorien damit oder gar eine geschäftsmäßige Zuständigkeit der Ressorts soll damit nicht behauptet werden.

[137] So BR-Drs. 78/61 betr.: Reichsvermögensgesetz.

[138] So BR-Drs. 131/60. Die vorgesehene Regelung im Gesetz über das Apothekenwesen wurde bereits vom StGB erfaßt.

in einen anderen Zusammenhang[139]; die materielle Regelung bedarf nicht der Form eines Gesetzes[140].

Ebenso in diese Kategorie gehören Änderungswünsche, die der Klarstellung dienen[141], oder die regionale Besonderheiten berücksichtigen wie z. B. die Berlin-Klausel oder in früheren Jahren Ausnahmeregelungen für das Saarland, die sog. Negative Saarklausel[142]. Schließlich sind noch die rein redaktionellen Änderungen zu nennen[143], worunter auch sprachliche Änderungen zu verstehen sind.

Alle diese Gründe zeichnen sich dadurch aus, daß sie in der Regel zwischen Bundesrat einerseits und Bundestag und Bundesregierung andererseits nicht streitig sind. Dies rührt daher, daß diese Änderungswünsche regelmäßig keinen politischen Charakter haben und vor allem aufgrund der Ausschußempfehlungen vom Plenum des Bundesrates zum Gegenstand eines Vermittlungsbegehrens gemacht werden. In den Ausschüssen arbeiten vorwiegend Ministerialbeamte[144], die aufgrund der Beratungen der Vorlagen in den Landesministerien in der Lage sind, Detailregelungen zur Verbesserung des Gesetzes vorzubringen und den Vorschlag mit reinen Sachargumenten konsensfähig zu machen. Im Plenum selbst sind solche Änderungswünsche nur selten Gegenstand der Beratung, wenn eine stattfindet, oder gar streitig.

Auch Kurioses gehört in diese Gruppe. So versagte der Bundesrat seine Zustimmung zu dem Gesetzentwurf zur Änderung des Maß- und Gewichtsgesetzes, BR-Drs. 272/64, da der vorgesehene § 56 zweimal den gleichen Tatbestand in gleicher Weise regelte.

Schließlich gehören rein systematisch die Vielzahl der Folgeänderungen hierher. Da Folgeänderungen lediglich die Konsequenz eines anderen Änderungsbegehren sind, kommt ihnen keine eigenständige Bedeutung im Begründungsverhalten zu. Sie bleiben deshalb unberücksichtigt.

bb) Rechtliche Gründe

Ebenfalls vorwiegend auf dem Sachverstand der in den Ausschüssen tätigen Beamten bzw. den in den Landesministerien Beschäftigten be-

[139] So BR-Drs. 146/60 betr.: Entwurf eines Jugendarbeitsschutzgesetzes, BR-Drs. 328/64 betr.: Strafprozeßänderungsgesetz.

[140] So BR-Drs. 109/57. Nach Ansicht des Bundesrates sollte die geplante Geschwindigkeitsbegrenzung für KFZ durch Rechtsverordnung, nicht aber durch Gesetz geregelt werden; ebenso BR-Drs. 141/57 betr.: Bundesrückerstattungsgesetz.

[141] So BR-Drs. 153/61 betr.: Grundstücksverkehrsgesetz.

[142] So hinsichtlich der Berlin-Klausel etwa BR-Drs. 166/61; hinsichtlich der Saarklausel etwa BR-Drs. 474/56.

[143] So BR-Drs. 166/61 betr.: Bundesseuchengesetz.

[144] Vgl. Neunreither, S. 30.

ruhen Änderungsbegehren oder Zustimmungsverweigerungen, die mit rechtlichen Gründen beschlossen werden. Hinter rechtlichen Gründen können aber auch politische Machtfragen stehen. Dies zeigen z. B. einige Beschlüsse des Bundesrates, die er mit der fehlenden Gesetzgebungskompetenz des Bundes für die zu beratende Gesetzesvorlage oder mit der Überschreitung einer Rahmenkompetenz begründet[145]. Ansonsten deckt diese Kategorie Einwände des Bundesrates ab, die aus Rechtsgründen im umfassenden Sinn vorgebracht werden[146].

cc) Finanzpolitische Gründe

Unter dieser Kategorie sind solche Gründe zu verstehen, mit denen der Bundesrat eine bessere, d. h. für die Länder günstigere Ausstattung mit Finanzmitteln anstrebt[147] oder aber sich gegen die Übernahme weiterer Lasten finanzieller Art wehrt[148]. Diese Gründe umfassen also sowohl die Verteidigung des Besitzstandes als auch das Bestreben nach dessen Verbesserungen. Ebenso gehören Änderungsbegehren hierher, die, obwohl sie andere Regelungskomplexe als etwa Finanzzuweisungen betreffen oder Aufgabenverteilungen, unmittelbar Regelungen enthalten, die direkt Einfluß auf Einnahmen oder Ausgaben der Länder haben[149]. Schließlich sind Einwände, die sich gegen ein nach Ansicht des Bundesrates ungünstiges Kosten-Nutzungsverhältnis wenden, hierher zu zählen.

dd) Verwaltungsverfahrensbezogene Gründe

Mit diesen Gründen machen die Länder Forderungen hinsichtlich des Verwaltungsverfahrens geltend. Auch Gründe, die die Er- und Einrichtung von Behörden betreffen, gelten hier als verwaltungsverfahrensbezogene Gründe. Die einzelnen Begründungen sind sehr vielfältig. Neben dem allgemeinen Einwand, bestimmte Vorschriften seien praktisch nicht durchzuführen[150], wird häufig die Komplizierung und das

---

[145] Als Beispiel sei hier der Entwurf eines Architektengesetzes genannt, BR-Drs. 246/67, das an der fehlenden Zustimmung des Bundesrates endgültig gescheitert ist. Bezüglich der Rahmenkompetenz vgl. BR-Drs. 387/65 betr.: 3. Änd.ges. zum Wasserhaushaltsgesetz.

[146] Beim Änderungsgesetz zum Saatgutgesetz z. B. hatte der Bundesrat Bedenken wegen Art. 14 Abs. 3, BR-Drs. 282/65; ähnlich bei dem Gesetz über das Apothekenwesen, BR-Drs. 131/60.

[147] Als Beispiel hierfür soll das 1. Gesetz zur Änderung der Beteiligungsverhältnisse an der Einkommen- und Körperschaftsteuer gelten, BR-Drs. 199/63.

[148] Hier müssen vor allem die heftig umstrittenen Statistikgesetze genannt werden, bei denen der Bundesrat entweder auf die Zwecklosigkeit hinwies oder aber andere Verteilungsverhältnisse hinsichtlich der Lasten zwischen Bund und Länder anstrebte, z. B. BR-Drs. 525/67, 384/67, 170/68.

[149] So BR-Drs. 363/72 betr.: Änd.ges. zur BRAGO, wonach die Gebühren f. Pflichtverteidiger deutlich erhöht werden sollten.

Überhandnehmen der Verwaltungstätigkeit geltend gemacht[151]. Zuständigkeitsregelungen für Länderbehörden[152] gehören ebenso hierher wie eine angestrebte Änderung des Inkrafttretens[153] des Gesetzes, um den Behörden eine Anpassung zu erlauben oder aber die erforderlichen Mittel bereitstellen zu können. Ansonsten gehören alle die Gründe in diese Kategorie, die irgendwie das Verfahren oder die Er- bzw. Einrichtung einer Behörde betreffen.

ee) Inhaltsbezogene Gründe

Diese Kategorie umfaßt alle die Gründe, die nicht in die bisher dargestellten Kategorien einzuordnen sind und die sich auf den Inhalt und Regelungsgehalt einer Gesetzesvorlage beziehen. Dabei soll zwischen allgemeinpolitischen Gründen und gesteigerte Länderinteressen berücksichtigenden Gründen differenziert werden. Diese Differenzierung ist erforderlich, um das Verhalten des Bundesrates als Vertreter von Länderinteressen, was er zwar nicht ausschließlich, aber auch ist, beurteilen zu können. Im Hinblick auf den föderalen Aufbau der Bundesrepublik ist zu unterscheiden, ob die Länder in ihrer spezifischen Eigenschaft als Gliedstaaten oder aber in ihrer Eigenschaft als am gesamten politischen Leben teilnehmende und über die politischen Parteien mit der Bundesebene verflochtene Organisationsform betroffen sind und ihr Verhalten entsprechend der jeweiligen Funktion ausrichten.

(a) Allgemeinpolitische Gründe

Allgemeinpolitische Gründe in dem hier verstandenen Sinn sind solche, die die Länder vorbringen, ohne daß ein unmittelbarer Bezug zu ihrer Eigenschaft als Bestandteile einer bundesstaatlichen Ordnung besteht.

Als Beispiel für allgemeinpolitische Gründe soll der Beschluß des Bundesrates, den Vermittlungsausschuß zum Strafprozeßänderungsgesetz anzurufen[154], gelten. Bei dieser Anrufung verlangte der Bundesrat allein aus kriminalpolitischen, nicht aus verwaltungsverfahrensbezogenen Gründen, daß der mündliche Verkehr zwischen Verteidiger und Untersuchungshäftling vor Abschluß der Ermittlungen überwacht werden soll. Die kriminalpolitischen Gründe haben mit der föderalen Stellung der Länder nichts zu tun. Ein anderes Beispiel ist der Beschluß,

---

[150] Vgl. z. B. BR-Drs. 390/57 betr.: Gesetz über Finanzstatistik, bei dem der Bundesrat seine Zustimmung verweigerte, da die Einzelheiten des Erhebungsverfahrens nicht feststanden; ähnlich BR-Drs. 387/65.

[151] So hätte das Änderungsgesetz zum KFZ-Steuergesetz es mit sich gebracht, daß die Länder 250 000 Umbuchungen hätten vornehmen müssen.

[152] So BR-Drs. 353/71 betr.: BaföG.

[153] So BR-Drs. 355/71 betr.: Änderungsgesetz zum Deutschen Richtergesetz.

[154] So BR-Drs. 328/64.

den Vermittlungsausschuß zum Gesetz über den Wehrbeauftragten anzurufen[155]. Anrufungsbegehren war in diesem Fall, einem Änderungsvorschlag zuzustimmen, wonach der Wehrbeauftragte mit einer $^{2}/_{3}$ Mehrheit gewählt bzw. abgewählt werden sollte. Der Grund dafür bestand darin, eine möglichst breite Vertrauensbasis im Parlament und damit im Volk für die Arbeit des Wehrbeauftragten zu schaffen. Länderinteressen waren dabei nicht tangiert.

Ebenso gehören wirtschaftspolitische Gründe ohne besonderen Länderbezug hierher und machen einen großen Teil der allgemeinpolitischen Gründe aus.

(b) Wahrnehmung gesteigerter Länderinteressen

In diese Kategorie gehören all jene Beschlußbegründungen, die ohne daß sie von den oben dargestellten Kategorien bereits erfaßt wären, die Eigenstaatlichkeit und Besonderheiten der Länder und die sich hieraus ergebenden Belange berühren.

Als Beispiel dafür soll das Änderungsgesetz betreffend beamtenversorgungsrechtlicher Vorschriften gelten[156]. Der Bundesrat hat zu diesem Gesetz den Vermittlungsausschuß angerufen mit dem Begehren, daß in besonderen Dringlichkeitsfällen es dem Dienstherrn aus sozialen Gründen möglich sein soll, der geschiedenen Frau eines Ruhestandsbeamten Unterhalt zu gewähren. Hier liegen weder verwaltungsverfahrensbezogene noch finanzpolitische Gründe vor. Die inhaltsbezogene Begründung bezieht sich auf besondere Länderinteressen, nämlich die beamtenversorgungsrechtliche Stellung Angehöriger der Landesbediensteten, also auf für die Länder bedeutsame personalpolitische Belange.

Auch der Wunsch nach einer landesgesetzlichen Regelung anstelle eines Bundesgesetzes ist ein hierher gehörendes Beispiel.

ff) Kombinationen

In vielen Fällen beschränkt sich die Begründung der Beschlüsse des Bundesrates auf eine der oben dargestellten Kategorien. Aber ebenso häufig sind Beschlüsse mit mehrfachen Begründungen, d. h. mehrere Kategorien sind betroffen. Deshalb ist es erforderlich, weitere Kategorien zu bilden, die Kombinationen der oben dargestellten sind. Dabei wurden nur solche Einzelgründe nicht berücksichtigt, die erkennbar von lediglich untergeordneter Bedeutung sind.

Bei der Auswertung der Bundesratsbeschlüsse ist ein gewisses Maß an subjektiver Einschätzung nicht zu vermeiden.

155 So BR-Drs. 169/57.

156 BR-Drs. 2/76.

c) *Verhältnis der Begründungen zu den Mitwirkungsrechten*

Bei Zugrundelegung der oben genannten Zahlen[157] und unter Anwendung der oben dargestellten sechs Begründungskategorien sowie weiterer 24 Kombinationskategorien ergibt sich folgendes Bild darüber, wie der Bundesrat seine Zustimmungsverweigerungen und Anrufungen des Vermittlungsausschusses begründet hat, mithin über sein Begründungsverhalten.

Begründungskategorie	Anrufung des Vermittlungsausschusses	Zustimmungsverweigerungen[158]
Gesetzestechnische Gründe	8	5 (2)
Rechtliche Gründe	35	11 (6)
Finanzpolitische Gründe	34	9 (2)
Verwaltungsverfahrensbezogene Gründe	9	
Allgemeinpolitische Gründe	61	8 (3)
Gesteigerte Länderinteressen	14	1 (1)
Allgemeinpol. u. ges.techn. Gründe	17	1
Allgemeinpol. u. rechtl. Gründe	16	5 (1)
Allgemeinpol. u. finanzpol. Gründe	19	5 (5)
Allgemeinpol. u. verw.verf.bez. Gründe	24	11 (5)
Allgemeinpol. Gründe u. gesteigerte L.interessen	3	2
Allgemeinpol., rechtl. u. ges.techn. Gründe	2	
Allgemeinpol., rechtl. u. verw.verf.bez. Gründe	8	1
Allgemeinpol., ges.techn. u. verw.verf.bez. Gründe	16	7 (4)
Allgemeinpol. rechtl. u. finanzpol. Gründe	2	2 (1)
Allgemeinpol., rechtl., finanzpol. Gründe u. gest. L.interessen	2	
Allgemeinpol., ges.techn., rechtl. u. verw.verf.bez. Gründe	11	
Allgemeinpol., finanzpol., rechtl. u. verw.verf.bez. Gründe	7	1
Allgemeinpol., finanzpol., rechtl., verw.verf.bez. u. ges.techn. Gründe	7	6 (3)
Allgemeinpol., ges.techn., rechtl. verw.verf.bez. Gründe u. gest. L.interessen	6	
Finanzpol. u. ges.techn. Gründe	3	
Finanzpol. u. rechtl. Gründe	7	2 (2)
Finanzpol. u. verw.verf.bez. Gründe	11	4 (2)
Finanzpol. Gründe u. gesteigerte L.interessen	1	
Finanzpol., ges.techn. u. verw.verf.bez. Gründe	6	2
Finanzpol., rechtl. u. verw.verf.bez. Gründe	5	
Gest. L.interessen u. rechtl. Gründe	3	1
Rechtl. u. verw.verf.bez. Gründe	1	
Rechtl., verw.verf.bez. u. ges.techn. Gründe	3	
Rechtl. u. ges.techn. Gründe	2	

[157] Siehe oben Kap. 2 I. 3. a).

[158] Die Zahlen in Klammern betreffen die endgültigen Zustimmungsverweigerungen.

aa) Anrufung des Vermittlungsausschusses

Bei der Auswahl der Mitgestaltungsrechte durch den Bundesrat zeigt sich, daß bei Zustimmungsgesetzen vom Bundesrat in erster Linie der Vermittlungsausschuß angerufen worden ist, weniger die Zustimmung verweigert wurde. Aus diesem Auswahlverhalten des Bundesrates läßt sich schließen, daß er seine Rechte vor allem zum inhaltlichen Mitgestalten ausübt, weniger zum Verhindern von für ihn nicht hinnehmbarer Beschlüsse. Dies ergibt sich aus der Funktion der Vermittlungsbegehren, die die Arbeit des Bundesrates bestimmen und regelmäßig auf Änderungen ausgerichtet sind.

Die Zahlen zeigen, daß der Bundesrat Änderungsbegehren im Vermittlungsausschuß vornehmlich aus allgemeinpolitischen Gründen geltend gemacht hat. Von 343 Vermittlungsbegehren entfallen allein 61, das sind 17,8 %, auf diese Kategorie. Dies ist die höchste Zahl. Die politische Mitwirkung, losgelöst von bloßer Interessenwahrnehmung, dominiert im Bild der Arbeit des Bundesrates. Der Bundesrat übt seine Rechte als politisches Kontrollorgan gegenüber Bundestag und Bundesregierung aus.

Hinzu kommen mit jeweils 35 bzw. 34[159] Vermittlungsbegehren rechtliche und finanzpolitische Gründe.

Die hohe Zahl rechtlicher Gründe läßt den Schluß zu, daß der Bundesrat faktisch die Kompetenz, eine echte Rechtskontrolle durchzuführen, für sich in Anspruch nimmt. Daneben zeigt sich, welch großen Einfluß die Länderbürokratien auf die Arbeit des Bundesrates haben, denn der hohe Anteil rechtlicher Begründungen ist vor allem aus dem Umstand zu erklären, daß über die Arbeit in den Ausschüssen des Bundesrates und den Beratungen in den Landesministerien Fachleute an der Vorbereitung der Beschlußfassung beteiligt sind und ihre Einflußmöglichkeiten wahrnehmen. Die Landespolitiker selbst dürften nicht über ausreichenden Sachverstand bei zum Teil sehr schwierigen rechtlichen und verfassungsrechtlichen Fragen verfügen, was auch nicht ihre Aufgabe ist. Diese Zusammenhänge verdeutlichen, daß über den Bundesrat die Landesadministrationen in diesem Teilbereich den Bundesgesetzgeber und die diesem zuarbeitende Bundesbürokratie kontrollieren. Diese Kontrolle tritt dabei neben die politische Kontrolle.

Die hohe Zahl finanzpolitischer Gründe ist daraus zu erklären, daß die Länder in ihren ureigensten Interessen, nämlich ihrer Einnahmen- und Ausgabensituation betroffen sind.

Eine verhältnismäßig geringe Rolle spielen dagegen die gesetzestechnischen und die verwaltungsverfahrensbezogenen Gründe mit

---

[159] Das sind 10,2 bzw. 9,9 %.

8 bzw. 9 Fällen. Überraschend ist dabei die geringe Zahl von verwaltungsverfahrensbezogenen Gründen, da die davon betroffenen Regelungen häufig erst die Zustimmungsbedürftigkeit ausgelöst haben. Daraus kann man schließen, daß Art. 84 Abs. 1 und die anderen Normen des Grundgesetzes, die die Zustimmungspflicht an die Regelung von Verfahrensvorschriften knüpfen, zu einer bloßen Einstiegsnorm für die politische Mitwirkung des Bundesrates geworden sind. Die in Rechtsprechung und Literatur ganz überwiegend vertretene Ansicht[160], der Bundesrat könne seine Einwände auf alle Normen des zu behandelnden Gesetzes beziehen, also auch auf die nichtzustimmungsbedürftigen Teile, und die daraus folgende Zulässigkeit entsprechender Argumentationen, hat zu einer Sinnentleerung der Vorschriften geführt, die die Zustimmungsbedürftigkeit an die Regelung des Verwaltungsverfahrens knüpfen.

Gesteigerte Länderinteressen schließlich sind vergleichsweise gering vertreten. Dieses Ergebnis paßt zu der hohen Zahl allgemeinpolitischer Gründe und unterstreicht daher den politischen Charakter der Arbeit des Bundesrates.

Bei den Kombinationskategorien sieht das Bild ähnlich aus. Kategorien, die allgemeinpolitische Gründe enthalten, herrschen deutlich vor. Der Anteil verwaltungsverfahrensbezogener Gründe ist allerdings größer. Dies zeigt, daß verwaltungsverfahrensbezogene Gründe in der Arbeit des Bundesrates zwar eine Rolle spielen, jedoch keine eigenständige Bedeutung haben.

Weiterhin bestätigen die Kombinationskategorien die große Bedeutung der allgemeinpolitischen und finanzpolitischen Gründe. Überwogen die jeweiligen Grundkategorien schon mit 61 bzw. 34 Fällen deutlich gegenüber den anderen Kategorien, mit Ausnahme der rechtlichen Gründe, so ist bei einer Kombination dieser beiden Kategorien die Anzahl 19 ebenfalls sehr hoch. Das gleiche gilt für die Kombination von allgemeinpolitischen und rechtlichen Gründen.

Kombinationskategorien, die mehr als zwei Begründungskategorien enthalten, spielen insgesamt eine sehr viel geringere Rolle als die Grundkategorien und die Kombinationskategorien, die lediglich zwei Grundkategorien enthalten. Dieser Umstand belegt, daß der Bundesrat seine Einflußnahme sehr genau zu dosieren weiß. Obwohl die einzelnen Vermittlungsbegehren sehr umfangreich sein können und z. T. auch sind[161], konzentriert sich die Einflußnahme auf allgemeinpolitische, finanzpolitische und rechtliche Gründe. Die Wahrnehmung von Länder-

---

[160] Siehe oben FN 67.

[161] Vgl. etwa BR-Drs. 210/52, 40/75, 670/75, 71/72, 221/71, 328/64, 166/61, 165/57 mit jeweils als 10 Änderungsanträgen ohne Folgeänderungen.

interessen, insbesondere eine gezielte Einflußnahme auf das Verwaltungsverfahren, das die Länder ja durchführen müssen, oder die Ein- und Errichtung von Behörden, haben als Motive bzw. Gründe für ein Vermittlungsbegehren keine eigenständige Bedeutung, sondern kommen allenfalls in Verbindung mit anderen Gründen zur Geltung.

Auch das geringe Erscheinen der Kategorie gesteigerte Länderinteressen (14 Fälle) sowohl als Grundkategorie als auch in Kombination mit anderen Begründungen[162] stützt die These, daß der Versuch der Einflußnahme des Bundesrates auf vom Bundestag beschlossene Gesetze wenig mit der Stellung als Ländervertreter und als deren Interessenwahrer zu tun hat. Vielmehr geriert sich der Bundesrat als politisch wie rechtlich kontrollierendes Verfassungsorgan gegenüber dem Parlament und der Bundesregierung.

Der hohe Anteil allgemeinpolitischer und rechtlicher Gründe in den Beschlüssen des Bundesrates belegt, in welch extensivem Maß der Bundesrat diese Kontrolle ausübt. Als Vertreter der Gliedstaaten im föderal aufgebauten Bund wird auf diese Weise durch den Bundesrat ein Teil der sich aus dem Grundsatz der vertikalen Gewaltenteilung ergebenden Aufgabe, nämlich Kontrolle, in herausragendem Maß wahrgenommen.

bb) Zustimmungsverweigerungen

Das Begründungsverhalten bei Zustimmungsversagungen zeigt Unterschiede im Hinblick auf das Begründungsverhalten bei den Anrufungen des Vermittlungsausschusses. Dies bedeutet, daß der Bundesrat nicht automatisch dort seine Zustimmung versagt, wo er seine inhaltlichen Vorstellungen im Vermittlungsverfahren nicht hat durchsetzen können.

Die Gründe für eine Zustimmungsverweigerung verschieben sich im Verhältnis zu denen bei den Anrufungen des Vermittlungsausschusses. Dies ist verständlich daraus zu erklären, daß das Vermittlungsverfahren für den Bundesrat politisch insofern risikolos ist, als die Anrufung des Vermittlungsausschusses und bestimmte Änderungsanträge nicht die endgültige Entscheidung darstellen. Bei einer Zustimmungsverweigerung ist dies aber grundsätzlich der Fall. Dadurch wächst der Begründungsdruck.

Die unterschiedliche Verteilung zeigt daher auch die unterschiedliche Gewichtung, die der Bundesrat den einzelnen Begründungen, die er selbst vorgebracht hat, beimißt.

Bei den Grundkategorien spielen die Kategorien „allgemein"- und „finanzpolitisch" im Vergleich zu den Vermittlungsbegehren und den

[162] Jeweils 3, 2, 6, 1, 3mal.

anderen Grundkategorien eine geringere Rolle mit 8 sowie 9 von 84 Fällen. Allein die gesteigerten Länderinteressen und die gesetzestechnischen Gründe sind mit 1 bzw. 5 Fällen noch weniger vertreten. Am häufigsten sind mit 11 Fällen, das sind ca. 13 %, die rechtlichen Gründe. Wie unterschiedlich im Bereich der Grundkategorien das Begründungsverhalten ist, zeigt ein unmittelbarer Vergleich zwischen Zustimmungsverweigerungen und Vermittlungsbegehren bei den einzelnen Begründungskategorien. In 31,43 % der Fälle, in denen der Bundesrat aus rechtlichen Gründen den Vermittlungsausschuß angerufen hat, hat er auch die Zustimmung verweigert. Bei den finanzpolitischen Gründen beträgt diese Quote noch 26,47 %. In den Fällen, in denen das Vermittlungsverfahren aus allgemeinpolitischen Gründen eingeleitet wurde, verweigerte der Bundesrat seine Zustimmung lediglich in 8 Fällen, das sind 13,11 %.

Die Rechtskontrolle wird vom Bundesrat also am kompromißlosesten wahrgenommen. Der Grund dafür liegt aber wohl auch darin, daß Rechtsbedenken grundsätzlich weniger kompromißfähig sind als etwa allgemeinpolitische oder finanzpolitische Gründe. Diese Kategorien sind grundsätzlich in ihrer Kompromißfähigkeit nicht beschränkt. Der Bundesrat muß seinen Einfluß im Bereich der Rechtskontrolle durch eine Zustimmungsverweigerung durchsetzen, während ihm sonst der Weg des Kompromisses näher liegt.

Diese Aussage wird durch einen Blick auf die Fälle, in denen der Bundesrat durch sein Veto Gesetzesbeschlüsse endgültig zum Scheitern gebracht hat, bestätigt. Auch hier überwiegen die rechtlichen Gründe.

Die geringe Rolle, die allgemeinpolitische Gründe bei den Grundkategorien spielen, findet bei den Kombinationskategorien keine Entsprechung. Allgemeinpolitische und verwaltungsverfahrensbezogene Gründe wurden hier 11mal herangezogen. Das ist deutlich mehr als alle anderen Kategorien, die Kombinationen von Begründungen enthalten.

Hier zeigt sich, daß allgemeinpolitische Gründe bei der Versagung der Zustimmung nach wie vor eine große Rolle spielen in etwa vergleichbar der bei den Vermittlungsbegehren. Als auffälliger Unterschied bleibt aber dabei festzuhalten, daß der Bundesrat zwar versucht, allgemeinpolitische Bedenken in großer Zahl durch Anrufung des Vermittlungsausschusses geltend zu machen und Gesetzesvorlagen insofern gestaltend zu beeinflussen, daß er aber bei den Zustimmungsverweigerungen, also dem Gestaltungs- und Mitwirkungsrecht, bei dem der Bundesrat endgültig[163] Stellung nehmen muß und eine Vorlage

---

[163] Sofern nicht Bundestag oder Bundesregierung den Vermittlungsausschuß anrufen.

zum Scheitern bringen kann, hinsichtlich allgemeinpolitischen Gründen eine gewisse Zurückhaltung erkennen läßt, sofern diese die alleinigen Gründe sind.

Der Bundesrat gewichtet demnach dieselben Gründe unterschiedlich danach, ob er den Vermittlungsausschuß anruft oder die Zustimmung verweigert, ein Gesetz also zum Scheitern bringen kann. Gegen die Überlegung, daß diese Gewichtung daran liegen könnte, daß im Falle einer Kombinationsstrategie die allgemeinpolitischen Gründe eine größere Rolle spielen oder die Einwände gerade aus der Kombination heraus ein größeres Gewicht haben könnten, spricht das auffällige Zahlenverhältnis. Es gibt keinen Anhaltspunkt dafür, daß die allgemeinpolitischen Gründe im Fall der Kombination mit verwaltungsverfahrensbezogenen oder anderen Gründen schwerer wiegen oder politisch bedeutsamer sind, als wenn sie allein geltend gemacht werden.

Die Kombinationskategorien bestätigen die große Bedeutung der rechtlichen Gründe, denn diese sind überwiegend vertreten.

Für die verwaltungsverfahrensbezogenen Gründe gilt bei den Zustimmungsverweigerungen sowohl für die Grund- als auch für die Kombinationskategorien im wesentlichen das zu den entsprechenden Vermittlungsbegehren Gesagte[164].

Gesteigerte Länderinteressen haben so wenig Gewicht, daß sie für die Versagung der Zustimmung keinerlei Bedeutung haben. Dies ist ein weiteres Indiz dafür, wie stark der Bundesrat seine Rolle als allgemeines, nicht an Partikularinteressen gebundenes Kontrollorgan wahrnimmt.

Die Daten der endgültigen Zustimmungsverweigerungen bestätigen im wesentlichen das zu den Zustimmungsverweigerungen Gesagte und weisen keine Besonderheit, die über das bisher Gesagte hinaus gehen, auf.

cc) Zusammenfassung

Zusammenfassend läßt sich sagen, daß der Bundesrat seine Einflußnahme bei Zustimmungsgesetzen vorwiegend allgemeinpolitisch und rechtlich sowie finanzpolitisch begründet. Dies gilt grundsätzlich sowohl bei den Anrufungen des Vermittlungsausschusses als auch für die Versagungen der Zustimmung.

Dabei zeigt das zahlenmäßige Verhältnis von Vermittlungsbegehren und Zustimmungsverweigerungen, daß der Bundesrat in erster Linie mitgestaltend und nicht verhindernd Einfluß ausübt. Darin liegt die eigentliche Bedeutung seiner Mitwirkung am Gesetzgebungsver-

[164] Siehe oben Kap. 2 I. 3. c) aa).

fahren des Bundes, nicht so sehr in einer behaupteten „Blockade" von Bundestagsbeschlüssen, sofern man zur Beurteilung die gesamte Tätigkeit des Bundesrates heranzieht.

Ein unmittelbarer Zusammenhang zwischen den Begründungen und den Interessen der Länder besteht nur bei den finanzpolitischen Gründen.

Der Bundesrat ist also vor allem durch seine Arbeit als politisches Organ des Bundes ausgewiesen. Er übt in sehr starken Maß Kontrolle aus und ist damit im Sinne der Gewaltenteilung ein Kontrollinstrument der Länder gegenüber dem Bund geworden. Diese Kontrolle ist politischer wie rechtlicher Art. Dabei kommt dem durch die Länder eingebrachten Sachverstand eine große Rolle zu, denn die Rechtskontrolle beruht vorwiegend auf Kenntnissen und Erfahrungen der Länderbürokratien.

Gleichzeitig hat sich gezeigt, daß allgemeinpolitischen Gründen im Begründungsverhalten der Länder ein unterschiedliches Gewicht zukommt. Allgemeinpolitische Gründe als alleiniger Zustimmungsversagungsfaktor spielen eine deutlich geringere Rolle als bei Vermittlungsbegehren oder als Bestandteil einer Kombinationskategorie.

Für den Bundesrat besteht keine Automatik dahingehend, daß Anrufungsgründe und Verweigerungsgründe identisch sind, wenn das Vermittlungsverfahren aus der Sicht des Bundesrates erfolglos war. Der Bundesrat gewichtet vielmehr seine Gründe danach, ob er den Vermittlungsausschuß anruft oder die Zustimmung versagt.

d) Verhältnis der die Zustimmungsbedürftigkeit begründenden Normen zu den Begründungskategorien

Die Untersuchung des Zusammenhangs zwischen Begründungskategorien und Zustimmungsnormen soll deutlich machen, ob und inwieweit sich der Bundesrat mit seinem Begründungsverhalten im Zweckbereich der Zustimmungsnorm bewegt, d. h. wie weit die hinter einer Norm des Grundgesetzes, die die Zustimmungspflicht des Bundesrates vorschreibt, stehende Ratio das Begründungsverhalten beeinflußt hat.

Bei der Darstellung werden die oben[165] dargestellten Gruppen von Zustimmungsnormen zugrundegelegt. Darüber hinaus gibt es Gesetzesbeschlüsse, die nach mehreren Vorschriften aus verschiedenen Gruppen zustimmungsbedürftig waren[166]. Die Zustimmungsnormen entsprechen

---

[165] Siehe oben Kap. 2 I. 2. a).

[166] Für die Bestimmung der Zustimmungsnormen wird auf das vom Bundesrat herausgegebene Sach- und Sprechregister Bezug genommen, in dem zu jedem Gesetz angegeben ist, nach welcher Vorschrift der Bundesrat es beraten hat. Ob die jeweilige rechtliche Einordnung zutreffend war, kann

der geltenden Fassung des Grundgesetzes. Bei älteren Gesetzen und Änderungen der grundgesetzlichen Zustimmungsnorm wurde die Zustimmungsnorm aus der alten Fassung des Grundgesetzes in die vergleichbare Fassung des geltenden Rechts umgesetzt, soweit sie vorhanden ist.

aa) Statistische Angaben

Folgende Begründungen waren maßgebend für die Beschlüsse des Bundesrates bei Gesetzen[167], die zustimmungsbedürftig waren nach

Art. 84 Abs. 1; 85 Abs. 1; 108 Abs. 2 Satz 2, Abs. 5 Satz 2

Begründungskategorie	Anrufung des Vermittlungsausschusses	Zustimmungsverweigerungen[168]
Gesetzestechnische Gründe	6	2 (1)
Rechtliche Gründe	26	8 (4)
Finanzpolitische Gründe	17	7 (1)
Verwaltungsverfahrensbezogene Gründe	7	
Allgemeinpolitische Gründe	36	2
Gesteigerte Länderinteressen	7	1 (1)
Allgemeinpol. u. ges.techn. Gründe	13	
Allgemeinpol. u. rechtl. Gründe	12	5 (1)
Allgemeinpol. u. finanzpol. Gründe	12	2 (2)
Allgemeinpol. u. verw.verf.bez. Gründe	15	7 (3)
Allgemeinpol. Gründe u. gesteigerte L.interessen	2	
Allgemeinpol., ges.techn., u. rechtl. Gründe	3	
Allgemeinpol., rechtl. u. verw.verf.bez. Gründe	6	
Allgemeinpol., ges.techn. u. verw.verf.bez. Gründe	15	5 (2)
Allgemeinpol., rechtl. u. finanzpol. Gründe	1	
Allgemeinpol., ges.techn., rechtl. u. verw.verf.bez. Gründe	9	
Allgemeinpol., finanzpol., rechtl. u. verw.verf.bez. Gründe	3	
Allgemeinpol., finanzpol., rechtl., verw.verf.bez. u. ges.techn. Gründe	3	3 (2)
Allgemeinpol., ges.techn., rechtl., verw.verf.bez. Gründe u. gest. L.interessen	5	

Fortsetzung nächste Seite

hier dahingestellt bleiben, da es darum geht, wie weit der Bundesrat die Ratio der Zustimmungsnorm, die er selbst für einschlägig hält, berücksichtigt hat.

[167] Erfaßt sind hier und bei den anderen Normgruppen jeweils nur die Zustimmungsgesetze, denen der Bundesrat seine Zustimmung verweigerte oder zu denen er den Vermittlungsausschuß anrief.

[168] Die Zahlen in Klammern betreffen die endgültigen Zustimmungsverweigerungen.

Begründungskategorie	Anrufung des Vermittlungsausschusses	Zustimmungsverweigerungen[168]
Finanzpol. u. ges.techn. Gründe	2	
Finanzpol. u. rechtl. Gründe	4	2 (2)
Finanzpol. u. verw.verf.bez. Gründe	9	2 (1)
Finanzpol. Gründe u. gest. L.interessen	1	
Finanzpol., ges.techn. u. verw.verf.bez. Gründe	3	2
Finanzpol., rechtl., u. verw.verf.bez. Gründe	4	
Gest. L.interessen u. rechtliche Gründe	3	1
Rechtl. u. ges.techn. Gründe	2	
Rechtl. u. verw.verf.bez. Gründe	1	
Rechtl., verw.verf.bez. u. ges.techn. Gründe	3	

Art. 105 Abs. 3

Begründungskategorie	Anrufung des Vermittlungsausschusses	Zustimmungsverweigerung
Gesetzestechnische Gründe	2	2
Rechtliche Gründe	4	2 (2)
Finanzpolitische Gründe	3	
Allgemeinpolitische Gründe	10	4 (2)
Allgemeinpol. u. ges.techn. Gründe	3	1
Allgemeinpol. u. rechtl. Gründe	2	
Allgemeinpol. u. finanzpol. Gründe	1	
Allgemeinpol. u. verw.verf.bez. Gründe	3	2
Allgemeinpol. Gründe u. gest. L.interessen	1	2
Allgemeinpol., rechtl. u. verw.verf.bez. Gründe	1	
Allgemeinpol., ges.techn. u. verw.verf.bez. Gründe	1	1 (1)
Allgemeinpol., rechtl. u. finanzpol. Gründe	2	1
Allgemeinpol., finanzpol., rechtl., verw.verf.bez. u. ges.techn. Gründe	1	
Finanzpol. u. verw.verf.bez. Gründe		2 (1)
Finanzpol. u. verw.verf.bez., ges.techn. Gründe	1	

Art. 104 a, 106, 107

Begründungskategorie	Anrufung des Vermittlungsausschusses	Zustimmungsverweigerung
Gesetzestechnische Gründe		1 (1)
Finanzpolitische Gründe	8	1
Allgemeinpol. u. finanzpol. Gründe	2	1 (1)
Allgemeinpol., finanzpol., rechtl., verw.verf.bez., u. ges.techn. Gründe	1	
Finanzpol., ges.techn. u. verw.verf.bez. Gründe	1	

Von der Wiedergabe der übrigen Fälle wird an dieser Stelle abgesehen, da sie zahlenmäßig nicht ins Gewicht fallen und deshalb nur beschränkt aussagefähig sind. Die hier dargestellten Normgruppen decken ca. 77 % der Anrufungen des Vermittlungsausschusses und ca. 82 % der Zustimmungsverweigerungen ab.

bb) Auswertung

Die Auswertung dieser Daten bestätigt die oben[169] schon angedeutete These, daß die Art. 84 Abs. 1, 85 Abs. 1, 108 Abs. 2, Abs. 5 Satz 2 für den Bundesrat lediglich die Bedeutung haben, einen Einstieg zu finden, um auf einen Gesetzesbeschluß Einfluß nehmen zu können, wobei die der Einflußnahme zugrundeliegenden Gründe und Motive mit der Ratio und dem Zweck der das Zustimmungsrecht gewährenden Norm kaum etwas zu tun haben. Die genannten Normen erklären Gesetze für zustimmungsbedürftig, weil in die Verwaltungshoheit der Länder eingegriffen wird[170]. Sollte nach der Intention des Grundgesetzgebers diese Duldungspflicht der Länder mit einer verstärkten Einwirkungsmöglichkeit kompensiert werden, so nutzten die Länder über den Bundesrat die Gelegenheit, auf das Verfahren, das sie unmittelbar betrifft, oder auf die Ein- und Errichtung von Behörden einzuwirken, kaum. Vielmehr wurden allgemeinpolitische Gründe (in 36 Fällen), rechtliche (in 26 Fällen) oder finanzpolitische (in 17 Fällen) vorgebracht. Die sieben Fälle der verwaltungsverfahrensbezogenen Gründe, bei denen sich der Bundesrat im Zweckbereich der Zustimmungsnorm bewegt, fallen demgegenüber bei den Grundkategorien nur wenig ins Gewicht.

Das Ergebnis wird auch durch die Kombinationskategorien bestätigt. Zwar sind dabei die verwaltungsverfahrensbezogenen Gründe verstärkt enthalten, es zeigt sich aber wiederum[171], daß der Normzweck nur dann berücksichtigt wird, wenn andere für den Bundesrat wichtige Gründe ebenfalls vorliegen. Daraus folgt, daß der Normzweck insgesamt wenig Bedeutung für die Beschlußfassung des Bundesrates hat. Der vom Verfassungsgeber mit der Einfügung der Zustimmungsbedürftigkeit verfolgte Zweck ist bei den Art. 84 Abs. 1, 85 Abs. 1, 108 Abs. 2, Abs. 5 Satz 2 durch die Praxis des Bundesrates verfehlt worden.

Entsprechendes gilt für Gesetze, die nach Art. 105 Abs. 3 zustimmungsbedürftig waren und zu denen der Bundesrat den Vermittlungsausschuß angerufen hat bzw. die Zustimmung verweigert hat. Wiederum dominieren bei diesen Gesetzen die allgemeinpolitischen Gründe mit 10 von 35 Fällen, während finanzpolitische Gründe, die eigentlich

---

[169] Siehe oben Kap. 2 I. 3. c) aa).
[170] Siehe oben Kap. 2 I. 2. b).
[171] Siehe oben Kap. 2 I. 3. c) aa).

die klassischen Einwände des Bundesrats bei Gesetzen, die nach Art. 105 Abs. 3 zustimmungsbedürftig sind, hätten sein müssen und den Zweckbereich der Norm ausfüllen, nur in drei Fällen erscheinen. Für diese gilt allerdings, daß sie in den Kombinationskategorien regelmäßig die dominierende Rolle spielen.

Ein normzweckentsprechendes Verhalten bei den Begründungen ist dagegen bei der Normgruppe der Art. 104 a, 106, 107 festzustellen. In acht von zwölf Fällen wurde das Vermittlungsbegehren ausschließlich finanzpolitisch begründet. Damit wird der Zweckbereich der Normgruppe ausgefüllt. In zwei weiteren Fällen ist die Begründung allgemeinpolitisch und finanzpolitisch. Dieses insgesamt normzweckentsprechende Begründungsverhalten erklärt sich aber aus dem Inhalt der Zustimmungsnormen, nicht aus einem bewußten Berücksichtigen des Normzwecks bei der Beschlußfassung durch den Bundesrat.

Durch die genannten Normen werden Gesetze zustimmungspflichtig, die unmittelbar die Einnahmesituation der Länder betreffen und die wenig geeignet sind, Wirkungen hervorzurufen, die mit anderen als finanzpolitischen Gründen beeinflußt werden könnten. Es handelt sich um direkte Verteilungsgesetze zwischen Bund und Ländern, die entweder die Verteilung von Finanzmassen selbst enthalten, wie z. B. Gesetze nach Art. 106 Abs. 3 Satz 3, oder aber die Bedingungen und Modalitäten, wie z. B. Art. 107 Abs. 1 Satz 2, regeln. Die Wirkungen der Gesetze treffen also die Länder direkt. Bei den Gesetzen nach Art. 105 Abs. 3 ist dies keineswegs so. Die dort genannten Gesetze haben regelmäßig nur mittelbar auf die Länder- und Gemeindefinanzen Einfluß. Zwar beeinflussen die Änderungen der von Art. 105 Abs. 3 erfaßten Gesetze, wie zum Beispiel das Gesetz über die Kraftfahrzeugsteuer, die Einnahmesituation der Länder, jedoch ist in der Regel dies nicht das Ziel der Gesetzesänderung. Vielmehr steht der materielle Regelungsgehalt der Steuergesetze und deren Änderung im Vordergrund, nicht aber eine Umgestaltung der Länder- oder Gemeindefinanzen. Wenn bei solchen Gesetzen der Bundesrat nicht deren Finanzlage als primären Grund eines Vermittlungsbegehrens geltend macht, sondern andere, vor allem allgemeinpolitische Gründe heranzieht, zeigt dies auch, daß in solchen Fällen genügend Raum bleibt, damit der Bundesrat die von ihm in Anspruch genommene Kompetenz eines politisch entscheidenden Kontrollorgans wahrnehmen kann und die Wahrung der Länderinteressen hinter allgemeinpolitischen Erwägungen zurücktreten muß. Bei den Gesetzen nach Art. 104 a, 106, 107 ist dies nicht möglich, da deren Inhalt Materien betrifft, die nicht vorrangig allgemeinpolitisch im hier verstandenen Sinn sind, sondern nur solche, die für die Länder von unmittelbarer Bedeutung sind. Deshalb halten sich die Begründungen des Bundesrates im Zweckbereich der Zustimmungsnorm.

Die gewonnenen Ergebnisse werden im wesentlichen durch die Auswertung der Fälle bestätigt, in denen der Bundesrat die Zustimmung verweigert hat. Verwaltungsverfahrensbezogene Gründe spielen keine große Rolle bei der Normgruppe der Art. 84 Abs. 1, 85 Abs. 1, 108 Abs. 2, Abs. 5 Satz 2 mit Ausnahme jener Fälle, in denen diese Gründe mit allgemeinpolitischen Gründen kombiniert sind. Für diese Besonderheit gilt das oben[172] Gesagte entsprechend. Von gleich großer Bedeutung sind finanzpolitische und rechtliche Gründe, die nicht in den Zweckbereich der Norm gehören. Auch bei dem Art. 105 Abs. 3 ist zu erkennen, daß Gründe aus dem Zweckbereich der Norm keine große oder gar entscheidende Rolle spielen. Die Zustimmungsnormen und ihre Ratio sind für das Begründungsverhalten des Bundesrates ohne Bedeutung und stellen lediglich einen Beratungs- und Beschließungseinstieg dar. Die Daten der endgültigen Zustimmungsverweigerungen weisen im vorliegenden Zusammenhang keinerlei Besonderheiten auf.

cc) Zusammenfassung

Zusammenfassend läßt sich feststellen, daß der Bundesrat sowohl bei den Anrufungen des Vermittlungsausschusses als auch bei der Versagung der Zustimmung auf den Normzweck der die Zustimmungsbedürftigkeit begründenden Normen des Grundgesetzes in seinem Begründungsverhalten keine Rücksicht nimmt und so die betroffenen Normen ihrer Bedeutung beraubt, da sie als formale Einstiegsgelegenheiten für das politische Wirken des Bundesrates genutzt werden.

e) Erfolg der jeweiligen Einflußnahme

Der vom Bundesrat versuchten Einflußnahme auf Gesetzesbeschlüsse des Bundestages war ein unterschiedlicher Erfolg beschieden. Im folgenden soll dargestellt werden, wieweit der Bundesrat mit seinen Vermittlungsbegehren und Zustimmungsversagungen hat Einfluß nehmen können und wie groß der Erfolg dabei im Vermittlungsausschuß einerseits und im Bundestag andererseits war. Untersuchungsbasis dafür sind die 343 Fälle, in denen der Bundesrat den Vermittlungsausschuß angerufen hat und die 84 Zustimmungsverweigerungen. Bei einem dieser Fälle[173] war aus den Materialien nicht zu ersehen, ob das Vermittlungsverfahren erfolgreich war oder nicht. Bei fünf weiteren Gesetzesbeschlüssen[174] hat sich das Vermittlungsbegehren dadurch erledigt, daß der Bundestag bzw. der Vermittlungsausschuß nicht mehr zusammentrat. In diesen Fällen wurde das Ergebnis des Vermittlungsverfahrens, soweit es vorhanden war, nicht publiziert. Anders ist es

---

172 Siehe oben Kap. 2 I. 3. c) aa).

173 BR-Drs. 79/59.

174 BR-Drs. 391/69, 407/69, 413/69, 377/80, 390/80.

in einem weiteren Fall[175], bei dem sich die Beschlußfassung im Vermittlungsausschuß dadurch erledigte, daß zwischenzeitlich eine Beschlußfassung zum Finanzverfassungsgesetz erfolgt war.

aa) Anrufungen des Vermittlungsausschusses

Eine Beurteilung der Frage, ob ein Vermittlungsbegehren erfolgreich war oder nicht, ist nur durch einen Vergleich zwischen den einzelnen Anträgen des Vermittlungsbegehrens mit den Beschlüssen des Vermittlungsausschusses möglich. Eine rein numerische Betrachtung verbietet sich dabei, da das Vermittlungsbegehren von unterschiedlich gewichtigen Änderungswünschen getragen gewesen sein kann und in der Regel auch ist. Allein die Vielzahl von Folgeänderungen bei einigen Vermittlungsbegehren würde ein völlig falsches Bild hervorrufen, wenn man rein numerisch vorginge. Dies bedeutet, daß in den Vergleich eine Bewertung einfließen muß, die danach differenziert, was für den Bundesrat die wichtigsten Änderungswünsche waren. Diese Bewertung wurde aufgrund der jeweiligen Einzelanträge vorgenommen. Letztlich beruht die Bewertung auf der politischen Einschätzung der Bedeutung der Einzelanträge. Neben Formulierungen in den Materialien, die expressis verbis diesen oder jenen Antrag für den entscheidenden erklären, läßt auch die Art und der Umfang der Begründung auf die Bedeutung der Anträge und damit auf den Erfolg des Bundesrates schließen. Hinzu kommt, daß in vielen Fällen die stenographischen Berichte über die Sitzungen des Bundesrates Äußerungen der Berichterstatter enthalten, aus denen erkennbar wird, was für den Bundesratsbeschluß der Hauptgesichtspunkt war. Schließlich kann zur Beurteilung des Erfolges eines Vermittlungsbegehrens das Verhalten des Bundesrates danach insoweit herangezogen werden, als die Versagung der Zustimmung ein hinreichendes Indiz dafür ist, daß das Vermittlungsverfahren erfolglos war, sofern der Antrag des Bundesrates lediglich auf Änderung des Gesetzesbeschlusses ging und nicht die Vorlage in toto aufgehoben werden sollte.

Um die auf dieser Bewertungsbasis vorgenommene Untersuchung aussagefähig zu machen, werden im folgenden die Ergebnisse in drei Gruppen dargestellt. Das Vermittlungsbegehren kann erfolgreich, erfolglos und mit einem Kompromiß durch gegenseitiges Nachgeben hälftig erfolgreich gewesen sein. Da sich auch hier eine schematische Betrachtung verbietet, bedeutet erfolgreich, daß der Bundesrat im Vermittlungsausschuß mit seinen Änderungsanträgen ganz oder doch weitgehend durchdringen konnte. Erfolglosigkeit bedeutet, daß der Gesetzesbeschluß des Bundestages bestätigt wurde oder aber dem Vermittlungsbegehren kaum oder in unwesentlichen Punkten gefolgt wurde. Die

[175] BR-Drs. 213/55.

Kategorie hälftig erfolgreich erfaßt zum einen jene Fälle, in denen im Vermittlungsausschuß ein Kompromiß gefunden wurde, der von den Einzelanträgen unabhängig war, und zum anderen die Fälle, das sind die Mehrheit, in denen der Bundesrat nur einen Teil seiner Anträge, die von ihrem Gewicht und ihrer Bedeutung etwa gleichwertig sind, hat durchsetzen können.

Der Erfolg der Einflußnahme durch den Bundesrat im Bundestag läßt sich durch einen Vergleich zwischen dem Einigungsvorschlag des Vermittlungsauschusses und der Beschlußfassung im Bundestag entnehmen, denn das Parlament hat nur die Möglichkeit, den Einigungsvorschlag insgesamt anzunehmen bzw. abzulehnen[176]. War also der Bundesrat im Vermittlungsverfahren im Ausschuß erfolgreich und lehnte der Bundestag den Einigungsvorschlag ab, so war dem Bundesrat im Bundestag der Erfolg versagt.

In den Fällen, in denen mehr als einmal der Vermittlungsausschuß angerufen wurde, stützt sich die Bewertung auf den ursprünglichen Versuch der Einflußnahme durch den Bundesrat und auf die jeweiligen endgültigen Beschlüsse in Bundestag und Bundesrat.

(a) Erfolg im Vermittlungsausschuß

Der Bundesrat hat zu 343 Gesetzesbeschlüssen den Vermittlungsausschuß angerufen, soweit es sich um Gesetze handelte, die er für zustimmungsbedürftig hielt. In 336 Fällen hat der Vermittlungsausschuß einen Beschluß gefaßt[177]. In neun Fällen wurde kein Einigungsvorschlag gemacht. Diese neun Fälle zählen zu den erfolglosen Vermittlungsbegehren, da der Bundesrat jeweils Änderungen durchsetzen, nicht aber das Zustandekommen des Gesetzes verhindern wollte. Die neun betroffenen Fälle waren alle parteipolitisch umstritten[178].

Auf der Grundlage dieser Zahlen ergeben sich folgende Erfolgsquoten für den Bundesrat. Das Vermittlungsbegehren war

---

[176] Dies gilt für die einzelnen Anträge auch dann, wenn nach § 10 Abs. 3 GO-VA, also über bestimmte Anträge einzeln, abgestimmt wird.

[177] Siehe oben Kap. 2 I. 3. e).

[178] BR-Drs. 267/76 betr.: Erste Wehrpflichtnovelle; BR-Drs. 428/76 betr.: Gesetz zur Änderung des StGB, STPO, GVG, BRAO, STVollzG. Der Vermittlungsvorschlag scheiterte an der Frage, ob der mündliche Verkehr zwischen U-Häftlingen und Verteidiger überwacht werden sollte; BR-Drs. 469/76 betr.: Ausbildungsplatzförderungsgesetz; BR-Drs. 470/76 betr.: Gesetz zur Regelung steuerrechtlicher Fragen der Arbeitsplatzförderung; BR-Drs. 480/78 betr.: Steueränderungsgesetz; BR-Drs. 222/79 betr.: Gesetz zur Änderung des Einkommensteuergesetzes und des Mutterschutzgesetzes; BR-Drs. 164/80 betr.: Krankenhausfinanzierungsgesetz; BR-Drs. 293/80 betr.: Künstlersozialversicherungsgesetz; BR-Drs. 299/80 betr.: Staatshaftungsgesetz.

erfolgreich in 109 Fällen,
hälftig erfolgreich in 151 Fällen,
erfolglos in 76 Fällen.

Diese Zahlen belegen, daß die Einflußnahme des Bundesrates im Vermittlungsausschuß insgesamt erfolgreich ist. Lediglich in 22,62 % der Fälle hatte er gar keinen Erfolg. Die Quote des eindeutigen Erfolges ist dagegen mit 32,44 % deutlich größer. Daß der Bundesrat so erfolgreich ist, wird auf seine starken Kompetenzen bei Zustimmungsgesetzen zurückzuführen sein. Durch die Möglichkeit, eine Gesetzesvorlage zum Scheitern bringen zu können, wird die Kompromißbereitschaft des Bundestages beeinflußt.

Bei 44,94 % der Fälle wurden wichtige Vorstellungen des Bundesrates teilweise berücksichtigt. Dies zeigt, daß der Bundesrat durch seine Vertreter im Vermittlungsausschuß eine starke Rolle gegenüber den Vertretern des Bundestages spielen kann. Gleichzeitig wird deutlich, in welch hohem Maß der Vermittlungsausschuß seiner Aufgabe, vermittelnd Interessengegensätze auszugleichen, gerecht wird.

(b) Erfolg im Bundestag

Die Zahlen über den Erfolg der Einflußnahme im Bundestag zeigen ein etwas abweichendes Bild. Mit seinen Änderungsbegehren war der Bundesrat

erfolgreich in 103 Fällen,
hälftig erfolgreich in 146 Fällen,
erfolglos in 87 Fällen.

Bei diesen Zahlen ist zu berücksichtigen, daß die Erfolglosigkeit im Vermittlungsausschuß sich automatisch im Bundestag fortsetzt, denn dieser stimmt nur über den Vermittlungsvorschlag ab bzw. behandelt den Einigungsvorschlag gar nicht mehr, wenn dieser den Gesetzesbeschluß des Bundestages bestätigte, § 11 GO-VA. Für die erfolglosen Fälle zeigen die Zahlen und vor allem deren Vergleich, daß der Bundesrat in 11 Fällen, in denen er im Vermittlungsausschuß erfolgreich war oder zumindest hälftig erfolgreich, sich damit im Bundestag nicht durchsetzen konnte.

Entsprechendes gilt für die beiden anderen Kategorien. In 103 Fällen setzte sich der Erfolg fort, in 146 der hälftige Erfolg. Die Bedeutung der Zahlen resultiert also aus der Differenz zu den Ergebnissen im Vermittlungsausschuß. Die Tatsache, daß sich der Bundesrat im Vermittlungsausschuß, wenn auch nur geringfügig, leichter durchsetzen konnte als im Bundestag, unterstreicht eine starke Stellung im Vermittlungsausschuß.

Bei sechs Fällen, in denen der Bundesrat im Vermittlungsausschuß erfolgreich war, lehnte der Bundestag den Einigungsvorschlag ab. Dies schließt allerdings nicht aus, daß der Bundesrat dem Gesetz dennoch zustimmte. Entsprechendes gilt für die fünf Fälle des hälftigen Erfolges. Diese insgesamt 11 Fälle erklären den Anstieg der Erfolglosigkeitsquote im Bundestag.

Da der Bundesrat bei Zustimmungsgesetzen dadurch, daß er den Vermittlungsausschuß anruft, zu erkennen gibt, daß er neben seinen Änderungswünschen kompromißbereit ist, zeigen die Zahlen, daß Vermittlungsbegehren, mit denen der Bundesrat einerseits Änderungswünsche geltend macht, andererseits aber auch eine gewisse Kompromißbereitschaft zu erkennen gibt, für den Bundesrat ein erfolgreiches Gestaltungsmittel sind. Die Anrufung des Vermittlungsausschusses ermöglicht es dem Bundesrat in besonders erfolgreicher Weise, die von ihm in starkem Umfang ausgeübte politische und rechtliche Kontrolle wahrzunehmen.

bb) Zustimmungsverweigerungen

Von den 84 Fällen, in denen der Bundesrat seine Zustimmung zu einem vom Bundestag beschlossenen Gesetz verweigert hat, war 37 mal das Veto endgültig[179]. Dies bedeutet, daß der Bundesrat mit seiner Einflußnahme immer dann erfolgreich war, wenn sein Anliegen darin bestand, das Zustandekommen des Gesetzes zu verhindern. Die Einflußnahme war erfolglos, wenn die Zustimmungsverweigerung als Druckmittel eingesetzt werden sollte, um bestimmte Änderungen im Gesetzesbeschluß durchzusetzen, denn in diesem Fall hat eine Zustimmungsverweigerung die Vermutung für sich, daß der Bundesrat mit seinem Begehren sich nicht hat durchsetzen können oder sich nicht so hat durchsetzen können, daß es ihm möglich gewesen wäre, seine Zustimmung zu erteilen.

Die jeweilige Absicht, die mit der Verweigerung der Zustimmung verbunden war, muß dabei aus den Beschlußgründen und den sonstigen Materialien entnommen werden. Beim Fehlen besonderer Anhaltspunkte für die Absicht, die Zustimmungsverweigerung in erster Linie als Druckmittel einzusetzen, ist davon auszugehen, daß das Zustandekommen der jeweiligen Gesetzesvorlage verhindert werden sollte.

Auch eine Zustimmungsverweigerung, mit der das Zustandekommen eines Gesetzes verhindert werden sollte, kann erfolglos sein. Dies ist immer dann der Fall, wenn Bundesregierung und Bundespräsident die Ansicht des Bundesrates über die Zustimmungsbedürftigkeit nicht teilen und das Gesetz als Einspruchsgesetz behandeln.

---

179 Wegen der Definition vgl. oben Kap. 2 I. 3. a).

Differenziert man in dieser Weise nach der mit einer Zustimmungsverweigerung verbundenen Absicht des Bundesrates, ergibt sich folgende Erfolgsquote: im Vermittlungsausschuß war der Bundesrat[180]

erfolgreich in 25 Fällen,
hälftig erfolgreich in 18 Fällen,
erfolglos in 40 Fällen.

Im Bundestag war der Bundesrat[180]

erfolgreich in 24 Fällen,
hälftig erfolgreich in 12 Fällen,
erfolglos in 47 Fällen.

In sieben Fällen hat sich demnach der Erfolg bzw. der hälftige Erfolg, den der Bundesrat im Vermittlungsausschuß gehabt hat, im Bundestag nicht fortgesetzt. Diese sieben Fälle teilen sich in eine erfolgreiche und sechs hälftig erfolgreiche Zustimmungsverweigerungen auf. Diese Differenz zeigt auch, daß die Stellung der Bundesratsvertreter im Vermittlungsausschuß etwas stärker ist als die der Bundestagsvertreter. Allerdings ist das Zahlenmaterial nicht sehr groß und daher nur begrenzt aussagefähig. Unterschiede bei den Erfolgsquoten im Vermittlungsausschuß und Bundestag können sich nur ergeben, wenn nach der Zustimmungsverweigerung der Vermittlungsausschuß noch einmal angerufen wird und der Bundestag erneut damit beschäftigt wird. Dies gilt nicht bei Zustimmungsverweigerungen mit der Absicht, einen Gesetzesbeschluß zu verhindern.

Die hohe Erfolglosigkeitsquote, im Vermittlungsausschuß 48 %, im Bundestag 57 %, zeigt, daß die Zustimmungsverweigerung für den Bundesrat kein so geeignetes Mittel ist, gestaltend mitzuwirken, wie etwa eine Anrufung des Vermittlungsausschusses.

cc) Zusammenfassung

Die auf Mitgestaltung ausgerichtete Einflußnahme des Bundesrates im Gesetzgebungsverfahren ist insgesamt sehr erfolgreich. Das Vermittlungsverfahren ist ein Verfahren des Bundesrates und der Vermittlungsausschuß sein Instrument. Ein Erfolg im Vermittlungsausschuß bedeutet, von relativ wenigen Fällen abgesehen, den endgültigen Erfolg der Einflußnahme bei Vermittlungsbegehren. Diesen Schluß lassen die Zahlen zu, auch wenn sich in 11 Fällen der Erfolg nicht fortsetzte, da diese Zahl angesichts 336 Anrufungen des Vermittlungsausschusses gering ist. Damit wird zugleich deutlich, wie erfolgreich der

---

180 Der Fall BR-Drs. 473/78 ist unklar, so daß er nicht bewertet wurde.

Bundesrat seine Rolle als politische und rechtliche Kontrollinstanz ausüben kann.

Weiterhin zeigen die Zahlen, daß der Vermittlungsausschuß nicht nur die Bedeutung hat, in hervorragendem Maß durch Kompromisse einen Ausgleich zwischen den Verfassungsorganen zu schaffen, sondern auch, daß die Entscheidungen des Vermittlungsausschusses meist verbindlich sind. Dies ist eine vom Erfolg des Bundesrates unabhängig zu treffende Feststellung. Zwar entfaltet der Beschluß des Vermittlungsausschusses keine rechtlich verbindliche Wirkung, wohl aber faktisch und politisch.

Als weiteres Ergebnis muß festgehalten werden, daß der Bundesrat bei der Durchsetzung seiner Ansichten grundsätzlich erfolgreicher ist, wenn er sich des rechtlich und formal schwächeren Gestaltungsmittels, nämlich der Anrufung des Vermittlungsausschusses, bedient und nicht sein unüberwindbares Veto von vornherein einsetzt. Dies ist wohl daraus zu erklären, daß die Kombination der durch ein eingeleitetes Vermittlungsverfahren geäußerten Kompromißbereitschaft mit der hinter jedem Vermittlungsbegehren stehenden, selten ausgesprochenen Drohung, die Zustimmung zu versagen, den stärksten Druck auf die Vertreter des Bundestages im Vermittlungsausschuß ausübt. Das so beschriebene Verhalten des Bundesrates ermöglicht es andererseits dem Bundestag und seiner Vertretung, im Wege des Nachgebens Teile dessen, was das Parlament beschlossen hat, gesetzgeberisch durchzusetzen.

4. Zusammenfassung

Die Untersuchung hat gezeigt, daß der Bundesrat seine Kompetenzen bei Zustimmungsgesetzen in erster Linie dazu benutzt, mitgestaltend tätig zu werden und dabei vor allem allgemeinpolitische, rechtliche und finanzpolitische Gesichtspunkte seine Arbeit bestimmen. Der Bundesrat nimmt deshalb durch seine Arbeit, aber auch entsprechend seinem Selbstverständnis[181] in erster Linie eine auf Bundesebene wirkende politische Funktion wahr, weniger die Vertretung von Partikularinteressen. Er hat sich dabei zu einem wirksamen politischen, aber auch rechtlichem Kontrollinstrument entwickelt. Der Bundesrat nimmt damit Aufgaben in hervorragendem Maß wahr, die sich aus dem Grundsatz der vertikalen Gewaltenteilung ergeben, der zu Recht als ein Legitimationsgrund der Bundesstaatlichkeit angesehen wird[182], dessen organisatorischer Ausdruck auf Bundesebene der Bundesrat ist.

---

[181] Siehe oben Kap. 1 I. 1; Herzog in ZParl. 76, 291 (306).

[182] So auch Hesse, Grundzüge, S. 94; Maunz, StaatsR., S. 230 f.; Stern, Bd. I S. 492 ff.; Herzog in MDHS, Art. 20 RN 74 f.; ders. in ZParl 76, 291 (306).

Der Bundesrat gewichtet die für ihn entscheidenden Gründe danach, welches Gestaltungsmittel er einsetzt. Der Begründungsdruck ist bei Zustimmungsverweigerungen nachweisbar höher.

Seine Kontrollaufgaben nimmt der Bundesrat bei der Rechtskontrolle am konsequentesten wahr und ist dabei am wenigsten kompromißbereit. Allerdings sind rechtliche Einwendungen auch weniger kompromißfähig als etwa politische.

Der Normzweck, also die Ratio der Vorschrift, die die Kompetenz des Bundesrates ausgelöst hat, spielt im Begründungsverhalten faktisch bei den meisten Normgruppen keine Rolle. Lediglich bei Gesetzen, die nach Art. 104 a, 106, 107 zustimmungsbedürftig sind, sind die Begründungen des Bundesrates normzweckentsprechend. Im übrigen findet eine Sinnentleerung von Vorschriften des Grundgesetzes durch die Staatspraxis statt, auch wenn es in Rechtsprechung und Literatur als zulässig angesehen wird, daß der Bundesrat zu allen Gesetzesteilen aus allen sachlichen Gründen und Gesichtspunkten heraus argumentieren darf[183].

Der Bundesrat kann seinen Einfluß am erfolgreichsten durchsetzen, wenn er den Vermittlungsausschuß anruft. Bei Zustimmungsgesetzen ist in einem solchen Fall der Vermittlungsausschuß faktisch ein Organ des Bundesrates.

Der Vermittlungsausschuß hat durch seine Arbeit bewiesen, in welch großem Maß er zum Interessenausgleich befähigt ist. Seine Integrationskraft wird durch die große Zahl der Fälle nachgewiesen, in denen Kompromisse erzielt werden konnten.

Darüber hinaus hat sich gezeigt, daß im Vermittlungsverfahren getroffene Entscheidungen von wenigen Fällen abgesehen faktisch verbindlich für die am Vermittlungsverfahren beteiligten Verfassungsorgane sind. Der Vermittlungsausschuß ist deshalb auch als Entscheidungsträger im Gesetzgebungsverfahren anzusehen. Er hat somit eine Stellung inne, die über das hinausgeht, wozu er eingerichtet worden ist, nämlich vermittelnde Vorschläge zu machen.

II. Einspruchsgesetze

1. Kompetenzen

Einspruchsgesetze sind alle Gesetze, die weder die Verfassung ändern noch aufgrund ihres Inhalts nach einer Norm des Grundgesetzes zustimmungspflichtig sind. Bei Einspruchsgesetzen kann der Bundesrat

---

[183] Siehe oben Kap. 2 I. 1.

den Vermittlungsausschuß anrufen und Einspruch einlegen. Legt der Bundesrat Einspruch gegen einen Gesetzesbeschluß des Bundestages ein, so kann der Bundestag diesen zurückweisen. Bei Einspruchsgesetzen hat der Bundesrat also ein überwindbares Vetorecht.

Einspruchsgesetze sollten nach der Intention des Verfassungsgebers die Regel im Gesetzgebungsverfahren sein[184]. Rein zahlenmäßig war dies bis auf die erste Legislaturperiode nicht der Fall[185].

Um seinen Bedenken gegenüber einem Gesetzesbeschluß Geltung zu verschaffen, muß der Bundesrat bei Einspruchsgesetzen aktiv werden. Im Gegensatz zu den Zustimmungsgesetzen genügt es nicht, nichts zu unternehmen, um den Gesetzesbeschluß des Bundestages zu verhindern.

Um Einspruch einlegen zu können, muß der Bundesrat zuvor den Vermittlungsausschuß angerufen haben. Dies ist eine zwingende Voraussetzung, Art. 77 Abs. 2 Satz 1, Abs. 3. Der Einspruch bezieht sich auf das gesamte Gesetz, nicht auf einzelne Bestimmungen, wie dies regelmäßig, aber nicht notwendigerweise, bei der Anrufung des Vermittlungsausschusses der Fall ist[186]. Der Einspruch muß binnen 2 Wochen nach Eingang des Beschlusses des Bundestages zum Vermittlungsergebnis bzw. nach Eingang der Mitteilung des Vorsitzenden des Vermittlungsausschusses, daß das Vermittlungsverfahren beendet sei, eingelegt werden, Art. 77 Abs. 3 Satz 2.

Der Einspruch muß mit der Mehrheit der Stimmen des Bundesrates beschlossen werden, also mit 21 Stimmen[187]. Wird er mit einer $^2/_3$ Mehrheit beschlossen, so bedarf es bei einer Zurückweisung durch den Bundestag ebenfalls einer $^2/_3$ Mehrheit, allerdings der abgegebenen Stimmen, die jedoch mindestens die Mehrheit der gesetzlichen Mitgliederzahl betragen müssen, Art. 77 Abs. 4 Satz 2.

Der Bundesrat ist hinsichtlich der Gründe, die ihn zur Einlegung eines Einspruchs veranlassen können, weder inhaltlich an irgendwelche Restriktionen gebunden noch sind seine Voten aus dem sog. ersten und zweiten Durchgang des Gesetzgebungsverfahrens rechtlich in irgendeiner Weise verbindlich.

Bei Einspruchsgesetzen kann der Vermittlungsausschuß nur vom Bundesrat angerufen werden, Art. 77 Abs. 2 Satz 4 argumentum e contrario. Insgesamt findet daher lediglich ein Vermittlungsverfahren statt[188].

---

[184] Siehe oben Kap. 2 I.

[185] Siehe statistische Angaben oben FN 42.

[186] Bryde in v. Münch, Art. 77 RN 24; Maunz in MDHS, Art. 77 RN 17.

[187] Siehe auch oben Kap. 2 I.

[188] Berliner Stimmen zählen nicht mit.

2. Funktion der Anrufung des Vermittlungsausschusses

Wenn der Bundesrat bei Einspruchsgesetzen den Vermittlungsausschuß anruft, so können unterschiedliche Überlegungen, was die Funktion der Anrufung betrifft, eine Rolle spielen. Aufgrund der Kompetenzlage kann man bei Zustimmungsgesetzen davon ausgehen, daß der Bundesrat, wenn er den Vermittlungsausschuß anruft, Änderungen begehrt, die in das zu beratende Gesetz aufgenommen werden sollen. Wenn es auch Fälle gibt, in denen er das Vermittlungsverfahren einleitet, ohne daß er eine Kompromißmöglichkeit sieht, so dient doch im Regelfall die Anrufung des Vermittlungsausschusses der Darstellung der eigenen Auffassung und der Durchsetzung von Änderungswünschen. Bei Gesetzesbeschlüssen, die der Bundesrat verhindern will, kann er, sofern es sich um Zustimmungsgesetze handelt, ohne vorheriges Vermittlungsverfahren seine Zustimmung verweigern. Dies gilt bei Einspruchsgesetzen **nicht.**

Gemäß Art. 77 Abs. 3 ist die Anrufung des Vermittlungsausschusses Zulässigkeitsvoraussetzung für das Einlegen eines Einspruches. Diese Bedeutung als formales Zulässigkeitsmerkmal hat Einfluß auf die Funktion der Anrufung des Vermittlungsausschusses. Einmal kann sie ebenso wie bei Zustimmungsgesetzen dazu dienen, Änderungsmöglichkeiten und Kompromißangebote vorzubringen. Zum anderen hat sie aber auch die Aufgabe, die Voraussetzungen für einen Einspruch zu erfüllen. Aus den Begründungen zu den Beschlüssen des Bundesrates, den Vermittlungsausschuß anzurufen, geht hervor, welche Funktion die Anrufung hat. Entweder wird dies expressis verbis ausgedrückt oder es ergibt sich aus den Einzelbegründungen. Wenn z. B. eine Reihe von Detailänderungsanträgen beschlossen werden, die Grundlage des Vermittlungsbegehrens sein sollen, ist der Schluß zulässig, daß der Bundesrat nicht den Gesetzesbeschluß in toto verhindern will. Wird dagegen ausdrücklich das Aufhebungsziel als Grund beschlossen oder zeigen die Gründe, daß der Bundesrat gegen das Gesetz im Ganzen Bedenken hat — die Begründungen sind dann regelmäßig sehr allgemein gehalten — dient die Anrufung der Vorbereitung eines Einspruchs.

Legt man dieses Untersuchungsschema an die insgesamt 91 Fälle, in denen der Bundesrat bei Einspruchsgesetzen den Vermittlungsausschuß angerufen hat, an, so ergibt sich, daß in 12 Fällen, das sind ca. 13 %, die Anrufung des Vermittlungsausschusses dazu diente, die Zulässigkeitsvoraussetzungen für einen Einspruch zu schaffen. Bei dieser Zahl muß berücksichtigt werden, daß bei einfacher Mehrheit die Chancen bei Einspruchsgesetzen für den Bundesrat gering sind, einen Gesetzesbeschluß des Bundestages zum Scheitern zu bringen. Der Bundestag kann den Einspruch zurückweisen.

Die ganz große Mehrheit der Beschlüsse, den Vermittlungsausschuß anzurufen, diente dazu, inhaltliche Vorstellungen durch Änderungsvorschläge durchzusetzen. Daraus läßt sich einmal schließen, daß der Bundesrat bei den Einspruchsgesetzen ebenso wie bei den Zustimmungsgesetzen vorwiegend mitgestaltend seine Rechte wahrnimmt. Zum anderen wird dieses Verhalten auch durch die schwächere Kompetenzlage bei Einspruchsgesetzen mitbestimmt sein. Angesichts der Zurückweisungskompetenz des Bundestages muß der Bundesrat von vornherein schon eine hohe Kompromißbereitschaft mitbringen, um erfolgreich Einfluß nehmen zu können. Dieses ist nur mittels Anrufungen des Vermittlungsausschusses möglich.

3. Statistische Angaben

Nach Ansicht des Bundesrates waren 1308 der von ihm beratenen Vorlagen, die Gesetzesbeschlüsse zum Inhalt hatten, Einspruchsgesetze. Der Bundesrat hat dazu in insgesamt 91 Fällen den Vermittlungsausschuß angerufen, das sind 6,96 %. Von der Möglichkeit, Einspruch einzulegen, hat er 18 mal Gebrauch gemacht, sowie 10 mal vorsorglich Einspruch eingelegt. Der Bundestag wies 12 der 18 Einsprüche zurück. In sechs Fällen[189] war der Einspruch endgültig[190].

Die Anrufungen des Vermittlungsausschusses und die Einsprüche betrafen Gesetze, die folgende Materien regelten[191]:

---

[189] Quelle bezüglich der Einsprüche: HdBdBR, S. 178, Stand: 3. 11. 1980, bezgl. der Zahl der Einspruchsgesetze die Sach- und Sprechregister des Bundesrates.

[190] Bei den sechs Fällen, in denen der Einspruch nicht zurückgewiesen wurde, waren verschiedene Gründe maßgeblich. Dreimal konnte der BTag die erforderliche Mehrheit nicht zustande bringen, BR-Drs. 1083/50 (Einspruch mit $^2/_3$ Mehrheit), BR-Drs. 65/59 (Einstimmiger Einspruch), BR-Drs. 176/61 (Einspruch mit einfacher Mehrheit). In den verbleibenden drei Fällen (BR-Drs. 335/75, 422/80, 332/80) wurde im Bundestag ein Antrag auf Zurückweisung der Einsprüche bis zum Ablauf der Legislaturperiode nicht mehr gestellt.

[191] Siehe oben FN 136 wegen der Zuordnung einzelner Gesetze zu den genannten Sachbereichen.

Sachbereich	Anrufung des Vermittlungsausschusses	Einspruch[192]
Auswärtiges	5	1
Inneres	12	2
Justiz	25	8 (2)
Finanzen/Steuern	17	3 (1)
Wirtschaft	14	
Agrar	1	1 (1)
Arbeits- und Sozialordnung	8	2 (1)
Familie/Gesundheit/Jugend	3	
Verkehr	3	1 (1)
Post- und Fernmeldewesen	1	
Städtebau und Wohnungswesen	1	
Vertriebene/Flüchtlinge	1	

4. Begründungen der Beschlüsse

Eine Auswertung der Begründungen, die für den Bundesrat bei der Anrufung des Vermittlungsausschusses maßgeblich waren, zeigt, daß allgemeinpolitische und rechtliche Gründe das Begründungsverhalten prägen.

Im einzelnen ergibt sich folgendes Bild:

Begründungskategorie	Anrufung des Vermittlungsausschusses	Einspruch[193]
Gesetzestechnische Gründe	3	
Rechtliche Gründe	12	3 (2)
Finanzpolitische Gründe	8	1 (1)
Verwaltungsverfahrensbezogene Gründe	4	
Allgemeinpolitische Gründe	31	7 (2)
Allgemeinpol. u. ges.techn. Gründe	7	
Allgemeinpol. u. rechtl. Gründe	7	2
Allgemeinpol. u. finanzpol. Gründe	5	
Allgemeinpol. Gründe u. gest. L.interessen	1	
Allgemeinpol., ges.techn. u. rechtl. Gründe	2	1
Allgemeinpol., rechtl. u. verw.verf.bez. Gründe	1	1
Allgemeinpol., ges.techn. u. verw.verf.bez. Gründe	2	1 (1)
Allgemeinpol., rechtl. u. finanzpol. Gründe	1	

Fortsetzung nächste Seite

[192] Die Zahlen in Klammern geben die Fälle an, in denen der Einspruch vom Bundestag nicht zurückgewiesen wurde.

[193] Siehe oben FN 192.

Begründungskategorie	Anrufung des Vermittlungsausschusses	Einspruch[193]
Allgemeinpol., finanzpol., rechtl. u. verw.verf.bez. Gründe	1	1
Allgemeinpol., finanzpol., rechtl., verw.verf.bez. u. ges.techn. Gründe		1[194]
Finanzpol. u. ges.techn. Gründe	1	
Finanzpol. u. rechtl. Gründe	1	
Finanzpol., ges.techn. u. verw.verf.bez. Gründe	1	
Rechtl. u. ges.techn. Gründe	2	
Rechtl. u. verw.verf.bez. Gründe	1	

5. Erfolg der jeweiligen Einflußnahme

Der Versuch, durch Anrufung des Vermittlungsausschusses und durch Einspruch, Einfluß auf den Gesetzesbeschluß des Bundestages zu nehmen, war für den Bundesrat unterschiedlich erfolgreich. Insgesamt läßt sich sagen, daß die im Vergleich zu den Zustimmungsgesetzen schwächere Rechtsstellung des Bundesrates bei Einspruchsgesetzen es mit sich bringt, daß der Erfolg der Einflußnahme geringer ist als bei Zustimmungsgesetzen.

a) Einsprüche

Relativ leicht kann man aus den offiziellen Statistiken ablesen[195], daß der Bundesrat mit dem Gestaltungsmittel Einspruch so gut wie keinen Erfolg gehabt hat. Von den 18 Einsprüchen wurden 12 vom Bundestag zurückgewiesen. Da Absicht eines Einspruchs nur sein kann, einen Gesetzesbeschluß zu verhindern, sind diese 12 zurückgewiesenen Einsprüche erfolglos geblieben. Auch die sechs Fälle, in denen der Bundestag den Einspruch nicht zurückwies, können nicht alle als erfolgreich gewertet werden, da in drei Fällen der Antrag auf Zurückweisung bis zum Ablauf der jeweiligen Legislaturperiode im Bundestag nicht mehr gestellt wurde. Eindeutig erfolgreich waren mithin nur 3 Einsprüche. Das sind 0,001 % aller vom Bundesrat als Einspruchsgesetze angesehenen und behandelten Vorlagen.

---

[194] Das Fehlen dieser Kategorie bei den Anrufungen des Vermittlungsausschusses erklärt sich daraus, daß der Einspruch gegen ein Gesetz eingelegt wurde, das im Vermittlungsverfahren zu einem Zustimmungsgesetz abgetrennt wurde. Die für den Einspruch erforderliche Anrufung des Vermittlungsausschusses erfolgte zum ursprünglich einheitlichen Zustimmungsgesetz, BR-Drs. 670/75, 739/75.

[195] Vgl. HdBdBR, S. 178, Stand: 3. 11. 1980.

Von den 10 vorsorglich bzw. hilfsweise eingelegten Einsprüchen wurden fünf zurückgewiesen, einer wurde nicht zurückgewiesen. Zwei Fälle sind unklar und in weiteren zwei Fällen wurde vor Ablauf der Legislaturperiode der Antrag auf Zurückweisung nicht mehr gestellt. Insofern weisen die vorsorglichen Einsprüche keinerlei Besonderheiten auf.

Insgesamt läßt sich sagen, daß der Einspruch für den Bundesrat eine stumpfe Waffe ist.

b) Anrufung des Vermittlungsausschusses

Von den 91 Anrufungen des Vermittlungsausschusses haben sich in drei Fällen die Anrufungen „sonstwie erledigt“ oder sind im Ergebnis nicht mehr zuverlässig zu ermitteln[196]. Von den verbleibenden 88 Vermittlungsausschußanrufungen waren für den Bundesrat

25 erfolgreich,
24 hälftig erfolgreich,
37 erfolglos.

Diese Werte beziehen sich auf den Erfolg im Vermittlungsausschuß.

Der jeweilige Erfolg bzw. die Erfolglosigkeit im Vermittlungsausschuß setzte sich bis auf zwei Fälle im Bundestag fort. Dies bedeutet, daß der Bundestag dem Vermittlungsergebnis jeweils zustimmte, wenn es zu einem Vermittlungsvorschlag kam, der nicht nur in der Bestätigung des Bundestagsbeschlusses bestand. In diesen Fällen, Bestätigung des Gesetzesbeschlusses, war das Vermittlungsbegehren des Bundesrates erfolglos und konnte im Bundestag auch nur erfolglos bleiben, da dieser gemäß § 11 GO-VA sich nicht mehr mit dem Vermittlungsergebnis befassen mußte. Entsprechendes gilt, wenn es nicht zu einem Vermittlungsergebnis kam.

Lediglich in zwei Ausnahmefällen[197] lehnte der Bundestag das Vermittlungsergebnis ab. In einem Fall hiervon war der Bundesrat mit seinem Begehren zuvor im Vermittlungsausschuß erfolgreich gewesen[198], in dem anderen Fall hälftig erfolgreich[199].

---

[196] z. B. durch Ablauf der Legislaturperiode, BR-Drs. 387/80; bei BR-Drs. 324/51 nahm der Bundesrat seinen Antrag zurück und stimmt dem Gesetz zu; unklar ist der Fall BR-Drs. 379/57.

[197] BR-Drs. 1083/50, 138/55.

[198] BR-Drs. 138/55.

[199] BR-Drs. 1083/50.

6. Auswertung und Zusammenfassung

Bei der Auswertung der Daten, die sich auf die Einspruchsgesetze beziehen, ist zunächst auffällig, daß verhältnismäßig wenig Gesetze zwischen Bundesrat und Bundestag bzw. Bundesregierung derart umstritten waren, daß es zur Anrufung des Vermittlungsausschusses kam. Lediglich in 6,9 % der Fälle wurde ein Vermittlungsverfahren eingeleitet. Noch geringer ist der Anteil der Fälle, nämlich 1,38 %, in denen ein Einspruch beschlossen wurde.

Ursache für die geringen Zahlen dürften die schwachen Kompetenzen des Bundesrates bei Einspruchsgesetzen sein. Aus der Tatsache, daß der Bundestag in letzter Konsequenz sämtliche Einwände des Bundesrates außer acht lassen kann, ohne daß der Bundesrat das Inkrafttreten der vom Bundestag beschlossenen gesetzlichen Regelung verhindern kann, folgt zum einen, daß der Gesetzesinitiant von vornherein weniger Kompromißbereitschaft mitbringen und einkalkulieren muß als bei Zustimmungsgesetzen. Zum anderen bewirkt das nur suspensive Vetorecht, daß der Bundesrat bei der Frage, ob er auf eine Vorlage Einfluß nehmen soll, stets die geringen Erfolgsaussichten mitbedenken muß, folglich bei der Anrufung des Vermittlungsausschusses und noch mehr bei einem Einspruch sich eher zurückhaltend verhält. Legt er dennoch Einspruch ein oder ruft er den Vermittlungsausschuß an, so ist der Schluß zulässig, daß er die Gründe, die zu einem solchen Beschluß führen, als besonders schwerwiegend ansieht. Denn es kann nicht davon ausgegangen werden, daß alle Vorlagen, zu denen der Bundesrat den Vermittlungsausschuß nicht angerufen hat, zwischen den beteiligten Verfassungsorganen inhaltlich überhaupt nicht streitig gewesen sind. Dies belegt, daß Gewicht und Bedeutung einer Kompetenz unmittelbare Auswirkungen darauf haben, wie der Inhaber seiner Kompetenz diese wahrnimmt.

Der Bundesrat verstand es, die Gestaltungsmittel bei Einspruchsgesetzen dosiert einzusetzen. Der Gefahr, die eigene, ohnehin schwache Kompetenz noch zusätzlich dadurch zu entwerten, daß sie immer oder doch im wesentlichen immer dann ausgeübt wird, wenn die formalen Voraussetzungen dafür vorlagen und Änderungswünsche auch nur von geringer Bedeutung bestanden, ist der Bundesrat nicht erlegen.

Eine Vielzahl von Einsprüchen, die der Bundesrat eingelegt hätte und die vom Bundestag zurückgewiesen worden wären, wären dem politischen Ansehen des Bundesrates und der Beurteilung seiner verfassungsrechtlichen und verfassungspolitischen Stellung in dem Sinne abträglich gewesen, daß man aus einem hohen Maß an Erfolglosigkeit der politischen Einflußnahme entsprechend negative Schlüsse gezogen hätte und den Wert bundesratlicher Stellungnahmen ganz allgemein mit dieser Erfolglosigkeit in Verbindung gebracht hätte.

Angesichts der Zurückweisungskompetenz des Bundestages bei Einsprüchen und der Tatsache, daß lediglich bei drei Einsprüchen[200] die für die Zurückweisung erforderliche Mehrheit nicht erreicht wurde, ist es verständlich, daß der Bundesrat den Vermittlungsausschuß vornehmlich mit dem Ziel angerufen hat, auf den Gesetzesinhalt Einfluß zu nehmen. Daraus erklärt sich, daß lediglich 13 % der Fälle, in denen der Bundesrat den Vermittlungsausschuß angerufen hat, dazu dienten, die Zulässigkeitsvoraussetzungen für einen Einspruch zu erfüllen.

Wenn der Bundesrat überhaupt erfolgreich sein will, kann er nur den Weg über einen Kompromiß suchen, da ihm ein Druckmittel wie eine Zustimmungsverweigerung fehlt.

Die Auswertung der jeweiligen Begründungen zeigen, daß bei den Beschlüssen mehrfache Begründungen verhältnismäßig wenig vorhanden sind, vielmehr eine Begründung für die Entschließung ausreichend war. Dies unterstreicht die oben getroffene Feststellung, daß der Bundesrat seinen Einsprüchen bzw. Anrufungen des Vermittlungsausschusses besonderes Gewicht beimißt. Bei den Begründungen fällt auf, daß die Kategorie gesteigerte Länderinteressen kein einziges Mal allein zur Begründung herangezogen wurden und lediglich einmal zusammen mit allgemeinpolitischen Gründen eine Anrufung des Vermittlungsausschusses begründete. Die besonderen Interessen der Länder waren demnach im Bundesrat völlig ohne Bedeutung für die Stellungnahme bei Einspruchsgesetzen. Dies ist immerhin deshalb bemerkenswert, weil die gesteigerten Länderinteressen nicht nur durch Zustimmungsgesetz, sondern auch durch Einspruchsgesetz tangiert werden können.

Bei den Anrufungen des Vermittlungsausschusses dominieren allgemeinpolitische, rechtliche und finanzpolitische Gründe. Innerhalb dieser Gruppe sind die allgemeinpolitischen Gründe am stärksten vertreten. Diese Feststellungen gelten sinngemäß auch für die Fälle der mehrfachen Begründungen.

Dieses Ergebnis zeigt erneut, daß der Bundesrat ein politisches und rechtliches Kontrollinstrument ist. Daß er als Verfassungsorgan, das von seiner Zusammensetzung und dem eigenen Selbstverständnis her ein politisches Gremium ist, in derartig starkem Maße Rechtskontrolle ausübt, wie das die Zahlen zeigen, läßt sich nur daraus erklären, daß durch Vorberatungen in den Länderministerien und durch die Arbeit in den Bundesratsausschüssen die Landesbürokratien, die dort vertreten sind, den erforderlichen Sachverstand einbringen. Daraus folgt aber, daß Beschlüsse des politischen Organs Bundesrat u. U. entscheidend

---

[200] Siehe oben FN 190.

von der Verwaltung, nämlich den Länderadministrationen, beeinflußt werden. Das Plenum des Bundesrates ist dann insoweit nur Vollzugsorgan.

Daß der Bundesrat die meisten Anrufungen des Vermittlungsausschusses allgemeinpolitisch begründet hat, entspricht dem allgemeinen Begründungsverhalten des Bundesrates, wie es sich bei den Zustimmungsgesetzen gezeigt hat[201], und seinem Verständnis seiner verfassungsrechtlichen und verfassungspolitischen Rolle. Entsprechendes gilt für die finanzpolitischen Gründe.

Bei den Einsprüchen zeigt sich das gleiche Bild wie bei den Vermittlungsbegehren, mit der Ausnahme, daß finanzpolitische Gründe fehlen. Die statistischen Angaben sind wegen der geringen Anzahl von Einsprüchen jedoch nur beschränkt aussagefähig. Dennoch ist auffallend, daß die Begründungen zu Einsprüchen und zu Anrufungsbegehren fast identisch sind. Der Bundesrat macht demnach beim Einsatz seiner Gestaltungsmittel bei Einspruchsgesetzen hinsichtlich der Begründungen seiner Beschlüsse keine Unterschiede. Dies läßt sich nicht damit erklären, daß die Funktion der Anrufung des Vermittlungsausschusses darin bestehen kann, die Zulässigkeitsvoraussetzungen für einen Einspruch zu schaffen. Zum einen waren es nur ca. 13 % der Fälle, zum anderen wurde selbst bei diesen 13 %, das sind 12 Anrufungen, nur zweimal Einspruch eingelegt[202]. Daraus, daß sich in den Begründungen bei Einsprüchen und Vermittlungsausschußanrufungen Parallelen zeigen, kann man schließen, daß die jeweilige Begründung für den Bundesrat besonderes Gewicht hatte. Daß die rechtlichen Gründe dominieren, ist verständlich, da diese einem Kompromiß weniger zugänglich sind als allgemeinpolitische Gründe. Daß dennoch die allgemeinpolitischen Gründe so stark vertreten sind, deutet darauf hin, daß seitens der Bundesregierung oder des Bundestages weniger Kompromißbereitschaft von Anfang an aufgebracht wurde, als etwa bei Zustimmungsgesetzen. Dies ist aus der schwachen Kompetenz des Bundesrates, die er bei Einspruchsgesetzen hat, zu erklären.

Die schwache Kompetenz des Bundesrates hat auch Einfluß auf die Erfolgsquote der Einflußnahme durch das Länderorgan. Bei Einspruchsgesetzen ist der Bundesrat deutlich weniger erfolgreich als bei Zustimmungsgesetzen.

Bei den Einsprüchen ist dies ganz offensichtlich. Lediglich ein Drittel der Einsprüche wurde nicht zurückgewiesen. Von den sechs zurückgewiesenen Einsprüchen läßt sich nur bei drei sagen, daß der Bundestag

[201] Siehe oben Kap. 2 I. 3. c) aa).

[202] BR-Drs. 22/60, 449/74, beide Einsprüche wurden vom Bundestag zurückgewiesen.

nicht die erforderliche Mehrheit zustandegebracht hat[203]. Bei den restlichen drei Fällen ist dies zumindest ungewiß, da ein Antrag auf Zurückweisung bis zum Ablauf der Legislaturperiode nicht gestellt worden ist, in zwei Fällen hiervon mit Sicherheit wegen der ablaufenden Legislaturperiode[204].

Auch bei den Anrufungen des Vermittlungsausschusses ist der Erfolg des Bundesrates geringer als bei Zustimmungsgesetzen[205]. Die Mehrheit der Vermittlungsbegehren war im Vermittlungsausschuß erfolglos bzw. hälftig erfolgreich, wenn der Bundesrat auch 25 mal erfolgreich Einfluß genommen hat. Aus der Erfolgsquote im Vermittlungsausschuß kann man schließen, daß die Stellung der Bundesratsmitglieder im Ausschuß hinsichtlich ihrer Einflußnahmemöglichkeiten nicht so stark ist wie die der Bundestagsvertreter. Der Kompetenzumfang bei Gesetzen wirkt sich somit fort auf das Gewicht, das Stellungnahmen des Bundesrates im Vermittlungsausschuß haben.

In Zusammenhang mit der relativ geringen Erfolgsquote des Bundesrates im Vermittlungsausschuß muß gesehen werden, daß sich der jeweilige Erfolg bzw. die Erfolglosigkeit fast ausnahmslos im Bundestag fortsetzte. Dies unterstreicht das Übergewicht, das der Stellung der Bundestagsvertreter im Vermittlungsausschuß zukommt.

Insgesamt läßt sich sagen, daß die Gestaltungsmittel, die das Grundgesetz dem Bundesrat bei Einspruchsgesetzen, welche nach der Intention der Verfassungsgeber der Regelfall sein sollten, zur Verfügung stellt, eine stumpfe Waffe sind, um nachhaltig und gewichtig politischen Einfluß auf das Gesetzgebungsverfahren nehmen zu können. Diese Tatsache ist jedoch nicht aus dem Begründungsverhalten des Bundesrates abzuleiten, sondern aus der grundgesetzlichen Regelung, die eine schwache Kompetenz für den Bundesrat vorsieht. Diese Schwäche bewirkt beim Bundesrat eine quantitative Zurückhaltung im Auswahlverhalten.

Es hat sich wiederum gezeigt, daß die Entscheidungen im Vermittlungsausschuß im wesentlichen als politisch verbindlich angesehen werden können. Das Gewicht des Vermittlungsausschusses und seine Bedeutung werden bei den Einspruchsgesetzen sogar noch etwas deutlicher unterstrichen als dies schon bei den Zustimmungsgesetzen der Fall ist[206].

---

[203] Siehe oben FN 190.

[204] BR-Drs. 332/80, 422/80.

[205] Siehe oben Kap. 2 I. 3. e) aa) (a).

[206] Siehe oben Kap. 2 I. 4.

III. Verfassungsändernde Gesetze

1. Kompetenzen

Gemäß Art. 79 Abs. 2 bedarf ein verfassungsänderndes Gesetz der Zustimmung von $^2/_3$ der Mitglieder des Bundestages und $^2/_3$ der Stimmen des Bundesrates. Im Fall des Bundesrates sind dies 28 Stimmen[207]. Dieses Quorum bezieht sich lediglich auf die jeweilige Schlußabstimmung. Ruft der Bundesrat zu einem verfassungsändernden Gesetz den Vermittlungsausschuß an, so ist für diesen Beschluß die absolute Mehrheit der Stimmen ausreichend[208].

Verfassungsändernde Gesetze werden durch den normalen Gesetzgeber und im normalen Gesetzgebungsverfahren beschlossen.

Abgesehen von dem $^2/_3$ Quorum stehen dem Bundesrat dieselben Rechte und Kompetenzen zu wie bei Zustimmungsgesetzen. Da eine Grundgesetzänderung gemäß Art. 79 Abs. 1 Satz 1 immer eine Gesetzestextänderung ist, entsteht kein Streit über die Zustimmungsbedürftigkeit eines verfassungsändernden Gesetzes. Hinzu kommt, daß die Zustimmungsbedürftigkeit an die formale Qualifikation „Verfassungsänderung" geknüpft ist, während bei Zustimmungsgesetzen häufig erst die inhaltliche Auslegung einzelner Normen ergibt, ob ein Fall der Zustimmungsbedürftigkeit vorliegt. Die rechtliche Stellung des Bundesrates ist deshalb bei verfassungsändernden Gesetzen besonders stark.

Anders als bei Zustimmungsgesetzen kann der Bundestag bzw. die Bundesregierung auf die Kompetenzen des Bundesrates nicht dadurch Einfluß nehmen, daß er die die Zustimmungsbedürftigkeit auslösenden Normen dadurch ausschaltet, daß er entweder einschlägige Regelungen im Gesetz unterläßt oder sie in einem getrennten Gesetz unterbringt. Dadurch wird die starke Rechtsstellung des Bundesrates weiter unterstrichen.

2. Statistische Angaben

Der Bundesrat hatte in den bisherigen acht Legislaturperioden 35 Vorlagen zu behandeln, die eine Grundgesetzänderung zum Inhalt hatten. In 26 Fällen erteilte er seine Zustimmung, ohne daß zuvor ein Vermittlungsverfahren durchlaufen worden war. In 8 Fällen erfolgte die Zustimmung erst nach einem vorhergegangenen Vermittlungsverfahren. Der Bundesrat hat zu verfassungsändernden Gesetzen fünfmal den Vermittlungsausschuß angerufen. In einem Fall[209] verweigerte der

---

207 Berliner Stimmen zählen nicht mit.

208 H. M., statt vieler Bryde in v. Münch, Art. 77 RN 23.

Bundesrat seine Zustimmung endgültig. Insgesamt versagte er die Zustimmung sechsmal, davon fünfmal ohne daß zuvor ein Vermittlungsverfahren durchgeführt worden war und einmal nach einem Vermittlungsverfahren. Zu den 35 Vorlagen hat der Bundesrat insgesamt 11 Beschlüsse gefaßt, die nicht auf Zustimmung lauteten.

3. Sachbereiche aller Verfassungsänderungen sowie der betroffenen Beschlüsse

Die 34 Verfassungsänderungen und die gescheiterte Vorlage aus der ersten Legislaturperiode betrafen folgende Sachbereiche[210]:

Inneres	10 Vorlagen
Justiz	6 Vorlagen
Finanzen/Steuern	7 Vorlagen
Wirtschaft	1 Vorlage
Arbeit/Soziales	6 Vorlagen
Verteidigung	2 Vorlagen
Verkehr	1 Vorlage

sowie eine Vorlage, die die Bereiche Finanzen und Steuern, Bildung und Wissenschaft, Gesundheit und eine Änderung, die Inneres sowie Bildung und Wissenschaft gemeinsam betrafen.

Die zwischen Bundesrat und Bundestag bzw. Bundesregierung umstrittenen Grundgesetzänderungen betrafen die drei Bereiche Finanzen und Steuern[211], Arbeit und Soziales[212] sowie Inneres[213].

4. Beschlußbegründungen

a) Anrufungen des Vermittlungsausschusses

Für die Anrufungen des Vermittlungsausschusses waren folgende Gründe maßgeblich:

[209] BR-Drs. 799/51. Die Vorlage wurde im Jahr 1952 allerdings neu eingebracht und der Bundesrat stimmte ihr nach Anrufung des Vermittlungsausschusses zu, vgl. BR-Drs. 213/52, 284/52. Die Gründe, die ursprünglich zur Versagung der Zustimmung geführt hatten, waren weggefallen.

[210] Da Grundgesetzänderungen eo ipso schon den Bereich Inneres betreffen, wurde die Einteilung der Materien anhand ihres materiellen Gehalts vorgenommen. So ist z. B. die Einfügung einer Kompetenz für Bundesauftragsverwaltung im Luftverkehr dem Bereich Verkehr zugeordnet, während die Aufnahme des Umweltschutzes in den Katalog des Art. 74 dem Bereich Inneres zugeordnet wurde. Im übrigen siehe wegen der Einordnung oben.

[211] In der Reihenfolge der Einzelbeschlüsse: BR-Drs. 497/52, 394/54, 78/55, 373/55, 94/56, 14/69, 155/69, 157/69.

[212] BR-Drs. 799/51, 213/52.

[213] BR-Drs. 163/75.

Begründungskategorie	Anrufung des Vermittlungsausschusses
Rechtliche Gründe	1[214]
Gesetzestechnische Gründe	1[215]
Rechtl. u. verw.verf.bez. Gründe	1[216]
Allgemeinpol., finanzpol. Gründe u. gest. L.interessen	1[217]
Allgemeinpol., finanzpol., ges.techn. u. verw.verf.bez. Gründe	1[218]

b) *Zustimmungsverweigerungen*

Die Zustimmungsverweigerungen hat der Bundesrat wie folgt begründet:

Begründungskategorie	Zustimmungsverweigerung
Allgemeinpol. u. ges.techn. Gründe	1[219]
Allgemeinpol. u. finanzpol. Gründe	1[220]
Finanzpol. Gründe u. gest. L.interessen	1[221]
Allgemeinpol., finanzpol. Gründe u. gest. L.interessen	1[222]
Verwaltungsverfahrensbez., ges.techn. Gründe u. gest. L.interessen	1[223]

sowie eine Zustimmungsverweigerung[224], die die Konsequenz aus der Zustimmungsverweigerung in BR-Drs. 155/69 war.

5. Erfolg der jeweiligen Einflußnahme

Der Erfolg der Einflußnahme war insgesamt für den Bundesrat groß.

Bei den Zustimmungsverweigerungen konnte der Bundesrat sein Ziel viermal[225] erreichen, war also der Einsatz des Gestaltungsmittels Zu-

[214] BR-Drs. 163/75 betr.: Änderungsgesetz zu Art. 45 c.

[215] BR-Drs. 14/69 betr.: Finanzreformgesetz.

[216] BR-Drs. 213/52 betr.: Ges.entw. zur Einf. eines Art. 120 a.

[217] BR-Drs. 497/52 betr.: Ges.entw. zur Änd. des Art. 107.

[218] BR-Drs. 373/52 betr.: Finanzverfassungsgesetz.

[219] BR-Drs. 799/51 betr.: Lastenausgleich.

[220] BR-Drs. 78/55 betr.: Finanzverfassungsgesetz.

[221] BR-Drs. 155/69 betr.: Finanzreformgesetz.

[222] BR-Drs. 394/54 betr.: Finanzverfassungsgesetz.

[223] BR-Drs. 94/56 betr.: Ges. zur Ergänzung des Art. 106.

[224] BR-Drs. 157/69 betr.: sog. Kompetenzgesetz, das wegen seines Zusammenhangs mit der Finanzreform zum Bereich Finanzen und Steuern gehört.

[225] BR-Drs. 799/51, 94/56, 394/55, 78/55.

stimmungsverweigerung erfolgreich, während in den beiden übrigen Fällen[226] die Vorstellungen des Bundesrates wenigstens teilweise in einem Kompromiß berücksichtigt wurden, also hälftig erfolgreich waren.

Die Anrufung des Vermittlungsausschusses war aus der Sicht des Bundesrates nicht ganz so erfolgreich. Jeweils eine Anrufung war erfolgreich[227] bzw. erfolglos[228], während die verbleibenden drei Anrufungen[229] mit einem Kompromiß endeten, also hälftig erfolgreich waren.

Dabei setzte sich insgesamt der Erfolg bzw. die Erfolglosigkeit im Vermittlungsausschuß im Bundestag fort.

6. Auswertung

Bei Verfassungsänderungen hat der Bundesrat eine besonders starke Rechtsstellung. Die Kompetenzlage wirkt, wie die Untersuchungsergebnisse zeigen, in dem Sinne vorweg, daß der Gesetzesinitiant von vornherein ein höheres Maß an Kompromißfähigkeit einkalkulieren muß als etwa bei einfachen Gesetzen.

Die Tatsache, daß formal nur ein Gesetz gescheitert ist[230], dessen Inhalt ein Jahr später gleichwohl beschlossen wurde, zeigt dies. Auch die geringe Zahl von Konfliktfällen, nämlich 9 von 35, zeigt, daß Verfassungsänderungen, wenn sie intendiert werden, die möglichen Einwände des Bundesrates bereits in einem Stadium berücksichtigen und berücksichtigen müssen, das der Beschlußfassung des Bundestages vorgelagert ist. Besonders deutlich wird dies, wenn man sich die Sachbereiche ansieht, die von den zwischen Bundesrat und Bundestag bzw. Bundesregierung umstrittenen Grundgesetzänderungen betroffen waren[231]. Keine dieser Vorlagen berührte den für die Länder und ihre Eigenständigkeit bedeutsamen Bereich der Kompetenzänderungen der Gesetzgebungszuständigkeiten, mit Ausnahme der Finanzverfassung, die den Schwerpunkt der Auseinandersetzungen im Gesetzgebungsverfahren ausmacht. Die zahlreichen Änderungen der Art. 72, 74 waren nicht Gegenstand eines Vermittlungsbegehrens oder einer Zustimmungsverweigerung. Da man davon ausgehen kann, daß der Bundesrat diesen Grundgesetzänderungen nicht vorbehaltlos zustimmte, bleibt nur der Schluß übrig, daß in diesen Fällen die starke Stellung des Bundesrates

---

226 BR-Drs. 155/69, 157/69.

227 BR-Drs. 14/69.

228 BR-Drs. 163/75.

229 BR-Drs. 497/52, 213/52, 373/55.

230 BR-Drs. 799/51.

231 Vgl. FN 214—224.

als Vorwirkung einer Kompetenz den Gesetzesinitianten schon so früh beeinflußte, daß die Einflußnahme des Bundesrates und seine Einwände schon vor der eigentlichen Beschlußfassung durch das Parlament ausschlaggebend wirksam wurden. Zwar wäre es überflüssiger Formalismus, wollte man verlangen, daß ein Initiant, der das Grundgesetz ändern will, die zu erwartenden Einwände des Bundesrates erst im Vermittlungsausschuß zur Kenntnis nimmt, andererseits kann aber nicht übersehen werden, daß die frühe Einflußnahme des Bundesrates dazu führt, daß die Transparenz des politischen Willensbildungsprozesses, die das Gesetzgebungsverfahren des Grundgesetzes anstrebt, dadurch beeinträchtigt wird, sofern es sich um eine Gesetzesinitiative des Bundestages handelt.

Bei Gesetzesinitiativen der Bundesregierung gilt beschränkt etwas anderes. In solchen Fällen besteht die Möglichkeit, daß der Bundesrat seine entscheidende Stellungnahme im Verfahrensabschnitt nach Art. 76 Abs. 2 abgibt. Inwieweit diesbezüglich ein Zusammenhang besteht, kann hier nicht untersucht werden. Jedoch zeigen die Daten, daß der Bundesrat die Entscheidung des Parlaments präjudiziert.

Eine starke Kompetenz reduziert die Konfliktfälle und entfaltet Vorwirkungen in dem Sinn, daß zu erwartende Widerstände bereits den Willensbildungsprozeß dessen beeinflussen, der aus anderen Gründen eine Änderung der Verfassung anstrebt. Dies bedeutet auch, daß durch die Vorwirkung einer Kompetenz die Fälle eines Mißerfolges im formalen Gesetzgebungsverfahren umso geringer sind, je stärker die Vorwirkung ist.

Nur so ist es erklärlich, daß letztlich der Sache nach, wenn auch einmal formal, keine Grundgesetzänderung am Bundesrat gescheitert ist.

Betrachtet man die Sachbereiche der umstrittenen Grundgesetzänderungen, fällt sofort auf, daß die Finanzreform von 1969 und die Finanzverfassungsänderung von 1955 den Schwerpunkt der Auseinandersetzungen bilden. Dies ist verständlich, da Finanzverfassungsfragen Verteilungsfragen und damit Machtfragen sind und die Grundlagen des föderalistischen Systems und damit die Handlungsfreiheit und Handlungsmacht der Gliedstaaten entscheidend, z. T. auch existentiell berühren, während etwa die Aufnahme der Verfassungsbeschwerde in den Katalog des Art. 93 keinen unmittelbaren Länderbezug hat. Da diese Interessen gegen den Zentralstaat geltend gemacht werden, der wiederum seine eigenen Interessen jenen entgegensetzt, ist die Vorwirkung einer Kompetenz beschränkt, denn es geht dabei um einen direkten Interessengegensatz.

Bei den Zustimmungsverweigerungen wurden immer mehrere Begründungen für den ablehnenden Beschluß des Bundesrates geltend gemacht. Dabei überwiegen allgemeinpolitische und finanzpolitische Gründe sowie gesteigerte Länderinteressen. Da bei Grundgesetzänderungen die Zustimmungspflicht sich nicht aus Einzelnormen mit spezifischem materiellen Inhalt ergibt, sondern formal an den Charakter des Gesetzes als Verfassungsänderung anknüpft, scheidet eine Betrachtung danach, ob das Gestaltungsrecht normzweckentsprechend ausgeübt wurde, aus.

Es fällt auf, daß gesteigerte Länderinteressen eine im Vergleich zu den anderen Gesetzesarten deutlich größere Rolle spielen. Dies ist eine Folge der unmittelbaren Betroffenheit der Länder durch die umstrittenen Materien.

Der hohe Anteil allgemeinpolitischer Gründe unterstreicht den Anspruch des Bundesrates, als kontrollierendes Verfassungsorgan am Gesetzgebungsverfahren teilzunehmen.

Ein etwas anderes Bild ergibt sich bei den Anrufungen des Vermittlungsausschusses durch den Bundesrat. Die gesteigerten Länderinteressen sind weniger häufig vertreten. Dies wird darauf zurückzuführen sein, daß der Bundesrat mit der Anrufung des Vermittlungsausschusses eine gewisse Kompromißbereitschaft signalisiert. Bei der Wahrnehmung eigener Interessen wird die Kompromißbereitschaft der Länder aber regelmäßig geringer sein, als wenn es um allgemeinpolitische oder finanzpolitische Einwände geht. Gesteigerte Länderinteressen sind aus der Sicht des Bundesrates, schon der eigenen Glaubwürdigkeit wegen, wirkungsvoller durch den Einsatz des Gestaltungsmittels Zustimmungsverweigerung geltend zu machen. Einen Kompromiß kann man auch noch eingehen, wenn ein anderes Verfassungsorgan ein Vermittlungsverfahren eingeleitet hat. Die Gründe des Bundesrates sind mithin gleichzeitig Ausgangspunkt für taktische Überlegungen hinsichtlich der Wahl des geeigneten Gestaltungsmittels.

Da die umstrittenen Vorlagen fast ausnahmslos einen unmittelbaren föderalistischen Bezug hatten, ist es nach der dargestellten Erklärung verständlich, warum im Gegensatz zu den Zustimmungsgesetzen bei den verfassungsändernden Gesetzen die Zahl der Zustimmungsverweigerungen die der Anrufungen des Vermittlungsausschusses übertrifft.

Daß die allgemeinpolitischen und finanzpolitischen Gründe auch bei den Anrufungen des Vermittlungsausschusses eine große Rolle spielen, entspricht dem schon bei den Zustimmungsgesetzen aufgezeigten Begründungsverhalten des Bundesrates.

Das hohe Maß an Erfolg spiegelt die starke Kompetenz des Bundesrates wider. Dabei zeigt sich, daß der Bundesrat aufgrund seiner Machtstellung kompromißloser ist und häufiger erfolgreich über das

Gestaltungsrecht Zustimmungsverweigerung seine Einflußmöglichkeiten wahrnimmt.

IV. Rechtsverordnungen

Die Mitwirkungsrechte des Bundesrates bei Rechtsverordnungen der Bundesregierung und der Bundesminister sind stärker als bei Bundesgesetzen, sofern sie der Zustimmung des Bundesrates bedürfen. Dies folgt zum einen daraus, daß im Falle einer Mitwirkung der Bundesrat einer Verordnung ausdrücklich zustimmen muß und zum anderen daraus, daß es bei Rechtsverordnungen kein formalisiertes Verfahren gibt, in dem unterschiedliche Auffassungen durch Kompromißlösungen ausgeglichen werden können, also der Bundesrat nicht dem Zwang eines Vermittlungsverfahrens unterliegt. Der Bundesrat kann sein Veto, das nicht überstimmt werden kann, einlegen oder der Vorlage zustimmen. Andererseits kann die Zustimmungsverweigerung durch eine erneute, die Verweigerungsgründe berücksichtigende Vorlage, die bei Rechtsverordnungen sehr viel einfacher als bei Gesetzen ist, ihrer Wirkung als unumstößliche Entscheidung beraubt werden. Dadurch eröffnet sich dem Bundesrat die Möglichkeit, informell auf den Verordnungsinhalt Einfluß zu nehmen.

Die Staatspraxis geht einen noch einfacheren Weg. Schon in der ersten Legislaturperiode hat der Bundesrat damit begonnen, Rechtsverordnungen nach Maßgabe bestimmter Änderungswünsche zuzustimmen, d. h. wenn der Verordnungsgeber die vom Bundesrat vorgeschlagenen Änderungen vornimmt, gilt die Zustimmung als erteilt, das Verordnungsgebungsverfahren braucht nicht wiederholt zu werden. Diese Verfahrensweise ist für die Zusammenarbeit zwischen Verordnungsgeber und Bundesrat höchst effektiv und erklärt die geringe Zahl der Zustimmungsverweigerungen[232]. Der Nachteil einer solchen Praxis besteht in der beschränkten Transparenz des Verordnungsgebungsverfahrens.

1. Kompetenzen

Dem Zustimmungsrecht des Bundesrates unterliegen gemäß Art. 80 Abs. 2 die sog. Verkehrsverordnungen und die Föderativverordnungen[233]. Darüber hinaus können Gesetze auch in anderen Fällen die Zustimmungsbedürftigkeit festschreiben[234]. Dies folgt aus der Vorbehaltsklausel in Art. 80 Abs. 2. Die sog. Verkehrsverordnungen sind durch

[232] Vgl. statistische Angaben unten Kap. 2 IV. 2.

[233] Begriff von Bettermann, Posttarifhoheit, S. 12.

[234] H. M. vgl. etwa Stern, Bd. II, S. 148; Friesenhahn, S. 269; von Mangoldt / Klein Art. 80 Anm. V 7 b.

die geregelten Materien gekennzeichnet. Es handelt sich um Rechtsverordnungen über Gebühren und Grundsätze für die Benutzung der Einrichtungen der Bundeseisenbahnen und des Post- und Fernmeldewesens, über den Bau und Betrieb der Eisenbahnen. Der Grund der Zustimmungsbedürftigkeit dürfte historisch zu erklären sein[235].

Die Föderativverordnungen unterliegen dem Zustimmungsrecht, weil sie aufgrund von Gesetzen ergehen, die der Zustimmung des Bundesrates bedürfen, sowie auf Grund solcher Gesetze, die die Länder als Auftragsverwaltung oder als eigene Angelegenheiten ausführen. Das Zustimmungsrecht erklärt sich daraus, daß die beschriebenen Verordnungen in die Verwaltungshoheit der Länder eingreifen können bzw. für den Fall der Rechtsverordnungen aufgrund von Zustimmungsgesetzen, die der Bund in eigener Verwaltung ausführt, daß sich die Zustimmungspflicht vom Gesetz zwangsläufig auch auf die Verordnung ausdehnt, da sonst die Zustimmungsbedürftigkeit des Gesetzes umgangen werden könnte.

Als zustimmungsfrei verbleiben Rechtsverordnungen aufgrund von Einspruchsgesetzen, die der Bund in eigener Verwaltung ausführt. Ihre Zahl dürfte gering sein[236].

Aus der zu den Zustimmungsgesetzen entwickelten Einheitsthese[237] folgert das Bundesverfassungsgericht[238], daß Rechtsverordnungen auch dann im Sinne des Art. 80 Abs. 2 zustimmungsbedürftig seien, wenn die Ermächtigung und die mit ihr zusammenhängenden Normen die Zustimmungsbedürftigkeit nicht ausgelöst haben, denn auch Art. 80 Abs. 2 meine mit zustimmungsbedürftigem Gesetz das Gesetz als Ganzes. Dabei bildeten das Gesetz und alle auf seiner Grundlage erlassenen Rechtsverordnungen eine untrennbare Einheit. Erforderlich ist lediglich, daß aufgrund anderer Teile des ermächtigenden Gesetzes die Zustimmungspflicht besteht.

Die Zustimmungsbedürftigkeit von Rechtsverordnungen, die eine zustimmungsbedürftige Rechtsverordnung ändern, aufheben oder ergänzen, bestimmt sich allein nach Art. 80 Abs. 2. Sie dürften in der Regel zustimmungsbedürftig sein.

---

235 Vgl. Bettermann, FN 233; Stern, FN 234; Bryde in v. Münch, Art. 80 RN 26.

236 So auch Stern, S. 149; Maunz in MDHS, Art. 80 RN 58.

237 Siehe oben Kap. 2 I. 1.

238 BVerfGE 24, 184.

2. Statistische Angaben

Der Bundesrat hat insgesamt in den ersten acht Legislaturperioden 4587 Vorlagen, die Rechtsverordnungen betrafen, beraten[239]. In 36 Fällen verweigerte er seine Zustimmung. Das sind 0,78 %.

Alle Rechtsverordnungen, denen der Bundesrat seine Zustimmung verweigerte, waren nach Art. 80 Abs. 2 zustimmungsbedürftig. Sie betrafen folgende Sachbereiche:

Inneres	5 Vorlagen
Justiz	1 Vorlage
Finanzen/Steuern	2 Vorlagen
Wirtschaft	2 Vorlagen
Agrar	15 Vorlagen
Arbeit und Soziales	3 Vorlagen
Familie/Jugend/Gesundheit	2 Vorlagen
Städtebau und Wohnungswesen	4 Vorlagen
Bildung/Wissenschaft/Forschung	1 Vorlage
Flüchtlinge/Vertriebene[240]	1 Vorlage

3. Begründungen der Zustimmungsverweigerungen

Die Gründe, die für den Bundesrat entscheidend waren, seine Zustimmung zu einer Rechtsverordnung zu versagen, lassen sich in zehn Kategorien zusammenfassen:

Begründungskategorien	Zustimmungsverweigerung
Gesetzestechnische Gründe	8
Rechtliche Gründe	9
Allgemeinpolitische Gründe	8
Allgemeinpol. u. rechtl. Gründe	2
Allgemeinpol. u. ges.techn. Gründe	1
Allgemeinpol. u. finanzpol. Gründe	2
Allgemeinpol. Gründe u. gest. L.interessen	1
Allgemeinpol., ges.techn. u. verw.verf.bez. Gründe	1
Ges.techn. u. verw.verf.bez. Gründe	3
Rechtl., ges.techn. u. verw.verf.bez. Gründe	1

[239] Nicht erfaßt sind die Rechtsverordnungen aus dem EG-Bereich, vgl. oben Kap. 1 I. 3.

[240] BR-Drs. 620/50, 169/51, 341/51, 183/51, 34/53, 391/53, 441/53, 183/51, 472/53, 190/55, 64/56, 141/56, 257/56, 453/56, 171/57, 203/57, 271/57, 303/57, 304/57, 314/57, 362/57, 6/58, 83/58, 202/58, 204/58, 66/61, 140/61, 378/63, 454/66, 440/66, 312/69, 317/71, 400/71, 232/72, 40/79, 633/79.

4. Auswertung

Die Auswertung der dargestellten Daten kann nur begrenzt aussagefähige Ergebnisse liefern. Dies liegt zum einen daran, daß dem Bundesrat zur Einflußnahme geeignetere und wirksamere Möglichkeiten zur Verfügung stehen als die Versagung der Zustimmung. Zum anderen ist die Auswertungsbasis von 0,78 % aller behandelten Rechtsverordnungen sehr gering.

Von seinen rechtlichen Möglichkeiten her ist die Stellung des Bundesrates sehr stark. Keine Rechtsverordnung, die zustimmungspflichtig ist, kann ohne seine Zustimmung zustandekommen. Ein formalisiertes Verfahren zur Erzielung eines Kompromisses gibt es nicht. Dadurch muß der Verordnungsgeber von vornherein kompromißbereit sein. Die Möglichkeiten des Bundesrates, Einfluß zu nehmen, bevor er die Zustimmung verweigert, sind dementsprechend groß. Dies gilt umsomehr, als eine einmal erteilte Zustimmungsverweigerung nicht mehr rückgängig gemacht werden kann.

Daß der Bundesrat dennoch in 36 Fällen seine Zustimmung versagt hat, läßt daher den Schluß zu, daß in diesen Fällen die Bedenken besonders schwerwiegend waren und nicht durch einen Kompromiß ausgeräumt werden konnten. Diese Feststellung wird dadurch unterstrichen, daß in den meisten Fällen schon eine Begründungskategorie ausreichend war, um eine Vorlage abzulehnen. Dies ist leicht einzusehen bei der hohen Zahl an rechtlichen Gründen. Rechtsbedenken sind weniger kompromißfähig als allgemeinpolitische Gründe.

Der hohe Anteil allgemeinpolitischer Gründe entspricht dem allgemeinen Begründungsverhalten des Bundesrates und seinem Verständnis als politisches Organ.

Auffällig ist die völlig untergeordnete Bedeutung finanzpolitischer Gründe[241]. In diesem Bereich sind die Möglichkeiten eines Kompromisses offensichtlich am größten und werden Kontroversen im Wege der Maßgabezustimmung ausgeräumt. Entsprechendes gilt für die gesetzestechnischen Gründe nur in beschränktem Maße. Neben den rechtlichen Gründen sind diese von erheblicher Bedeutung im Begründungsverhalten des Bundesrates. Die hohe Zahl an rechtlichen und an gesetzestechnischen Gründen sind ein Anzeichen dafür, daß der Bundesrat bei seinen Einwänden auf die Erfahrungen und den Sachverstand der Landesministerialverwaltungen zurückgreift, die seine Mitglieder einbringen. Insofern haben sich die Erwartungen des Verfassungsgebers erfüllt[242]. Gleichzeitig wird erneut deutlich, welch großen Einfluß die Länderbürokratien auf die Arbeit des Bundesrates haben.

---

[241] Nur zweimal waren sie gemeinsam mit allgemeinpolitischen Gründen für eine Zustimmungsverweigerung maßgeblich.

Die übrigen Begründungskategorien spielen bei den Zustimmungsverweigerungen keine erhebliche Rolle.

Exkurs: Allgemeine Verwaltungsvorschriften

„Verwaltungsvorschriften sind Vorschriften, die die Einrichtung des Staates und die Tätigkeit seiner Organe mit nur innerdienstlicher Wirkung regeln[243]." Sie sind allgemein, wenn sie generell, d. h. für eine unbestimmbare Anzahl von Fällen, und abstrakt, d. h. für eine unbestimmbare Anzahl von Personen, gelten[244]. Soweit die Länder Bundesgesetze als eigene Angelegenheiten ausführen oder im Auftrage des Bundes, kann die Bundesregierung allgemeine Verwaltungsvorschriften erlassen, die der Zustimmung des Bundesrates bedürfen, da der Bund auf diese Weise in die Verwaltungshoheit der Länder eingreift. Dies folgt aus Art. 84, 85. Außerdem gewährt Art. 108 Abs. 7 dem Bundesrat ein Zustimmungsrecht bei allgemeinen Verwaltungsvorschriften im Bereich der Finanzverwaltung.

Nach dem Wortlaut des Grundgesetzes ist nur die Bundesregierung als Kollegium befugt, allgemeine Verwaltungsvorschriften zu erlassen. Nach der Rechtsprechung des Bundesverfassungsgerichts[245] ist diese Regelung jedoch nicht als abschließend zu verstehen. Wird ein Bundesminister durch Gesetz zum Erlaß allgemeiner Verwaltungsvorschriften ermächtigt, so ist dies zulässig. Auch in diesem Fall hat der Bundesrat das Zustimmungsrecht sowohl zu dem Ermächtigungsgesetz[246] als auch zur allgemeinen Verwaltungsvorschrift analog Art. 84, 85 Abs. 2.

Für die Ausübung des Zustimmungsrechtes gilt im wesentlichen dasselbe wie für die Rechtsverordnungen. Insoweit kann darauf verwiesen werden[247].

In acht Legislaturperioden hat der Bundesrat 585 Vorlagen beraten und beschlossen[248], die allgemeine Verwaltungsvorschriften zum Inhalt hatten[249].

In drei Fällen, das sind 0,51 %, versagte der Bundesrat seine Zustimmung[250], einmal stellte er die Entscheidung zurück[251] und einmal nahm

---

[242] Siehe oben Kap. 2 I. 2. b). Das dort Gesagte gilt auch für Rechtsverordnungen.

[243] Maunz in MDHS, Art. 84 RN 32.

[244] Ebenda.

[245] BVerfGE 26, 338.

[246] Siehe oben Kap. 2 I.

[247] Siehe oben Kap. 2 IV. 1.

[248] Quelle: HBdBR., S. 179, Stand: 3. 11. 80.

[249] Die Vorlagen verteilen sich auf die einzelnen Legislaturperioden wie folgt:

er von einer Entscheidung Abstand[252]. Die drei Zustimmungsverweigerungen betrafen allgemeine Verwaltungsvorschriften der Sachbereiche Justiz[253], Wirtschaft[254], und Inneres[255] und unterlagen alle der Zustimmungspflicht des Bundesrates aufgrund Art. 84 Abs. 2. Der den Bereich Justiz betreffenden allgemeinen Verwaltungsvorschrift wurde aus rechtlichen Gründen nicht zugestimmt. Für die Zustimmungsverweigerungen im Bereich Wirtschaft waren allgemeinpolitische Gründe maßgeblich. Bei der dritten Zustimmungsverweigerung ist wegen fehlender Berichterstattung unklar, aus welchen Gründen die Zustimmung verweigert wurde. Aus der Tatsache, daß der Inhalt dieser Verwaltungsvorschrift später in Form einer Rechtsverordnung vorgelegt wurde und der Bundesrat zustimmte, läßt sich jedoch entnehmen, daß die Einwendungen des Bundesrates sich dagegen richteten, daß die zu regelnde Materie mittels allgemeiner Verwaltungsvorschrift geregelt werden sollte.

In allen übrigen Fällen stimmte der Bundesrat den Vorlagen zu, wenn auch nicht bedingungslos. Entsprechend der bei den Rechtsverordnungen geübten Praxis erteilte der Bundesrat häufig seine Zustimmung „nach Maßgabe“ bestimmter Änderungswünsche. Die Einflußmöglichkeiten des Bundesrates liegen gerade in dieser Variante der möglichen Mitwirkungsformen. Daß dem so ist, folgt aus der extrem geringen Zahl der Zustimmungsverweigerungen.

Diese Zahl ist derartig gering, daß sie keinerlei Auskünfte über ein bestimmtes Begründungsverhalten des Bundesrates geben kann.

Hinzu kommt, daß allgemeine Verwaltungsvorschriften nur sehr selten umstritten sind. Noch seltener sind sie Gegenstand politischer Auseinandersetzungen und Entscheidungen und Entscheidungsprozesse hierzu werden regelmäßig nicht durch begleitende Publikationen durchschaubar gemacht.

Berücksichtigt man ferner die Zahl der Maßgabezustimmungen, die sehr hoch sein dürfte, so muß man davon ausgehen, daß die Einfluß-

Legislaturperiode	Vorlage	Legislaturperiode	Vorlage
1.	110	5.	60
2.	70	6.	60
3.	54	7.	81
4.	72	8.	78

250 BR-Drs. 42/52; 369/52; 72/56.

251 BR-Drs. 457/71.

252 BR-Drs. 346/75.

253 BR-Drs. 42/52.

254 BR-Drs. 369/75.

255 BR-Drs. 72/56.

nahme und die Einflußmöglichkeiten des Bundesrates insofern nicht durchschaubar sind, als sie nicht mehr im nachhinein kontrollierbar sind. Ebenso wie bei Rechtsverordnungen ist das Zustimmungsrecht des Bundesrates weder überwindbar noch umgehbar, was die Stärke der rechtlichen Stellung des Bundesrates betont. Entsprechend muß beim Erlaß einer allgemeinen Verwaltungsvorschrift schon auf die zu erwartenden Bedenken, die von der Länderseite über den Bundesrat vorgebracht werden könnten, Rücksicht genommen werden.

Für das vom Bundesrat praktizierte Verfahren der Maßgabezustimmung spricht die Verfahrensökonomie. Ob und wie der Bundesrat seine Aufgabe, durch Ausübung seines Zustimmungsrechts den Eingriff des Bundes in die Länderverwaltungshoheit zu kompensieren, erfüllt, ist bei einem solchen Verfahren nicht zuverlässig zu ermitteln, wenn man nicht alle 585 Vorlagen mit den anschließend bekanntgemachten allgemeinen Verwaltungsvorschriften vergleicht.

V. Vergleichende Betrachtung und Zusammenfassung

Setzt man bei den einzelnen Normarten die getroffenen Ergebnisse zueinander in Beziehung, stellt man Parallelen wie Unterschiede fest.

Im Auswahlverhalten, also hinsichtlich der Häufigkeit und Auswahl der einzelnen Gestaltungsmittel, fällt zunächst die geringe Zahl der Zustimmungsverweigerungen bei Rechtsverordnungen auf. Der Grund dafür liegt in der vom Bundesrat praktizierten Einflußnahme mittels Maßgabezustimmung. Dieses in der Verfassung nicht vorgesehene Gestaltungsmittel führt dazu, daß das Verordnungsgebungsverfahren insoweit weniger transparent ist als das Gesetzgebungsverfahren als die Erfüllung der vom Bundesrat an seine Zustimmung geknüpften Bedingungen durch den Verordnungsgeber in dessen Belieben steht und anhand von objektiven Kriterien nur im Vergleich der Änderungswünsche des Bundesrates und der verkündeten Verordnungsfassung ermittelt werden kann. Dies mag im Einzelfall angehen, bei einer Gesamtbetrachtung der Einflußnahme des Bundesrates auf Rechtsverordnungen verhindert dieses Verfahren jedoch eine konkrete Aussage, denn systematisch erfaßt werden die Maßgabezustimmungen nirgendwo. Daß der Bundesrat bei Rechtsverordnungen großen Einfluß auf den Inhalt nimmt, ist schon aufgrund der Kompetenzlage zu vermuten; quantifizieren oder nachweisen läßt es sich aber nicht.

Rein prozentual ist der Anteil der streitigen Fälle bei den verfassungsändernden Gesetzen höher als bei Zustimmungsgesetzen und Einspruchsgesetzen. Dies beruht vor allem auf der unmittelbaren Betroffenheit der Länder durch die Verfassungsänderungen und auf den sich aus den Materien ergebenden Bund-Länder-Konflikten. Daß der Bundesrat häufiger seine Zustimmung versagte als den Vermittlungsausschuß anrief, liegt ebenfalls an dieser Konfliktsituation. Grundsätzlich ist angesichts des $^2/_3$ Quorums für Verfassungsänderungen davon auszugehen, daß politische und andere Gegensätze schon im Vorstadium der Behandlung der Vorlage im Bundesrat ausgeräumt wurden. Die starke Vorwirkung der Kompetenzen des Bundesrates zeigt hier ihre Wirkungen. Nur so nämlich ist es zu erklären, daß die für die Länder so wichtigen Änderungen des Katalogs der konkurrierenden Gesetzgebung des Bundes nicht zu Zustimmungsverweigerungen und Anrufungen des Vermittlungsausschusses geführt haben. Waren in diesen Fällen die Länder schon stark betroffen, so umsomehr bei den Änderungen des Grundgesetzes bezüglich der Finanzverfassungsreform und des Lastenausgleiches. Hier waren existentielle Fragen der Länder und ihrer politischen Eigenständigkeit tangiert, mit der Folge, daß sich die Konfrontation Bund-Länder verstärken mußte und der Bundesrat das kompromißloseste Gestaltungsmittel einsetzte, um die eigenen Interessen durchzusetzen.

Bei Zustimmungsgesetzen hat der Bundesrat doppelt so häufig von seinen Rechten Gebrauch gemacht wie bei den Einspruchsgesetzen. Daß der Grund hierfür in einer möglicherweise stärkeren Betroffenheit der Länder durch Zustimmungsgesetze zu sehen ist, ist nicht anzunehmen. Denn die Arbeit des Bundesrates wird vorwiegend von allgemeinpolitischen und rechtlichen sowie finanzpolitischen Gesichtspunkten geleitet. Dies gilt aber bei Einspruchsgesetzen genauso wie bei Zustimmungsgesetzen. Außerdem beeinträchtigen Zustimmungsgesetze die Länder nicht mehr als Einspruchsgesetze, sieht man einmal von den Regelungen ab, die die Zustimmungsbedürftigkeit ausgelöst haben. Soweit aber diese Aspekte ein Mehr an Beeinträchtigung der Länder mit sich bringen, läßt sich nicht feststellen, daß dies die Arbeit des Bundesrates beeinflußt hat. Der Grund für die größeren Aktivitäten des Bundesrates bei Zustimmungsgesetzen dürfte in den stärkeren Kompetenzen des Bundesrates bei dieser Normart liegen.

Eine schwache Kompetenz führt zu einer geringeren Inanspruchnahme der Gestaltungsmittel durch den Bundesrat. Dies geschieht aus zwei Gründen. Zum einen veranlassen die geringeren Erfolgsaussichten eine gewisse Zurückhaltung. Zum anderen würde die häufige Wahrnehmung einer ohnehin schwachen Kompetenz eine negative Einschätzung dieser Kompetenz mit sich bringen, wenn sie vorwiegend erfolglos ausgeübt wurde. Diese negative Einschätzung hätte wiederum auf den Kompetenzinhaber zurückfallen können. Um dies zu vermeiden, wurde bei der Kompetenzausübung auch Zurückhaltung geübt.

Hinsichtlich des Begründungsverhaltens des Bundesrates lassen sich keine wesentlichen Unterschiede zwischen den untersuchten Normarten feststellen. Allgemeinpolitische, rechtliche und finanzpolitische Gründe dominieren überall im Begründungsverhalten des Bundesrates. Die einzige erwähnenswerte Abweichung von diesem Grundsatz sind die vergleichsweise häufiger auftretenden gesteigerten Länderinteressen, wenn es sich um verfassungsändernde Gesetze handelt. Der Grund hierfür ist in der größeren Selbstbetroffenheit der Länder zu sehen, die verfassungsändernde Gesetze grundsätzlich, die umstrittenen Vorlagen im Besonderen, mit sich brachten und bringen.

Bei den Zustimmungsverweigerungen fällt auf, daß der Bundesrat bei diesen Beschlüssen einem erhöhten Begründungsdruck unterliegt. Er begründet sie bei Zustimmungsgesetzen und verfassungsändernden Gesetzen überwiegend mehrfach. Die Begründungen sind dabei nicht automatisch dieselben, die für den Bundesrat bei der Anrufung des Vermittlungsausschusses maßgeblich waren.

Bei allen Normarten hat die Bürokratie einen großen Einfluß auf das Begründungsverhalten wie die hohen Zahlen rechtlicher Begründungen vor allem zeigen.

Sofern die Normarten einen Vergleich der Erfolgsquoten erlauben, ist festzustellen, daß der Bundesrat mit seiner auf Mitgestaltung ausgerichteten Einflußnahme in hohem Maße erfolgreich ist. Dies gilt grundsätzlich für Zustimmungsgesetze genauso wie für die Einspruchsgesetze und verfassungsändernden Gesetze. Soweit sich Unterschiede zeigen, sind diese auf den unterschiedlichen Kompetenzumfang zurückzuführen. Dieser beeinflußt, wie zu erwarten war, auch den Erfolg einer Einflußnahme.

Der Bundesrat hat sich durch seine Arbeit als wichtiges und wirksames Kontrollinstrument auf Bundesebene ausgewiesen. Diese Kontrolle wird doppelt ausgeübt. Neben die politische Kontrolle tritt eine Kontrolle, durch die Länderbürokratien die Bundespolitik und die Bundesbürokratie kontrollieren. Damit bringen sie gleichzeitig viel Sachverstand und Erfahrungen in den Willensbildungsprozeß des Bundes ein. Die hohe Zahl rechtlicher Begründungen läßt diesen Schluß zu.

Insgesamt kann man sagen, daß es im Auswahl- und Begründungsverhalten des Bundesrates Unterschiede gibt, ebenso bei der Erfolgsquote seiner Einflußnahme, je nachdem welche Normart betroffen ist. Die Gründe für diese Differenzen liegen dabei aber in den Besonderheiten des Erlaßverfahrens der jeweiligen Normarten und den unterschiedlichen Kompetenzen des Bundesrates. Die den Bundesrat und seine Arbeit charakterisierende Kompetenzinanspruchnahme als politisches und rechtliches Kontrollinstrument übt er im wesentlichen bei allen Normarten gleichermaßen aus.

Kapitel 3

Die Art der Kompetenzinanspruchnahme im Hinblick auf zeitliche Faktoren

Im folgenden Kapitel soll gezeigt werden, wie die in Kapitel 2 dargestellten Ergebnisse sich auf die einzelnen Legislaturperioden verteilen. Dabei soll untersucht werden, ob im Verhalten des Bundesrates ein in zeitlicher Hinsicht kontinuierliches Element feststellbar ist oder ob sein Auswahl- und Begründungsverhalten sowie der Erfolg der Einflußnahme zeitlichen Einflüssen unterliegen.

I. Zustimmungsgesetze

1. Statistische Angaben der betroffenen Sachbereiche

Die Anrufungen des Vermittlungsausschusses betrafen bei den Zustimmungsgesetzen Vorlagen, die folgenden Sachbereichen zuzuordnen sind:

Sachbereiche	1. LP	2. LP	3. LP	4. LP	5. LP	6. LP	7. LP	8. LP[1]
Inneres	6	8	4	8	10	5	18	8
Justiz	5	4	4	5	7	8	15	8
Finanzen/Steuern	12	15	6	5	3	5	12	9
Wirtschaft	2	3	8	2	1	—	4	8
Agrar	1	2	—	5	1	3	1	1
Arbeit und Soziales	5	3	5	2	—	5	9	6
Verteidigung	—	3	1	—	—	—	1	—
Familie/Jugend Gesundheit	3	1	5	2	2	—	5	2
Verkehr	—	2	2	1	—	—	4	4
Städtebau und Wohnungswesen	1	2	1	—	2	1	4	3
Bildung/Wissenschaft/Kultur	—	2	—	—	—	—	3	2
Wirtschaftliche Zusammenarbeit	—	—	—	—	1	—	—	1
Vertriebene/ Flüchtlinge	4	4	2	1	—	—	—	—
Wirtschaftlicher Besitz des Bundes	2	1	1	—	—	—	—	—

Die Zustimmungsverweigerungen betrafen folgende Sachbereiche[2, 3]:

Sachbereiche	1. LP	2. LP	3. LP	4. LP	5. LP	6. LP	7. LP	8. LP
Auswärtiges	-	-	-	1	-	-	-	-
Inneres	2	1	2	2 (1)	5 (1)	1 (1)	3 (1)	5 (2)
Justiz	-	-	-	-	-	1	3 (2)	2 (2)
Finanzen/Steuern	8 (7)	4 (3)	1	1 (1)	1 (1)	1	6 (2)	3
Wirtschaft	-	1 (1)	1	1	3	-	1 (1)	2
Agrar	-	1 (1)	-	1	-	-	-	-
Arbeit und Soziales	1 (1)	-	-	-	-	-	2	5 (4)
Verteidigung	-	-	-	-	-	-	1	-
Familie/Jugend Gesundheit	-	1 (1)	-	2 (1)	-	-	1 (1)	-
Verkehr	-	1	-	-	-	-	1 (1)	1 (1)
Städtebau und Wohnungswesen	-	-	-	-	-	-	2	-
Bildung/Wissenschaft	-	1	-	-	-	-	-	-
Vertriebene/ Flüchtlinge	-	-	-	1	-	-	-	-

2. Auswahlverhalten

Die nach Ansicht des Bundesrates insgesamt 2258 Vorlagen, die ein zustimmungsbedürftiges Gesetz betrafen[4], verteilen sich wie folgt auf die einzelnen Legislaturperioden:

1. Legislaturperiode	251 Vorlagen
2. Legislaturperiode	308 Vorlagen
3. Legislaturperiode	291 Vorlagen
4. Legislaturperiode	316 Vorlagen
5. Legislaturperiode	323 Vorlagen
6. Legislaturperiode	216 Vorlagen
7. Legislaturperiode	337 Vorlagen
8. Legislaturperiode	216 Vorlagen

a) Anrufungen des Vermittlungsausschusses

Die Anrufungen des Vermittlungsausschusses stehen zu diesen Zahlen in folgendem Verhältnis:

[1] Die Zahlen aller acht Legislaturperioden sind oben Kap. 2 I. 3. a) dargestellt. Wegen der Einordnung vgl. FN 136 Kap. 2.

[2] Die Zahlen aller acht Legislaturperioden sind oben Kap. 2 I. 3. a) dargestellt. Wegen der Einordnung vgl. FN 136 Kap. 2.

[3] Die Zahlen in Klammern betreffen die endgültigen Zustimmungsverweigerungen.

[4] Siehe oben Kap. 2. I. 3.

Legislaturperiode	absolute Zahlen	in %
1.	41	16,33
2.	50	16,23
3.	39	13,4
4.	31	9,81
5.	27	8,34
6.	27	12,5
7.	76	22,55
8.	52	24,1

b) Zustimmungsverweigerungen

Die Zustimmungsverweigerungen verteilen sich wie folgt auf die Legislaturperioden[5]:

Legislaturperiode	absolute Zahlen	in %
1.	11 (8)	4,38 (3,19)
2.	10 (6)	3,25 (1,95)
3.	4	1,37
4.	9 (3)	2,85 (0,95)
5.	9 (2)	2,79 (0,62)
6.	3 (1)	1,39 (0,47)
7.	20 (8)	5,93 (2,37)
8.	18 (9)	8,33 (4,16)

Die dargestellten Zahlen geben alle Zustimmungsverweigerungen wieder. Die meisten dieser Fälle sind Zustimmungsverweigerungen, die nach einem Vermittlungsverfahren erfolgten. Ohne vorheriges Vermittlungsverfahren wurde insgesamt 30mal die Zustimmung verweigert.

Diese Zahl verteilt sich wie folgt auf die Legislaturperioden:

1. LP	5 = 2 %	5. LP	4 = 1,24 %
2. LP	6 = 2 %	6. LP	—
3. LP	3 = 1 %	7. LP	3 = 0,9 %
4. LP	5 = 1,6 %	8. LP	4 = 1,85 %

Die Prozentzahlen geben das Verhältnis zu den Vorlagen insgesamt wieder.

[5] Die Zahlen in Klammern geben die endgültigen Zustimmungsverweigerungen wieder.

3. Begründungsverhalten

Wie unterschiedlich das Begründungsverhalten des Bundesrates in zeitlicher Hinsicht war, zeigt die folgende Aufstellung:

In der 1. Legislaturperiode wurde der Vermittlungsausschuß 41mal angerufen, die Zustimmung 11mal verweigert. Hiervon waren 8 Zustimmungsverweigerungen endgültig. Diese Beschlüsse wurden folgendermaßen begründet:

Begründungskategorie	Anrufung des Vermittlungsausschusses	Zustimmungsverweigerung
Gesetzestechnische Gründe	1	2 (1)
Rechtliche Gründe	7	3 (3)
Finanzpolitische Gründe	4	1
Allgemeinpolitische Gründe	5	1 (1)
Gesteigerte Länderinteressen	6	1 (1)
Allgemeinpol. u. ges.techn. Gründe	1	
Allgemeinpol. u. rechtl. Gründe	4	
Allgemeinpol. u. finanzpol. Gründe	1	
Allgemeinpol. Gründe u. gest. L.interessen	1	
Allgemeinpol., ges.techn. u. verw.verf.bez. Gründe	1	3 (2)
Allgemeinpol., rechtl., finanzpol. Gründe	1	
Allgemeinpol., ges.techn. rechtl. u. verw.verf.bez. Gründe	1	
Allgemeinpol., finanzpol., verw.verf.bez. u. ges.techn. Gründe	1	
Finanzpol. u. ges.techn. Gründe	1	
Finanzpol. u. rechtl. Gründe	3	
Finanzpol. u. verw.verf.bez. Gründe	1	
Gest. L.interessen u. rechtl. Gründe	1	
Rechtl., verw.verf.bez. u. ges.techn. Gründe	1	

In der 2. Legislaturperiode rief der Bundesrat bei 50 Gesetzesvorlagen den Vermittlungsausschuß an, versagte 10mal die Zustimmung, davon 6mal endgültig. Die Beschlüsse wurden wie folgt begründet:

Begründungskategorie	Anrufung des Vermittlungsausschusses	Zustimmungsverweigerung
Gesetzestechnische Gründe	—	1 (1)
Rechtliche Gründe	4	1 (1)
Finanzpolitische Gründe	9	
Verwaltungsverfahrensbezogene Gründe	5	
Allgemeinpolitische Gründe	8	
Allgemeinpol. u. ges.techn. Gründe	1	

Fortsetzung nächste Seite

Begründungskategorie	Anrufung des Vermittlungsausschusses	Zustimmungsverweigerung
Allgemeinpol. u. rechtl. Gründe	3	1
Allgemeinpol. u. verw.verf.bez. Gründe	4	2 (1)
Allgemeinpol., ges.techn., u. verw.verf.bez. Gründe	2	
Allgemeinpol., finanzpol., rechtl. u. verw.verf.bez. Gründe	1	
Allgemeinpol., ges.techn., rechtl., verw.verf.bez. Gründe u. gest. L.interessen	2	
Finanzpol. u. rechtl. Gründe	2	1 (1)
Finanzpol. u. verw.verf.bez. Gründe	1	3 (2)
Finanzpol. Gründe u. gest. L.interessen	1	
Finanzpol., ges.techn., verw.verf.bez. Gründe	4	1
Finanzpol., rechtl. u. verw.verf.bez. Gründe	2	
Rechtl., verw.verf.bez. u. ges.techn. Gründe	1	

In der 3. Legislaturperiode waren es 39 Anrufungen des Vermittlungsausschusses und 4 Zustimmungsverweigerungen, von denen keine endgültig war. Diese 43 Beschlüsse wurden wie folgt begründet:

Begründungskategorie	Anrufung des Vermittlungsausschusses	Zustimmungsverweigerung
Gesetzestechnische Gründe	4	1
Rechtliche Gründe	7	1
Finanzpolitische Gründe	2	
Verwaltungsverfahrensbezogene Gründe	1	
Allgemeinpolitische Gründe	5	
Gesteigerte Länderinteressen	1	
Allgemeinpol. u. ges.techn. Gründe	2	
Allgemeinpol. u. rechtl. Gründe	1	2
Allgemeinpol. u. finanzpol. Gründe	2	
Allgemeinpol., rechtl. u. verw.verf.bez. Gründe	1	
Allgemeinpol., ges.techn. u. verw.verf.bez. Gründe	3	
Allgemeinpol., ges.techn., rechtl. u. verw.verf.bez. Gründe	2	
Allgemeinpol., finanzpol., rechtl. u. verw.verf.bez. Gründe	1	
Allgemeinpol., finanzpol., rechtl., verw.verf.bez. u. ges.techn. Gründe	1	
Allgemeinpol., ges.techn., rechtl., verw.verf.bez. Gründe u. gest. L.interessen	1	
Finanzpol. u. verw.verf.bez. Gründe	2	
Finanzpol., rechtl., verw.verf.bez. Gründe	1	
Rechtl. u. ges.techn. Gründe	1	
Rechtl. u. verw.verf.bez. Gründe	1	

In der 4. Legislaturperiode rief der Bundesrat 31mal den Vermittlungsausschuß an, versagte 9mal die Zustimmung, davon 3mal endgültig. Diese Beschlüsse begründete der Bundesrat wie folgt:

Begründungskategorie	Anrufung des Vermittlungsausschusses	Zustimmungsverweigerung
Rechtliche Gründe	8	3 (1)
Finanzpolitische Gründe	5	1
Allgemeinpolitische Gründe	5	1
Gesteigerte Länderinteressen	2	
Allgemeinpol. u. ges.techn. Gründe	3	
Allgemeinpol. u. finanzpol. Gründe	3	
Allgemeinpol. u. verw.verf.bez. Gründe		1 (1)
Allgemeinpol., ges.techn. u. verw.verf.bez. Gründe		2 (1)
Allgemeinpol., ges.techn., rechtl. u. verw.verf.bez. Gründe	2	
Finanzpol. u. verw.verf.bez. Gründe	1	1
Finanzpol., rechtl. u. verw.verf.bez. Gründe	1	
Rechtl., verw.verf.bez. u. ges.techn. Gründe	1	

In der 5. Legislaturperiode rief der Bundesrat 27mal den Vermittlungsausschuß an, versagte 9mal die Zustimmung, davon 2mal endgültig und begründete diese Beschlüsse folgendermaßen:

Begründungskategorie	Anrufung des Vermittlungsausschusses	Zustimmungsverweigerung
Gesetzestechnische Gründe	1	1
Rechtliche Gründe	3	1 (1)
Finanzpolitische Gründe	5	6 (1)
Verwaltungsverfahrensbezogene Gründe	1	
Allgemeinpolitische Gründe	6	
Allgemeinpol. u. ges.techn. Gründe	1	
Allgemeinpol. u. rechtl. Gründe	2	
Allgemeinpol. u. finanzpol. Gründe	2	
Allgemeinpol. u. verw.verf.bez. Gründe	2	
Allgemeinpol., rechtl. u. verw.verf.bez. Gründe	1	
Allgemeinpol., ges.techn. u. verw.verf.bez. Gründe	3	
Finanzpol., ges.techn., verw.verf.bez. Gründe		1

In der 6. Legislaturperiode wurde der Vermittlungsausschuß vom Bundesrat 27mal angerufen. Er versagte 3mal seine Zustimmung, eine Versagung davon war endgültig. Die 30 Beschlüsse wurden wie folgt begründet:

Begründungskategorie	Anrufung des Vermittlungsausschusses	Zustimmungsverweigerung
Finanzpolitische Gründe	4	
Allgemeinpolitische Gründe	7	
Allgemeinpol. u. ges.techn. Gründe	2	
Allgemeinpol. u. finanzpol. Gründe	5	
Allgemeinpol. u. verw.verf.bez. Gründe	2	1 (1)
Allgemeinpol., ges.techn. u. verw.verf.bez. Gründe	2	1
Allgemeinpol., ges.techn., rechtl. u. verw.verf.bez. Gründe	1	
Allgemeinpol., finanzpol., rechtl. u. verw.verf.bez. Gründe	2	1
Finanzpol. u. verw.verf.bez. Gründe	1	
Rechtl. u. ges.techn. Gründe	1	

In der 7. Legislaturperiode rief der Bundesrat 76mal den Vermittlungsausschuß an. Er versagte 20mal seine Zustimmung. Von diesen 20 Zustimmungsverweigerungen waren 8 endgültig. Für den Bundesrat waren bei seinen Beschlüssen folgende Begründungen maßgebend:

Begründungskategorie	Anrufung des Vermittlungsausschusses	Zustimmungsverweigerung
Gesetzestechnische Gründe	1	
Rechtliche Gründe	4	2
Finanzpolitische Gründe	3	
Verwaltungsverfahrensbezogene Gründe	1	
Allgemeinpolitische Gründe	18	4 (1)
Gesteigerte Länderinteressen	2	
Allgemeinpol. u. ges.techn. Gründe	2	
Allgemeinpol. u. rechtl. Gründe	5	2 (1)
Allgemeinpol. u. finanzpol. Gründe	6	3 (3)
Allgemeinpol. u. verw.verf.bez. Gründe	11	7 (2)
Allgemeinpol., ges.techn. u. rechtl. Gründe	1	
Allgemeinpol., rechtl. u. verw.verf.bez. Gründe	4	
Allgemeinpol., ges.techn. u. verw.verf.bez. Gründe	3	
Allgemeinpol., rechtl. u. finanzpol. Gründe		1 (1)
Allgemeinpol., rechtl. Gründe u. gest. L.interessen	2	
Allgemeinpol., ges.techn., rechtl. u. verw.verf.bez. Gründe	3	
Allgemeinpol., finanzpol., rechtl. u. verw.verf.bez. Gründe	1	
Allgemeinpol., finanzpol., rechtl., verw.verf.bez. u. ges.techn. Gründe	1	1

Fortsetzung nächste Seite

Begründungskategorie	Anrufung des Vermittlungsausschusses	Zustimmungsverweigerung
Allgemeinpol., ges.techn., rechtl., verw.verf.bez. Gründe u. gest. L.interessen	2	
Finanzpol. u. ges.techn. Gründe	1	
Finanzpol. u. rechtl. Gründe	1	
Finanzpol. u. verw.verf.bez. Gründe	3	
Finanzpol., ges.techn. u. verw.verf.bez. Gründe	1	

In der 8. Legislaturperiode wurde der Vermittlungsausschuß 52mal angerufen, 18mal die Zustimmung verweigert, davon 9mal endgültig. Die Beschlüsse wurden begründet mit:

Begründungskategorie	Anrufung des Vermittlungsausschusses	Zustimmungsverweigerung
Gesetzestechnische Gründe	1	
Rechtliche Gründe	2	
Finanzpolitische Gründe	1	1 (1)
Verwaltungsverfahrensbezogene Gründe	1	
Allgemeinpolitische Gründe	7	2 (1)
Gesteigerte Länderinteressen	3	
Allgemeinpol. u. ges.techn. Gründe	5	1
Allgemeinpol. u. rechtl. Gründe	1	
Allgemeinpol. u. finanzpol. Gründe	1	2 (2)
Allgemeinpol. u. verw.verf.bez. Gründe	5	
Allgemeinpol. u. gest. L.interessen	2	2
Allgemeinpol., ges.techn. u. rechtl. Gründe	1	
Allgemeinpol., rechtl. u. verw.verf.bez. Gründe	3	1
Allgemeinpol., ges.techn. u. verw.verf.bez. Gründe	2	1 (1)
Allgemeinpol., rechtl. u. finanzpol. Gründe	1	1
Allgemeinpol., ges.techn., rechtl. u. verw.verf.bez. Gründe	2	
Allgemeinpol., finanzpol., rechtl. u. verw.verf.bez. Gründe	2	
Allgemeinpol., finanzpol., rechtl., verw.verf.bez. u. ges.techn. Gründe	4	5 (3)
Allgemeinpol., ges.techn., rechtl., verw.verf.bez. Gründe u. gest. L.interessen	1	
Finanzpol. u. rechtl. Gründe	1	1 (1)
Finanzpol. u. verw.verf.bez. Gründe	2	
Finanzpol., ges.techn. u. verw.verf.bez. Gründe	1	
Finanzpol., rechtl. u. verw.verf.bez. Gründe	1	
Gest. L.interessen u. rechtl. Gründe	2	1

4. Verhältnis Zustimmungsnorm — Begründungskategorie

Im folgenden soll dargestellt werden, ob die Diskrepanz zwischen Begründungskategorie und Normzweck der Norm[6], die die Zustimmungsbedürftigkeit auslöste, von Anfang an bestand oder ob Unterschiede hinsichtlich der einzelnen Legislaturperioden feststellbar sind. Der besseren Übersicht und Vergleichbarkeit wegen sollen die einzelnen Legislaturperioden bei der jeweiligen Normgruppe gemeinsam behandelt werden. Dies gilt sowohl für die Anrufungen des Vermittlungsausschusses als auch für die Zustimmungsverweigerungen.

a) Anrufungen des Vermittlungsausschusses

Die meisten Zustimmungsgesetze, zu denen der Bundesrat den Vermittlungsausschuß anrief, waren zustimmungsbedürftig nach Art. 84 Abs. 1, 85 Abs. 1, 108 Abs. 2 Satz 2, Abs. 5 Satz 2. Von den insgesamt 343 Vermittlungsbegehren bei Zustimmungsgesetzen fallen 230 unter diese Normgruppe. Sie wurden wie folgt begründet:

	1. LP	2. LP	3. LP	4. LP	5. LP	6. LP	7. LP	8. LP
				Vorlagen				
	25	33	34	25	23	18	46	26
Begründungskategorie								
Gesetzestechnische Gründe	1	-	2	-	1	-	1	1
Rechtliche Gründe	5	3	7	7	2	-	1	1
Finanzpolitische Gründe	2	2	2	2	5	3	1	-
Verwaltungsverfahrens-bezogene Gründe	-	4	1	-	1	-	1	-
Allgemeinpolitische Gründe	3	5	3	4	4	4	10	3
Gesteigerte Länderinteressen	2	-	1	2	-	-	-	2
Allgemeinpol. u. ges.techn. Gründe	1	1	1	3	1	2	2	2
Allgemeinpol. u. rechtl. Gründe	4	2	1	-	2	-	3	-
Allgemeinpol. u. finanzpol. Gründe	-	-	2	2	1	3	4	-
Allgemeinpol. u. verw.verf.bez. Gründe	-	4	-	-	2	1	5	3
Allgemeinpol. u. gest. L.interessen	1	-	-	-	-	-	-	1
Allgemeinpol., ges.techn. u. rechtl. Gründe	-	-	-	-	-	-	2	1
Allgemeinpol., rechtl. u. verw.verf.bez. Gründe	-	-	1	-	1	-	4	-

Fortsetzung nächste Seite

[6] Siehe oben Kap. 2 I. 3. d) cc).

	1. LP	2. LP	3. LP	4. LP	5. LP	6. LP	7. LP	8. LP
	Vorlagen							
	25	33	34	25	23	18	46	26
Begründungskategorie								
Allgemeinpol., ges.techn. u. verw.verf.bez. Gründe	1	2	3	-	3	2	2	2
Allgemeinpol., rechtl. u. finanzpol. Gründe	-	-	-	-	-	1	-	-
Allgemeinpol., rechtl. Gründe u. gest. L.interessen	-	-	-	-	-	-	-	-
Allgemeinpol., ges.techn., rechtl. u. verw.verf.bez. Gründe	1	-	2	2	-	-	3	1
Allgemeinpol., finanzpol., rechtl. u. verw.verf.bez. Gründe	-	-	1	-	-	-	1	1
Allgemeinpol., rechtl., verw.verf.bez., finanzpol. u. ges.techn. Gründe	-	-	1	-	-	-	1	1
Allgemeinpol., ges.techn., rechtl., verw.verf.bez. Gründe u. gest. L.interessen	-	2	1	-	-	-	1	1
Finanzpol. u. ges.techn. Gründe	-	-	-	-	-	-	2	-
Finanzpol. u. rechtl. Gründe	2	1	-	-	-	-	-	1
Finanzpol. u. verw.verf.bez. Gründe	-	1	2	1	-	1	2	2
Finanzpol. Gründe u. gest. L.interessen	-	1	-	-	-	-	-	-
Finanzpol., ges.techn. u. verw.verf.bez. Gründe	-	3	-	-	-	-	-	-
Finanzpol., rechtl. u. verw.verf.bez. Gründe	-	1	1	1	-	-	-	1
Gest. L.interessen u. rechtl. Gründe	1	-	-	-	-	-	-	2
Rechtl. u. ges.techn. Gründe	-	-	1	-	-	1	-	-
Rechtl. u. verw.verf.bez. Gründe	-	-	1	-	-	-	-	-
Rechtl., verw.verf.bez. u. ges.techn. Gründe	1	1	-	1	-	-	-	-

In 35 Fällen waren die vom Bundesrat beratenen Vorlagen gemäß Art. 105 Abs. 3 zustimmungsbedürftig. Der Bundesrat begründete die Beschlüsse wie folgt:

	1. LP	2. LP	3. LP	4. LP	5. LP	6. LP	7. LP	8. LP
				Vorlagen				
	5	4	2	1	3	1	10	9
Begründungskategorie								
Gesetzestechnische Gründe	1	-	1	-	-	-	-	-
Rechtliche Gründe	1	-	-	1	1	-	1	-
Finanzpolitische Gründe	-	3	-	-	-	-	-	-
Allgemeinpolitische Gründe	-	1	1	-	2	1	3	2
Allgemeinpol. u. ges.techn. Gründe	-	-	-	-	-	-	-	3
Allgemeinpol. u. rechtl. Gründe	-	-	-	-	-	-	2	-
Allgemeinpol. u. finanzpol. Gründe	-	-	-	-	-	-	1	-
Allgemeinpol. u. verw.verf.bez. Gründe	-	-	-	-	-	-	2	1
Allgemeinpol. Gründe u. gest. L.interessen	-	-	-	-	-	-	-	1
Allgemeinpol., rechtl. u. verw.verf.bez. Gründe	-	-	-	-	-	-	-	1
Allgemeinpol., ges.techn. u. verw.verf.bez. Gründe	1	-	-	-	-	-	-	-
Allgemeinpol., rechtl. u. finanzpol. Gründe	1	-	-	-	-	-	-	1
Allgemeinpol., finanzpol., rechtl., verw.verf.bez. u. ges.techn. Gründe	1	-	-	-	-	-	-	-
Finanzpol., ges.techn. u. verw.verf.bez. Gründe	-	-	-	-	-	-	1	-

Für die Normgruppe Art. 104 a, 106, 107 gelten hinsichtlich der insgesamt 12 Beschlüsse folgende Begründungskategorien:

	1. LP	2. LP	3. LP	4. LP	5. LP	6. LP	7. LP	8. LP
				Vorlagen				
	3	2	1	2	-	2	-	2
Begründungskategorie								
Finanzpolitische Gründe	2	2	1	2	-	1	-	-
Allgemeinpol. u. finanzpol. Gründe	1	-	-	-	-	1	-	-
Allgemeinpol., finanzpol., rechtl., verw.verf.bez. u. ges.techn. Gründe	-	-	-	-	-	-	-	1
Finanzpol., ges.techn. u. verw.verf.bez. Gründe	-	-	-	-	-	-	-	1

Von einer Darstellung der übrigen Normengruppen wird abgesehen, da sie zahlenmäßig vergleichsweise sehr gering sind und darüber hinaus meist nicht in allen, nicht einmal den meisten Legislaturperioden erscheinen, so daß eine Betrachtung in zeitlicher Hinsicht nicht möglich ist. Eine Verfälschung der Zahlen kann dadurch nicht eintreten, denn die dargestellten Fälle machen immerhin ca. 77 % aller Anrufungen des Vermittlungsausschusses aus[7].

b) *Zustimmungsverweigerungen*

Für die Zustimmungsverweigerungen gilt das zuletzt zu den Anrufungen des Vermittlungsausschusses Gesagte entsprechend. Von den Normgruppen Art. 84 Abs. 1, 85 Abs. 1, 108 Abs. 2 Satz 2, Abs. 5 Satz 2 und Art. 105 Abs. 3 werden 66 von 84 Zustimmungsverweigerungen erfaßt, mithin ca. 79 %.

Nach Art. 84 Abs. 1, 85 Abs. 2, 108 Abs. 2 Satz 2, Abs. 5 Satz 2 waren 49 Gesetze zustimmungsbedürftig, denen der Bundesrat seine Zustimmung verweigerte[8]. Die Begründungen wären:

	1. LP	2. LP	3. LP	4. LP	5. LP	6. LP	7. LP	8. LP
	Vorlagen							
	4 (2)	7 (4)	2	8 (3)	9 (2)	1	11 (5)	7 (4)
Begründungskategorie								
Gesetzestechnische Gründe	-	1 (1)	-	-	1	-	-	-
Rechtliche Gründe	1 (1)	1 (1)	-	3 (1)	1 (1)	-	2	-
Finanzpolitische Gründe	1	-	-	-	6 (1)	-	-	-
Allgemeinpolitische Gründe	-	-	-	1	-	-	-	1
Gesteigerte Länderinteressen	1 (1)	-	-	-	-	-	-	-
Allgemeinpol. u. rechtl. Gründe	-	1	2	-	-	-	2 (1)	-
Allgemeinpol. u. finanzpol. Gründe	-	-	-	-	-	-	2 (2)	-
Allgemeinpol. u. verw.verf.bez. Gründe	-	1	-	1 (1)	-	-	5 (2)	-
Allgemeinpol. ges.techn. u. verw.verf.bez. Gründe	1	-	-	2 (1)	-	1	-	1 (1)
Allgemeinpol., finanzpol., rechtl., verw.verf.bez. u. ges.-techn. Gründe	-	-	-	-	-	-	-	3 (2)
Finanzpol. u. rechtl. Gründe	-	1 (1)	-	-	-	-	-	1 (1)

Fortsetzung nächste Seite

[7] Nur bei diesen Fällen ist eine Betrachtung in zeitlicher Hinsicht möglich.

[8] Die Zahlen in Klammern geben die endgültigen Zustimmungsverweigerungen wieder.

	1. LP	2. LP	3. LP	4. LP	5. LP	6. LP	7. LP	8. LP
Vorlagen	4 (2)	7 (4)	2	8 (3)	9 (2)	1	11 (5)	7 (4)
Begründungskategorie								
Finanzpol. u. verw.verf.bez. Gründe	-	1 (1)	-	1	-	-	-	-
Finanzpol., ges.techn. u. verw.verf.bez. Gründe	-	1	-	-	1	-	-	-
Gest. L.interessen u. rechtl. Gründe	-	-	-	-	-	-	-	1

Nach Art. 105 Abs. 3 waren 17 Gesetze zustimmungsbedürftig, denen der Bundesrat seine Zustimmung verweigerte. Die Begründungen waren:

	1. LP	2. LP	3. LP	4. LP	5. LP	6. LP	7. LP	8. LP
Vorlagen	5 (4)	2 (1)	1	-	-	-	5 (1)	4
Begründungskategorie								
Gesetzestechnische Gründe	1	-	1	-	-	-	-	-
Rechtliche Gründe	2 (2)	-	-	-	-	-	-	-
Allgemeinpolitische Gründe	1 (1)	-	-	-	-	-	3 (1)	-
Allgemeinpol. u. ges.techn. Gründe	-	-	-	-	-	-	-	1
Allgemeinpol. u. verw.verf.bez. Gründe	-	-	-	-	-	-	2	-
Allgemeinpol. u. gest. L.interessen	-	-	-	-	-	-	-	2
Allgemeinpol., ges.techn. u. verw.verf.bez. Gründe	1 (1)	-	-	-	-	-	-	-
Allgemeinpol., rechtl. u. finanzpol. Gründe	-	-	-	-	-	-	-	1
Finanzpol. u. verw.verf.bez. Gründe	-	2 (1)	-	-	-	-	-	-

Nach Art. 104 a, 106, 107 waren drei Gesetze zustimmungsbedürftig, denen der Bundesrat seine Zustimmung verweigerte. In der ersten Legislaturperiode wurde die Zustimmungsverweigerung, die endgültig war, mit gesetzestechnischen Gründen begründet. Finanzpolitische Gründe waren für die Zustimmungsverweigerung in der vierten Legislaturperiode ausschlaggebend. Die endgültige Zustimmungsverweigerung in der achten Legislaturperiode wurde allgemein- und finanzpolitisch begründet.

5. Erfolg der jeweiligen Einflußnahme

Der Erfolg, den der Bundesrat mit seiner Einflußnahme im Gesetzgebungsverfahren hatte, war im Laufe der acht Legislaturperioden unterschiedlich.

Bei den Anrufungen des Vermittlungssausschusses verteilen sich die oben[9] wiedergegebenen Zahlen wie folgt auf die Legislaturperioden: im Vermittlungsausschuß war der Bundesrat[10]

	1. LP	2. LP	3. LP	4. LP	5. LP	6. LP	7. LP	8. LP
erfolgreich	15	16	19	15	10	8	14	12
hälftig erfolgreich	21	28	14	10	6	13	36	23
erfolglos	5	5	5	6	8	6	26[11]	15[11]

Im Bundestag verteilt sich der Erfolg des Bundesrates wie folgt:

	1. LP	2. LP	3. LP	4. LP	5. LP	6. LP	7. LP	8. LP
erfolgreich	12	15	19	15	9	8	13	13
hälftig erfolgreich	20	26	14	9	6	12	35	24
erfolglos	9	8	5	7	9	7	28[11]	13[11]

Bei den Zustimmungsverweigerungen ergibt sich folgendes:

	1. LP	2. LP	3. LP	4. LP	5. LP	6. LP	7. LP	8. LP[12]
erfolgreich	4	5	1	3	3	-	5	4
hälftig erfolgreich	1	3	3	2	1	2	2	4
erfolglos	6	2	-	4	5	1	13	9

Diese Zahlen beziehen sich auf die Ergebnisse im Vermittlungsausschuß. Im Bundestag war der Bundesrat

	1. LP	2. LP	3. LP	4. LP	5. LP	6. LP	7. LP	8. LP
erfolgreich	2	6	1	4	3	-	4	4
hälftig erfolgreich	-	1	2	-	1	1	3	4
erfolglos	9	3	1	5	5	2	13	9

[9] Siehe oben Kap. 2 I. 3. e) aa) (a).

[10] Hinzu kommen 5 Fälle anderweitiger Erledigung und 2 Fälle in der 8. LP, in denen keine Entscheidung mehr getroffen wurde.

[11] In 4 Fällen in der 7. LP und in 5 Fällen in der 8. LP machte der Vermittlungsausschuß keinen Einigungsvorschlag.

[12] Ein weiterer Fall ist unklar.

6. Auswertung

Die Auswertung der einzelnen Daten im Hinblick auf zeitliche Faktoren läßt ganz allgemein erkennen, daß die Aktivitäten des Bundesrates, also die Wahrnehmung seiner vom Grundgesetz eingeräumten Rechte vom Umfang her einem zeitlichen Rhythmus unterliegen, wonach sich nach anfänglich starker Inanspruchnahme eine Periode der Abschwächung — von der 3. bis 6. Legislaturperiode — anschloß, die wiederum von einem sprunghaften Ansteigen der Aktivitäten in der 7. Legislaturperiode und der 8. abgelöst wurde. Dabei ist hinsichtlich der 6. Legislaturperiode zu berücksichtigen, daß diese ein Jahr kürzer war. Ein entscheidender Einfluß hinsichtlich der Einordnung in diesen Rhythmus kommt diesem Umstand aber deshalb nicht zu, weil die prozentualen Angaben den Gesamttrend der abgeschwächten Mittelperiode bestätigen.

Ein Grund, warum gerade in den ersten beiden Legislaturperioden der Bundesrat besonders aktiv gewesen ist, dürfte darin liegen, daß in den Jahren 1949 bis 1957 sich die Verfassungsorgane zunächst konstituieren mußten und ein Selbstverständnis mit entsprechendem Rollenverhalten entwickeln mußten. Dabei ist es natürlich, daß von Kompetenzen auch extensiv Gebrauch gemacht wird. Der wichtigere Grund dürfte aber darin zu sehen sein, daß in dieser Zeit des staatlichen Neuaufbaus sehr viele Entscheidungen getroffen werden mußten, die grundsätzliche Bedeutung für den Staat und seine Bürger, aber auch für das Verhältnis der im Bundesrat vertretenen Länder zu den Bundesorganen hatten. Eine extensive Inanspruchnahme seiner Kompetenzen war daher für den Bundesrat geboten, wollte er seine Funktion als zur Mitgestaltung an der politischen Willensbildung berufene Institution ausfüllen.

Dafür sprechen auch die von den Gestaltungsrechten betroffenen Sachbereiche der jeweiligen Gesetze. Zwar sind diese Angaben nur beschränkt aussagefähig, da sie nicht zu den Sachbereichen aller vom Bundesrat behandelten Vorlagen in Beziehung gesetzt sind. Dies ist hier nicht möglich. Jedoch zeigt die hohe Zahl von Vermittlungsbegehren und Zustimmungsverweigerungen, die die Sachbereiche Inneres, Justiz, Arbeit und Soziales sowie Vertriebene und Flüchtlinge betreffen, in den ersten beiden Legislaturperioden, daß Gebiete berührt wurden und vom Bundesrat mit besonderer Aktivität bedacht wurden, die für die Konsolidierung des neuen Staates vorrangig, entscheidend und einer baldigen Lösung am bedürftigsten waren.

In der 7. und 8. Legislaturperiode sind vornehmlich die Bereiche Inneres, Justiz, Finanzen und Steuern sowie Arbeit und Soziales betroffen. Das sind Gebiete, die besonders durch die Reformpolitik der sozialliberalen Koalition tangiert waren. Das Wiederansteigen der Aktivitäten des Bundesrates in der 7. Legislaturperiode läßt sich daher nur im Zusammenhang mit den unterschiedlichen parteipolitischen Verhältnissen in Bundestag und Bundesrat erklären.

Zwar gab es diese divergierenden Mehrheitsverhältnisse schon in der 6. Legislaturperiode, die nur einen leichten Anstieg der Aktivitäten des Bundesrates im Vergleich zur 5. Legislaturperiode zeigt. Jedoch ist daraus abzuleiten, daß es offensichtlich nicht möglich ist, im Bundesrat angesichts einer neuen „politischen Großwetterlage" kurzfristig und schnell eine neue Strategie zu entwickeln und durchzusetzen, um den politischen Vorstellungen gegenüber dem politisch anders besetzten Bundestag bzw. Bundesregierung zum Erfolg zu verhelfen, wie dies angekündigt war[13]. Dazu bedarf es einer längeren Umstellungszeit. Diese Interpretation schließt nicht aus, daß parteipolitisch hoch umstrittene Gesetze auch in dieser Zeit auf heftigen Widerstand des Bundesrates stießen, wie etwa das Gesetz über Maßnahmen zur Verbesserung des Mietrechts und zur Begrenzung des Mietanstiegs[14]. Für die gesamte Tätigkeit des Bundesrates in dieser Legislaturperiode kann dies jedoch nicht festgestellt werden.

Dies zeigen auch die Zahlen der Zustimmungsverweigerungen. Die Gesamtzahl der Versagungen der Zustimmung ist die geringste überhaupt. Endgültig gescheitert ist am Bundesrat in dieser Legislaturperiode lediglich ein Gesetz, was allerdings nicht ausschließt, daß im Weg des Kompromisses politische und parteipolitische Vorstellungen der Bundesratsmehrheit Eingang in Gesetzesbeschlüsse fanden.

Das Maß der Aktivitäten des Bundesrates drückt sich darin aus, wie oft er den Vermittlungsausschuß angerufen hat und die Zustimmung verweigert hat. Dabei läßt sich erkennen, daß, wie bereits dargelegt[15], hohe Zahlen zu Beginn der Arbeit des Bundesrates und in der 7. und 8. Legislaturperiode vorliegen. Das bedeutet hinsichtlich der Gestaltungsmittel, daß eine größere Zahl an politischen Kontroversen zwischen den am Gesetzgebungsverfahren beteiligten Verfassungsorganen bestanden als in den dazwischenliegenden Legislaturperioden und daß die grundsätzlich vorhandene Kompromißbereitschaft nicht soweit ging, die kontroversen Probleme informell, wie dies angesichts der partei- und personalpolitischen Verflechtung zwischen Bundestag und Bundesrat möglich war und ist, zu klären. Daß es sich dabei nicht nur um parteipolitische Kontroversen gehandelt hat, zeigt sich zum einen daran, daß divergierende Mehrheitsverhältnisse in den ersten Legislaturperioden nicht bestanden und ist zum anderen daraus zu schließen,

---

[13] Siehe oben Kap. 1 I. 1.

[14] Siehe BR-Drs. 391/71.

[15] Siehe oben Kap. 3 I. 6.

daß die Anrufung des Vermittlungsausschusses und die Verweigerungen der Zustimmung keineswegs als Indikator für parteipolitische Umstrittenheit gelten können, wie die sehr vielfältigen Begründungen zeigen. Dies gilt auch für die Zeit nach 1969. Die Anrufung des Vermittlungsausschusses etwa, die das Ziel hat, die vom Bundestag beschlossene Gesetzesvorlage um die Berlin-Klausel zu ergänzen, hat in den Fällen, in denen ihr Fehlen politisch nicht beabsichtigt war, keinerlei parteipolitische Relevanz.

Das Auswahlverhalten des Bundesrates zeigt eine interessante Besonderheit. Während die Zahlen der Zustimmungsverweigerungen und der Vermittlungsbegehren in der Zeit von der 3. bis 6. Legislaturperiode geringer sind als zuvor und dann stark steigen, ist eine parallele Tendenz bei den Fällen, in denen der Bundesrat die Zustimmung verweigerte, ohne zuvor den Vermittlungsausschuß angerufen zu haben, nicht festzustellen. Die absoluten Zahlen sind zwar fast gleichbleibend[16], im Verhältnis zu den jeweils behandelten Vorlagen insgesamt ist diese Entwicklung aber mit Fortschreiten der Legislaturperioden eher rückläufig, zumindest aber stagnierend. Wenn die Zahl dieser Zustimmungsverweigerungen mit 30 auch nicht sehr hoch ist, läßt sich daraus dennoch der Schluß ziehen, daß es dem Bundesrat vor allem und mit fortschreitenden Legislaturperioden immer mehr um das Mitgestalten von Gesetzen, nicht um deren Verhinderung geht. Der Wille, positiv gestaltend Einfluß zu nehmen, ist vorherrschend. Dieser Wille ist von zeitlichen Faktoren nur insoweit abhängig, als er mit der Zeit sich immer mehr verstärkt. Dies entspricht zum einen dem Selbstverständnis des Bundesrates, zum anderen gebietet es die politische Strategie, denn der Bundesrat ist dort am erfolgreichsten, wo er bei starker Kompetenz Kompromißbereitschaft durch die Wahl des Gestaltungsmittels dokumentiert[17].

Der Anteil der endgültigen Zustimmungsverweigerungen entwickelte sich ansonsten im Laufe der Legislaturperioden entsprechend denen der Zustimmungsverweigerungen insgesamt. Die Zahlen zeigen, daß vermehrte Kontroversen dazu führen, daß auch die Fälle zahlenmäßig ansteigen, in denen das Ziel des Vermittlungsverfahrens, nämlich einen Ausgleich zwischen Bundesrat und Bundestag zu schaffen, nicht erreicht wird. Insofern ist eine Verhärtung der Positionen festzustellen.

Das Begründungsverhalten des Bundesrates bei den Anrufungen des Vermittlungsausschusses in den acht Legislaturperioden zeigt bei den einfachen Begründungen, daß allgemeinpolitische Gründe für die Beschlußfassung des Bundesrates schon immer eine große Bedeutung

---

[16] Siehe oben Kap. 3 I. 3.

[17] Siehe oben Kap. 2 I. 4.

hatten. Von Anfang an waren diese Gründe für den Bundesrat mitentscheidend. Eine gewisse Steigerung tritt dann noch einmal in der 6. und 7. Legislaturperiode ein. Diese Gesamtentwicklung zeigt, daß die Länder sich von Anfang an nicht darauf beschränkten, im Bundesrat nur Länderinteressen geltend zu machen, und zwar auch zu einer Zeit nicht, als die Zulässigkeit eines solchen Verhaltens keineswegs so unumstritten war wie heute.

Ganz gegensätzlich dazu ist die Bedeutung, die die Begründungskategorie gesteigerte Länderinteressen hatte. Sie war nur in der ersten Legislaturperiode von Wichtigkeit, in einer Zeit also, als viel Grundzüge des neuen Staates festgelegt wurden.

Von Beginn an ohne wesentlichen Einfluß waren gesetzestechnische und verwaltungsverfahrensbezogene Gründe, die lediglich in jeweils einer Legislaturperiode ein etwas größeres Gewicht hatten.

Auffallend ist, daß die große Bedeutung, die rechtliche Gründe in den ersten fünf Legislaturperioden hatten, in den nachfolgenden abnahm. Da nicht anzunehmen ist, daß ab der 7. Legislaturperiode die rechtliche Qualität der Gesetze schlagartig besser wurde, muß es andere Gründe hierfür geben. Eine Erklärung mag darin liegen, daß ab der 7. Legislaturperiode aufgrund der parteipolitischen Divergenzen die politischen Konflikte und Kontroversen bewußt politisch geführt wurden und dieses Element den Vorrang hatte, auch wenn rechtliche Fragestellungen berührt waren. Die politische Auseinandersetzung wurde bewußt nicht in Form der rechtlichen Auseinandersetzung gekleidet, da es darum ging, die unterschiedlichen Standpunkte klarzumachen und darzustellen. Dieses Ergebnis wird durch die Tatsache unterstrichen, daß die allgemeinpolitischen Gründe, die schon seit 1949 von großer Bedeutung waren, in der 6. und 7. Legislaturperiode eine weitere Steigerung erfahren haben.

Eine ähnlich große Rolle spielen die finanzpolitischen Gründe. In den ersten sechs Legislaturperioden sind sie sehr stark vertreten, in der siebenten und achten fallen sie dann aber ab. Diese Abnahme läßt sich nur mit dem Umstand erklären, daß gleichzeitig die Zahl der Mehrfachbegründungen, also der Kombinationskategorien, auffallend steigt und finanzpolitische Gründe in fast der Hälfte dieser Kategorien vertreten sind. Als alleiniger Beschlußgrund spielten sie aber seit 1973 keine besondere Rolle mehr.

Ein weiteres auffallendes Ergebnis ist, daß die Begründungen des Bundesrates ab der 6. Legislaturperiode deutlich komplexer werden. Dabei zeigt sich, daß die Bedeutung der allgemeinpolitischen Gründe, die anders als die finanzpolitischen Gründe als Alleinbegründung nicht abnahmen, sich in den Kombinationskategorien fortsetzte. Daß die allgemeinpolitischen Gründe als Alleinbegründung nicht abnahmen, sondern ab der 6. Legislaturperiode so hoch waren wie nie zuvor, und sich diese Entwicklung auch in den Kombinationskategorien vollzog, unterstreicht, daß ab dieser Zeit bewußt der politische Charakter von Auseinandersetzungen in den Vordergrund gerückt wurde.

Das Überwiegen der Mehrfachbegründungen in der Zeit nach 1969 wird auch darauf zurückzuführen sein, daß die sofort mit dem Regierungswechsel in Bonn einsetzende Diskussion über Rolle, Funktion und Kompetenzen des Bundesrates diesen in einen größeren Begründungsdruck gebracht hat. Der Eindruck und der Vorwurf, man betreibe Obstruktion gegenüber dem unmittelbar demokratisch legitimierten Parlament, sollte zurückgewiesen werden. Dies war einfacher, wenn man mehrere statt lediglich einen Beschlußgrund vorweisen konnte. Insofern wirkte sich die politische und parteipolitische Auseinandersetzung und Polemik auf das Begründungsverhalten des Bundesrates aus.

Bei den Zustimmungsverweigerungen kann man ebenfalls feststellen, daß Mehrfachbegründungen ab der 6. Legislaturperiode überwiegen und zwar eindeutig. Hier gilt das zu den Vermittlungsbegehren Gesagte entsprechend. Zwar spielten auch früher, insbesondere in der 2. Legislaturperiode, Mehrfachbegründungen eine nicht unbedeutende Rolle, jedoch ist dies wohl daraus zu erklären, daß der in seinen Folgen weitergehende Schritt der Zustimmungsverweigerung im Vergleich zu den Anrufungen des Vermittlungsausschusses wohl regelmäßig sorgfältiger und ausführlicher begründet wird.

Bei den einfachen Begründungen der Zustimmungsverweigerungen fällt auf, daß rechtliche und gesetzestechnische Gründe allein, wenn auch nur mit geringen Zahlen, eine stärkere Bedeutung hatten als bei der Anrufung des Vermittlungsausschusses. Dies ist im Laufe der Zeit im wesentlichen gleichbleibend und aus der geringeren Kompromißfähigkeit solcher Einwände zu erklären.

Verwaltungsverfahrensbezogene Gründe und gesteigerte Länderinteressen waren von derart geringer Bedeutung für den Bundesrat, daß sie zur Versagung der Zustimmung keinmal bzw. einmal[18] herangezogen wurden.

Auch bei den Zustimmungsverweigerungen dominieren in den Einzel- wie in den Mehrfachbegründungen die allgemein- und finanzpolitischen Gründe. Dies entspricht dem Gesamtverhalten des Bundesrates. Bedeutende Schwankungen zwischen den einzelnen Legislaturperioden sind nicht festzustellen.

Die Fälle der Versagungen der Zustimmung, die endgültig waren, halten sich, was ihre Begründung betrifft, im Rahmen des zu den Zu-

[18] In der 1. Legislaturperiode.

stimmungsverweigerungen Gesagten und weisen keine Besonderheiten hinsichtlich der zeitlichen Perioden auf.

Die auf die einzelnen Legislaturperioden aufgeteilten Beschlüsse und ihre Begründungen zeigen insgesamt, daß im Verhältnis der Begründung zum Normzweck der die Zustimmungsbedürftigkeit auslösenden Norm der Normzweck für das Begründungsverhalten ohne Bedeutung war und zwar von der ersten Legislaturperiode an.

Bei Gesetzen, die nach Art. 84 Abs. 1, 85 Abs. 1, 108 Abs. 2 Satz 2, Abs. 5 Satz 2 zustimmungsbedürftig waren, spielten die mit dem Normzweck korrespondierenden verwaltungsverfahrensbezogenen Gründe überhaupt keine Rolle. Folglich kann es auch in zeitlicher Hinsicht keine Unterschiede geben. Für die gesteigerten Länderinteressen, die man als dem Normzweck nahestehend ansehen kann, gilt entsprechendes. Dieses normzweckinadäquate Begründungsverhalten gilt sowohl für die Anrufung des Vermittlungsausschusses als auch für die Zustimmungsverweigerungen.

Daß dies keine Besonderheit dieser Normgruppe ist, zeigen die Gesetze, die nach Art. 105 Abs. 3 zustimmungsbedürftig waren. Für diese gilt grundsätzlich das oben Gesagte entsprechend.

Zwar wurden in der zweiten Legislaturperiode drei Anrufungen des Vermittlungsausschusses finanzpolitisch begründet und enthalten einige Kombinationskategorien, die maßgeblich waren, auch finanzpolitische Gründe, doch zeigt die Dominanz der allgemeinpolitischen Gründe, sowohl als Alleinbegründung als auch mit anderen Gründen gemeinsam, daß aus diesen wenigen Fällen kein normzweckentsprechendes Verhalten während eines bestimmten zeitlichen Abschnitts abgelesen werden kann.

Auch hier gilt dies sowohl für die Zustimmungsverweigerungen als auch für die Anrufungen des Vermittlungsausschusses.

Die bei der Gesamtbetrachtung[19] festgestellte Diskrepanz zwischen Normzweck und Beschlußbegründung besteht demnach über die gesamten acht Legislaturperioden hinweg. Hinsichtlich der Feststellungen zur Normgruppe Art. 104 a, 106, 107 ergeben sich in zeitlicher Hinsicht keine Besonderheiten, was auch auf das geringe zur Verfügung stehende Untersuchungsmaterial zurückzuführen ist.

Der Erfolg und der Mißerfolg der jeweiligen Einflußnahme war im Laufe der acht Legislaturperioden bei Zustimmungsverweigerungen und Vermittlungsbegehren unterschiedlich.

Bei den Anrufungen des Vermittlungsausschusses fällt auf, daß die Erfolglosigkeit im Vermittlungsausschuß besonders in der 7. und 8. Le-

[19] Siehe oben Kap. 2 I. 3. d) bb).

gislaturperiode auch prozentual höher war als zuvor. Für die 5. Legislaturperiode gilt dies nur beschränkt, da die Unterschiede geringer sind. Der Grund für das Ansteigen der Mißerfolgsquote liegt in der Zunahme der politischen Kontroversen und den parteipolitischen Divergenzen.

Entsprechend geringer ist die Quote des Erfolgs. Eines zeigen die Zahlen besonders deutlich: solange in Bundestag und Bundesrat dieselben parteipolitischen Mehrheiten bestanden, ohne daß eine große Koalition bestand, war der Mißerfolg des Bundesrates bei der Durchsetzung seiner Vorstellungen deutlich geringer. Für den um Mitgestaltung bemühten Bundesrat wirken sich unterschiedliche Mehrheitsverhältnisse insgesamt negativ aus. Auffallend ist aber auch, daß die Quote der Erfolglosigkeit zu Zeiten der großen Koalition schon sehr hoch war. Dies spricht dafür, daß ein parteipolitisches Zusammengehen auf Bundesebene für die großen Parteien es mit sich bringt, daß die Länder, obwohl durchweg von gleicher politischer Couleur, wenn auch in unterschiedlichen Koalitionen, sich dieser Machtballung erwehren müssen. Eine Interessenidentität tritt also nicht automatisch ein. Dadurch wird unterstrichen, daß die Länder ihre eigenständige Position gegenüber der gleichen politischen Bundespartei wahrnehmen.

Die Kompromißbereitschaft im Vermittlungsausschuß seit der 6. Legislaturperiode ist höher als zuvor. Lediglich in der ersten Legislaturperiode war sie noch höher. Daß der hälftige Erfolg zu Zeiten der großen Koalition vergleichsweise gering ist, deutet darauf hin, daß hier Kontroversen bestanden, die nicht parteipolitisch geprägt waren, sondern Gegensätze zwischen den Ländern und dem Bund waren und zwar von erheblichem Gewicht.

Die Quoten für den Erfolg im Bundestag geben in der Tendenz dasselbe wieder, was für den Vermittlungsausschuß gilt. Die einzelnen Daten zeigen, daß die Zahlen ab der 7. Legislaturperiode identisch sind mit denen, die für den Vermittlungsausschuß gelten, während in den ersten Legislaturperioden Schwankungen festzustellen sind, die in der ersten Legislaturperiode besonders groß sind und dann abnehmen. Die politische Konfrontation setzt sich demnach im Vermittlungsausschuß fort. Insofern ist eine Verhärtung der Positionen der beteiligten Verfassungsorgane festzustellen und die besondere Bedeutung herauszuheben, die dem Vermittlungsausschuß zukommt, denn dessen Entscheidungen werden weitestgehend übernommen. Ein Einfluß des Bundesrates auf den Bundestag nach erfolgtem Vermittlungsverfahren zugunsten einer Entscheidung, die schon im Vermittlungsausschuß keinen Erfolg gehabt hat, ist nicht mit Erfolg ausgestattet.

In der 7. und 8. Legislaturperiode war der Mißerfolg sowohl im Vermittlungsausschuß als auch im Bundestag erstmals größer als der Erfolg. Diese Erfolglosigkeitsquote ist allerdings dadurch beeinträchtigt, daß nach 1973 erstmals der Vermittlungsausschuß zu keinem Vermittlungsvorschlag kam. Insgesamt neunmal, nämlich viermal in der 7. und fünfmal in der 8. Legislaturperiode trat dieser Fall ein. Da die Anrufungen des Vermittlungsausschusses vom Bundesrat initiiert waren, und nicht das Scheitern der Gesetzesbeschlüsse zum Ziel hatten, müssen sie im Vermittlungsverfahren und Bundestag als erfolglos gewertet werden, da der Bundesrat seine inhaltlichen Vorstellungen nicht durchsetzen konnte.

Bei den Zustimmungsverweigerungen war der Mißerfolg schon immer höher als der Erfolg mit einer Ausnahme in der 2. Legislaturperiode. Dies zeigt, daß die oben getroffene Feststellung[20], daß dieZustimmungsverweigerung kein geeignetes Mittel zur Durchsetzung seiner inhaltlichen Vorstellungen für den Bundesrat ist, für alle Legislaturperioden gilt.

Herausragend ist wiederum der extrem hohe Anteil der erfolglosen Zustimmungsverweigerungen in der 7. Legislaturperiode.

Der Umstand, daß es vorrangiges Ziel des Bundesrates ist, seinem Selbstverständnis gemäß nicht Gesetzesbeschlüsse des Bundestages zu verhindern, sondern inhaltlich darauf Einfluß zu nehmen, führt dazu, daß sich das Gestaltungsmittel Zustimmungsverweigerung als weitgehend erfolglos erweist. Die Interessen durchzusetzen ist leichter, wenn man bei starker Kompetenz Kompromißbereitschaft signalisiert. Entsprechend hat sich der Bundesrat verhalten, und zwar während aller Legislaturperioden.

II. Einspruchsgesetze

1. Statistische Angaben der betroffenen Sachbereiche

Bei den Einspruchsgesetzen wurde 91mal der Vermittlungsausschuß angerufen. Die von diesen Anrufungen betroffenen Gesetzesbeschlüsse sind folgenden Sachbereichen zuzuordnen:

Sachbereich	1. LP	2. LP	3. LP	4. LP	5. LP	6. LP	7. LP	8. LP
Auswärtiges	1	-	-	-	3	-	1	-
Inneres	4	1	2	-	2	-	1	2
Justiz	2	1	1	-	1	1	12	7
Finanzen/Steuern	5	4	2	2	1	1	1	1
Wirtschaft	4	2	1	1	-	1	3	2

[20] Siehe oben Kap. 2 I. 4.

Sachbereich	1. LP	2. LP	3. LP	4. LP	5. LP	6. LP	7. LP	8. LP
Agrar	-	-	1	-	-	-	-	-
Arbeit und Soziales	4	-	-	-	-	-	-	4
Familie/Jugend u. Gesundheit	3	-	-	-	-	-	-	-
Verkehr	2	-	-	-	-	-	1	-
Post- und Fernmeldewesen	1	-	-	-	-	-	-	-
Städtebau u. Wohnungswesen	-	-	-	-	-	-	-	1
Vertriebene/Flüchtlinge	1	-	-	-	-	-	-	-

Bei den Einsprüchen sieht das Bild wie folgt aus. Diese betrafen[21]:

Sachbereich	1. LP	2. LP	3. LP	4. LP	5. LP	6. LP	7. LP	8. LP
Auswärtiges	-	-	-	-	-	-	1	-
Inneres	-	-	-	-	-	-	-	2
Justiz	-	1	-	-	-	1	2	4 (2)
Finanzen/Steuern	-	-	2 (1)	-	-	-	1	-
Agrar	-	-	1 (1)	-	-	-	-	-
Arbeit/Soziales	1 (1)	-	-	-	-	-	-	1
Verkehr	-	-	-	-	-	-	1 (1)	-

2. Auswahlverhalten

Nach Ansicht des Bundesrates waren 1308 der 3599 von ihm beratenen Gesetzesvorlagen Einspruchsgesetze. Verteilt man diese auf die einzelnen Legislaturperioden und setzt sie zu den Anrufungen des Vermittlungsausschusses und den Einsprüchen in Beziehung, ergibt sich folgendes Bild:

Leg. per.	Vorlagen	Anrufungen des VermA. absolut	in %	Einsprüche	nzw.[22]
1.	310	27	8,7	1	1
2.	201	8	4	1	-
3.	132	7	5,3	3	1
4.	115	3	2,6	-	-
5.	132	7	5,3	-	-
6.	105	3	2,9	1	-
7.	175	19	10,9	5	1
8.	138	17	12,3	7	2

[21] Die Zahlen in Klammern sind die nicht zurückgewiesenen Einsprüche.

[22] In dieser Rubrik sind die nicht zurückgewiesenen Einsprüche aufgeführt.

3. Begründungsverhalten

Die vom Bundesrat gefaßten Beschlüsse wurden im Laufe der acht Legislaturperioden wie folgt begründet:

Begründungskategorie	Anrufung des Vermittlungsausschusses	Einspruch[23]
1. Legislaturperiode		
Gesetzestechnische Gründe	1	
Rechtliche Gründe	5	1 (1)
Finanzpolitische Gründe	1	
Verwaltungsverfahrensbezogene Gründe	1	
Allgemeinpolitische Gründe	6	
Allgemeinpol. u. ges.techn. Gründe	3	
Allgemeinpol. u. rechtl. Gründe	3	
Allgemeinpol. u. finanzpol. Gründe	3	
Allgemeinpol., rechtl. u. finanzpol. Gründe	1	
Finanzpol. u. rechtl. Gründe	1	
Rechtl. u. ges.techn. Gründe	1	
Rechtl. u. verw.verf.bez. Gründe	1	
2. Legislaturperiode		
Gesetzestechnische Gründe	2	
Rechtliche Gründe	1	
Finanzpolitische Gründe	2	
Verwaltungsverfahrensbezogene Gründe	1	
Allgemeinpolitische Gründe	1	
Allgemeinpol. u. rechtliche Gründe	1	1
3. Legislaturperiode		
Rechtliche Gründe	1	
Finanzpolitische Gründe	2	1 (1)
Allgemeinpolitische Gründe	1	
Allgemeinpol. u. rechtl. Gründe	1	1
Allgemeinpol., ges.techn., verw.verf.bez. Gründe	1	1 (1)
Rechtl. u. ges.techn. Gründe	1	
4. Legislaturperiode		
Rechtliche Gründe	1	
Verwaltungsverfahrensbezogene Gründe	1	
Allgemeinpolitische Gründe	1	

Fortsetzung nächste Seite

[23] Die Zahlen in Klammern geben die Einsprüche wieder, die der Bundestag nicht zurückgewiesen hat.

Begründungskategorie	Anrufung des Vermittlungsausschusses	Einspruch[23]
5. Legislaturperiode		
Finanzpolitische Gründe	1	
Allgemeinpolitische Gründe	3	
Allgemeinpol. u. rechtl. Gründe	1	
Allgemeinpol. Gründe u. gest. L.interessen	1	
Finanzpol., ges.techn. u. verw.verf.bez. Gründe	1	
6. Legislaturperiode		
Rechtliche Gründe	1	1
Allgemeinpolitische Gründe	1	
Allgemeinpol. u. rechtl. Gründe	1	
7. Legislaturperiode		
Rechtliche Gründe	3	1 (1)
Finanzpolitische Gründe	2	
Allgemeinpolitische Gründe	8	3
Allgemeinpol. u. ges.techn. Gründe	3	
Allgemeinpol. u. finanzpol. Gründe	1	
Allgemeinpol., ges.techn. u. verw.verf.bez. Gründe	1	
Allgemeinpol., finanzpol., rechtl., verw.verf.bez. u. ges.techn. Gründe		1[24]
Finanzpol. u. ges.techn. Gründe	1	
8. Legislaturperiode		
Verwaltungsverfahrensbezogene Gründe	1	
Allgemeinpolitische Gründe	10	4 (2)
Allgemeinpol. u. ges.techn. Gründe	1	
Allgemeinpol. u. finanzpol. Gründe	1	
Allgemeinpol., ges.techn. u. rechtl. Gründe	2	1
Allgemeinpol., rechtl. u. verw.verf.bez. Gründe	1	1
Allgemeinpol., finanzpol., rechtl. u. verw.verf.bez. Gründe	1	1

4. Erfolg der jeweiligen Einflußnahme

Bei der nachfolgenden Aufstellung der Erfolgsquoten des Bundesrates bei seinem Versuch der Einflußnahme wird nicht danach differenziert, ob es sich um Erfolg im Vermittlungsausschuß oder im Bundestag handelt, da sich die Erfolgsquoten im Vermittlungsausschuß je-

[24] Siehe oben FN 194 Kap. 2.

weils im Bundestag fortsetzen, von zwei Ausnahmen abgesehen[25]. In den einzelnen Legislaturperioden war der Bundesrat

	1. LP	2. LP	3. LP	4. LP	5. LP	6. LP	7. LP	8. LP
erfolgreich	11	2	1	1	3	1	4	2
hälftig erfolgreich	10	2	3	2	1	-	6	-
erfolglos	4	2	3	-	3	2	9	14

Bei den Einsprüchen waren 12 insoweit erfolglos, als sie vom Bundestag zurückgewiesen wurden[26]. Die verbleibenden 6 nicht zurückgewiesenen Einsprüche liegen je einmal in der 1. und 7. Legislaturperiode und je zweimal in der 3. und 8. Legislaturperiode.

5. Auswertung

Die Aufstellung der von Anrufungen des Vermittlungsausschusses und den Einsprüchen betroffenen Sachbereiche zeigt ungeachtet der beschränkten Aussagekraft[27], daß es hier unterschiedliche Faktoren in zeitlicher Hinsicht gibt. Waren in der 1. Legislaturperiode noch zehn Sachbereiche betroffen, reduziert sich diese Zahl im Laufe der Legislaturperioden. Dabei ist auffällig, daß sich in der 7. und 8. Legislaturperiode die Anrufung des Vermittlungsausschusses auf dem Gebiet Justiz konzentriert. Dies hat seinen Grund zum einen darin, daß Gesetze, die diesem Bereich zuzuordnen sind, nur selten einem Zustimmungsvorbehalt zugunsten des Bundesrates unterliegen[28] und deshalb einen hohen Anteil an Einspruchsgesetzen überhaupt ausmachen. Zum anderen erklärt sich diese Konzentration gerade zu dieser Zeit daraus, daß der Bereich Justiz durch die Reformabsichten der sozialliberalen Koalition besonders tangiert war, so daß die Mehrheit im Bundesrat hier wohl andere politische Akzente setzen zu müssen glaubte.

Beim Auswahlverhalten des Bundesrates hinsichtlich der Einspruchsgesetze bestätigt sich im wesentlichen die schon bei den Zustimmungsgesetzen zu beobachtende Tendenz, daß in den ersten Legislaturperioden eine häufigere Wahrnehmung der Kompetenzen festzustellen ist,

[25] Siehe oben Kap. 2 II. 6.
[26] Zu den Gründen siehe oben FN 190 Kap. 2.
[27] Siehe oben Kap. 3 I. 6.
[28] Dies ist darauf zurückzuführen, daß diese Gesetze i. d. R. weder ein Verwaltungsverfahren regeln oder eine Behörde er- oder einrichten, noch Steuern, die den Ländern oder Gemeinden zustehen, ganz oder teilweise, regelt. Dies ist aber bei ca. 90 % der hier untersuchten Zustimmungsgesetze der Fall.

der eine Phase der Abschwächung folgt, die wiederum von einem sprunghaften Anstieg der Kompetenzwahrnehmung ab der 7. Legislaturperiode abgelöst wird. Allerdings ist die Abschwächung nicht so stetig und gleichbleibend wie bei den Zustimmungsgesetzen.

Der Grund für das sprunghafte Ansteigen der Zahlen in der 7. Legislaturperiode kann ebenso wie bei den Zustimmungsgesetzen nur darin liegen, daß ab 1973 der Bundesrat die politischen Kontroversen bewußt gesucht und betrieben hat. Dies zeigen auch die Zahlen der Einsprüche. Zwei Drittel aller Einsprüche wurden in der 7. und 8. Legislaturperiode eingelegt. Der Grund für die zuvor feststellbare Zurückhaltung bei der Einlegung der Einsprüche kann nur in der Schwäche dieses Gestaltungsmittels gesehen werden. Die sichere Kenntnis von der wahrscheinlichen Zurückweisung des Einspruchs durch den Bundestag war offensichtlich Grund genug, von der Möglichkeit, Einspruch einzulegen, nur wenig Gebrauch zu machen. Da der Bundesrat ab der 7. Legislaturperiode auch nicht davon ausgehen konnte, daß er mit seinem Einspruch im Bundestag Erfolg haben werde, eher war das Gegenteil anzunehmen, ist der verstärkte Einsatz des Gestaltungsmittels Einspruch allein darauf zurückzuführen, daß die Bundesratsmehrheit vor allem ihre vom Parlamentsbeschluß abweichende politische Meinung darlegen wollte, insbesondere der Öffentlichkeit gegenüber[29]. Dabei war es das Ziel, die politische Konfrontation bewußt zu suchen und zu führen.

Zu diesem Rollenverhalten des Bundesrates paßt es, daß er vorwiegend den Vermittlungsausschuß anrief, um seinen politischen Einfluß positiv gestaltend in die zu beratende Vorlage einzubringen und nicht so sehr, um einen bestimmten Gesetzesbeschluß zu verhindern. Diese Feststellung konnte schon bei den Zustimmungsgesetzen gemacht werden. Bei den Einspruchsgesetzen ergibt sich dies aus der Funktion, die die Anrufungen des Vermittlungsausschusses jeweils hatten. Die Fälle, in denen die Anrufungen des Vermittlungsausschusses dazu dienten, die Zulässigkeitsvoraussetzungen für einen Einspruch zu schaffen[30], liegen vor allem in den ersten vier Legislaturperioden. Der Einsatz der Gestaltungsmittel „Anrufung des Vermittlungsausschusses" und „Einspruch" diente im Laufe der Zeit immer mehr dem inhaltlichen Gestalten und dem Darstellen der abweichenden politischen Ansichten.

Die umgesetzte Absicht, positiv mitzugestalten und nicht bloß zu verhindern, sowie die Fälle, in denen ein Kompromiß nicht möglich er-

---

[29] So expressis verbis der bay. MP Strauß am 5. 6. 1981 in einem Fernsehinterview (Tagesthemen), als er die Möglichkeit ansprach, der Bundesrat könne gegen das Bundeshaushaltsgesetz 1981 den Vermittlungsausschuß anrufen und Einspruch einlegen.

[30] BR-Drs. 1005/50, 750/51, 232/52, 299/53, 281/56, 246/55, 22/60, 35/65, 342/69, 141/71, 136/74, 449/74.

scheint, ein Gestaltungsrecht einzusetzen, dessen Erfolglosigkeit in der Regel als bekannt vorausgesetzt werden kann, das aber zur Profilierung dient, sind zwei Verhaltensweisen, die beide für sich schon, aber besonders zusammen betrachtet, darauf hindeuten, daß der Bundesrat in hohem Maß politisch tätig ist und sich weniger von Partikularinteressen leiten läßt, wie dies auch bei den Zustimmungsgesetzen festzustellen war[31], und eine bewußte Gegenrolle zu Bundestag und Bundesregierung ausübt, deren Beginn sich zeitlich eindeutig ab der 7. Legislaturperiode ausmachen läßt. Dies bedeutet, daß die grundgesetzlich vorgesehene Mitwirkung des Bundesrates an der Gesetzgebung und Verwaltung des Bundes in einer Weise ausgeübt wird, die einer gleichberechtigten Teilnahme des Bundesrates am Gesetzgebungsverfahren der Absicht nach entspricht.

Hinsichtlich des Begründungsverhaltens des Bundesrates bei den Anrufungen des Vermittlungsausschusses zeigt sich sowohl bezüglich der Gesamtzahlen[32] als auch, dies ist eine Folge hiervon, bezüglich der Verteilung auf die einzelnen Legislaturperioden, daß gesetzestechnische und verwaltungsverfahrensbezogene Gründe sowie gesteigerte Länderinteressen so gut wie gar keine Bedeutung bei den Einspruchsgesetzen haben. Rechtliche und finanzpolitische Gründe verteilen sich von kleineren Schwankungen abgesehen, mit einer gewissen Stetigkeit auf die acht Legislaturperioden und erreichen somit insgesamt eine vergleichsweise hohe Zahl. Lediglich in der 1. Legislaturperiode sind die rechtlichen Gründe prozentual höher als die ansonsten nur geringfügig voneinander abweichenden Zahlen der folgenden Legislaturperioden.

Wie oben[33] bereits dargestellt, dominieren bei den Einspruchsgesetzen die allgemeinpolitischen Begründungen. Diese Dominanz der alleinigen Begründungskategorie „allgemeinpolitisch" verteilt sich nicht regelmäßig auf alle Legislaturperioden, wie dies bei rechtlichen und finanzpolitischen Gründen im wesentlichen der Fall ist. Immerhin 18 der 31 Fälle allgemeinpolitisch begründeter Anrufungen des Vermittlungsausschusses sind in der 7. und 8. Legislaturperiode festzustellen, während zuvor lediglich in der 5. Legislaturperiode ein ähnlich hoher Anteil allgemeinpolitischer Gründe vorlag.

Gleichmäßig dominierend ist allerdings der Anteil der allgemeinpolitischen Gründe, sofern Mehrfachbegründungen vorliegen. Hinsichtlich der Anzahl der Mehrfachbegründungen läßt sich eine Tendenz nicht feststellen. Lediglich auffällig ist, daß in Legislaturperioden, in denen die Zahl der Vermittlungsbegehren generell gering ist, diese Anrufungen nur mit einer Kategorie begründet wurden, etwa in der 4. und

[31] Siehe oben Kap. 2 I. 3. c) aa).
[32] Siehe oben Kap. 2 II. 4.
[33] Siehe oben Kap. 3 II. 6.

6. Legislaturperiode. Dieser Umstand deutet darauf hin, daß die Einfachbegründung für den Bundesrat besonderes Gewicht gehabt haben muß.

Die geringe Wahrnehmung der Kompetenzen und eine damit einhergehende zeitweilige Beschränkung auf wenige, aber besonders gewichtige Gesichtspunkte lassen sich insgesamt dafür anführen, daß der Bundesrat sich hier besonders zurückhaltend verhalten hat. Steht diese Zurückhaltung hinsichtlich der 4. Legislaturperiode noch im Rahmen einer allgemein feststellbaren Tendenz, wonach von der 3. bis 5. Legislaturperiode eine gewisse Abschwächung der Aktivitäten des Bundesrates zu verzeichnen ist, so überrascht dies doch für die 6. Legislaturperiode. In dieser Legislaturperiode, die mit dem Beginn divergierender Mehrheitsverhältnisse in Bundestag und Bundesrat zusammenfällt, ist ein Anstieg der Aktivitäten des Bundesrates, wie in der 7. Legislaturperiode, nicht festzustellen. Im Gegenteil weist die 6. Legislaturperiode die prozentual zweitgeringste Zahl an Anrufungen des Vermittlungsausschusses auf. Darüber hinaus wurden die Vermittlungsbegehren mit einer Ausnahme mit lediglich einer Begründungskategorie begründet. Dies ist ein Auswahl- und Begründungsverhalten für den Bereich der Einspruchsgesetze, das der Behauptung[34] widerspricht, der Bundesrat habe Oppositions- bzw. Obstruktionspolitik betrieben. Die Zahlen und Ergebnisse in der 6. Legislaturperiode sprechen für diese Zeit eindeutig dagegen. Sofern eine solche Politik beabsichtigt gewesen sein sollte, zeigen die Daten, daß sie kurzfristig nicht zu realisieren war.

Konform mit der allgemeinen Tendenz[35] im Auswahlverhalten ist dagegen die hohe Zahl allgemeinpolitischer Begründungen in der 7. und 8. Legislaturperiode. Die These, daß der Bundesrat ab 1973 die politischen Kontroversen verstärkt und auch zur Darstellung der eigenen Ansichten gesucht hat, wird durch die Entwicklung im Begründungsverhalten bestätigt.

Unterstrichen wird dies alles durch die Auswertung der Einsprüche. Waren schon $^2/_3$ aller Einsprüche in den letzten beiden Legislaturperioden anzusiedeln, so sind hiervon mehr als die Hälfte auf allgemeinpolitische Gründe gestützt worden, während zuvor allein ein Einspruch nur allgemeinpolitisch begründet wurde.

Auffallend ist bei den Einsprüchen, daß rechtliche Gründe als alleinige Begründung in allen Legislaturperioden von Bedeutung sind. Die vom Bundesrat wahrgenommene Rechtskontrolle erstreckt sich bei den Einspruchsgesetzen gleichmäßig über alle Legislaturperioden.

---

[34] Siehe oben Kap. 1 I. 1.

[35] Siehe oben Kap. 3 II. 5.

Die Erfolgsquoten bei den Einspruchsgesetzen zeigen in der 7. und 8. Legislaturperiode eine besonders hohe Quote der Erfolglosigkeit. Der Grund hierfür liegt in der Zunahme der politischen Kontroversen zwischen Bundesrat und Bundestag, die bewußt vom Bundesrat herbeigeführt wurden. Dies hatte eine Verhärtung der Positionen zur Folge und führte zu einem Rückgang an Kompromißbereitschaft auf Seiten des Bundestages, dessen Mehrheit sich den Wünschen des Bundesrates wegen der politischen Frontenstellung versagte. Einhergehend mit der Erfolglosigkeit des Bundesrates ist die niedrige Zahl des Erfolges.

Von der 2. bis 6. Legislaturperiode waren Erfolg und Mißerfolg ausgeglichen, von geringfügigen Schwankungen abgesehen. Eine deutliche Diskrepanz zeigt neben der 7. und 8. Legislaturperiode lediglich die erste. Damals war der Bundesrat trotz schwacher Kompetenz ungewöhnlich erfolgreich, wenn er Einwände im Vermittlungsverfahren geltend machte. Gründe, die außerhalb der Einzelfälle liegen, hierfür zu finden, ist schwierig. Weder das Begründungsverhalten noch das Auswahlverhalten während dieser Periode geben Hinweise. Vorstellbar ist lediglich, daß in der Anfangszeit der Bundesrepublik die Bereitschaft zur Konfrontation am geringsten war. Dies setzte sich in den folgenden Legislaturperioden abgeschwächt fort, bis die Konfrontation ab der 7. Legislaturperiode gesucht wurde. Die hohe Erfolgsquote der 1. Legislaturperiode und das ausgeglichene Bild in den folgenden Legislaturperioden könnten daher rühren.

Auch bei den Erfolgsquoten zeigt sich die Besonderheit, daß sich die mit der 7. Legislaturperiode begonnene Tendenz in der 8. Legislaturperiode fortsetzt und nicht abfällt.

Weiterhin sprechen die hohen Erfolglosigkeitsquoten in den letzten beiden Legislaturperioden dafür, daß der Bundesrat die politische Auseinandersetzung verstärkt suchte und betrieb, was zu einer entsprechend abwehrenden Haltung der Bundestagsmehrheit führte. Dabei kann es dem Bundesrat nur von Vorteil gewesen sein, daß er bei Einspruchsgesetzen, wenn die Möglichkeit eines Kompromisses nicht gegeben war, seine politische Haltung pointiert und klar hat darstellen können, indem er seine verfassungsmäßigen Rechte wahrnimmt, ohne dabei zu sehr Gefahr zu laufen, für ein mögliches Scheitern in der öffentlichen Meinung verantwortlich gemacht zu werden. Denn bei der gegebenen Konstellation konnte die den Einspruch beschließende Mehrheit davon ausgehen, daß dieser von der Bundestagsmehrheit zurückgewiesen würde, was bis auf eine Ausnahme auch geschah[36,37]. Dafür

[36] BR-Drs. 335/75. Der Bundesrat stimmte aus verfassungspolitischen Gründen einstimmig für den Einspruch.

[37] Die beiden Einsprüche aus der 8. LP wurden vom Bundestag wegen Ablaufs der Legislaturperiode nicht mehr behandelt, BR-Drs. 422/80, 423/80.

daß diese Überlegung bewußt im Beschlußverhalten des Bundesrates einkalkuliert war, ergeben sich aus dem untersuchten Material allerdings keine Anhaltspunkte. Die Erfolglosigkeit der vom Bundesrat eingelegten Einsprüche verteilt sich gleichmäßig auf die Legislaturperioden, in denen Einsprüche eingelegt wurden. Zeitliche Unterschiede sind nicht feststellbar und wären wegen ihrer geringen Zahl auch nicht sehr aussagekräftig. Bei dem relativ geringen Erfolg kommt hinzu, daß nur in der Hälfte dieser Fälle die erforderliche Mehrheit für eine Zurückweisung im Bundestag nicht erreicht werden konnte[38]. Diese Fälle sind hinsichtlich ihrer zeitlichen Einordnung ohne Bedeutung.

III. Verfassungsändernde Gesetze

Der Bundesrat hat 35 Vorlagen beraten, die verfassungsändernde Gesetze waren. Die zwischen Bundesrat und Bundestag streitigen Vorlagen betrafen in der 1., 2. und 5. Legislaturperiode die Bereiche Finanzen und Steuern und in der 7. Legislaturperiode den Bereich Inneres.

Der Bundesrat rief fünfmal den Vermittlungsausschuß an, und zwar zweimal in der 1. Legislaturperiode und je einmal in der 2., 5. und 7. Legislaturperiode.

In der 2. Legislaturperiode verweigerte der Bundesrat seine Zustimmung, nachdem zuvor ein Vermittlungsverfahren durchgeführt worden war. Ansonsten wurde fünfmal, einmal in der 1., je zweimal in der 2. und 5. Legislaturperiode, die Zustimmung ohne vorheriges Vermittlungsverfahren verweigert. Nur die Zustimmungsverweigerung in der 1. Legislaturperiode war endgültig.

Für die Anrufung des Vermittlungsausschusses waren folgende Beschlußgründe maßgebend:

In der 1. Legislaturperiode waren rechtliche und verwaltungsverfahrensbezogene Gründe, sowie allgemeinpolitische, finanzpolitische Gründe und gesteigerte Länderinteressen entscheidend. In der 2. Legislaturperiode waren es allgemeinpolitische, finanzpolitische, gesetzestechnische und verwaltungsverfahrensbezogene Gründe. Die Anrufungen des Vermittlungsausschusses in der 5. und 7. Legislaturperiode wurden gesetzestechnisch (5. LP) und einmal rechtlich begründet.

Bei den Zustimmungsverweigerungen ergibt sich folgendes Bild:

1. LP[39]: allgemeinpolitische und gesetzestechnische Gründe

[38] Siehe oben FN 190 Kap. 2.

[39] Diese Verweigerung war endgültig.

2. LP: — verwaltungsverfahrensbezogene, gesetzestechnische Gründe
— allgemeinpolitisch, finanzpolitische Gründe und gesteigerte Länderinteressen
— allgemeinpolitische und finanzpolitische Gründe

5. LP: zweimal finanzpolitische Gründe und gesteigerte Länderinteressen.

Der Erfolg der jeweiligen Einflußnahme verteilt sich wie folgt:

Die Anrufung des Vermittlungsausschusses waren

	1. LP	2. LP	5. LP	7. LP
erfolgreich	-	-	1	-
hälftig erfolgreich	2	1	-	-
erfolglos	-	-	-	1

Die Zustimmungsverweigerungen waren

	1. LP	2. LP	5. LP
erfolgreich	1	3	-
hälftig erfolgreich	-	-	2
erfolglos	-	-	-

Mit fünf Anrufungen des Vermittlungsausschusses und sechs Zustimmungsverweigerungen ist das zur Verfügung stehende Material nicht aussagekräftig genug, um Aufschluß darüber zu geben, ob sich im Auswahl- und Begründungsverhalten des Bundesrates im Laufe der acht Legislaturperioden Unterschiede zeigen. Bei derartig wenigen Fällen steht der Einzelfall zu sehr im Vordergrund.

Auffällig ist immerhin, daß mit Ausnahme der Anrufung des Vermittlungsausschusses in der 7. Legislaturperiode alle im formellen Gesetzgebungsverfahren umstrittenen Vorlagen dem Bereich Finanzen und Steuern zuzuordnen sind. Daß dies in der 7. Legislaturperiode nicht der Fall war, ist wohl auch darauf zurückzuführen, daß eine Änderung der Finanzverfassung nicht anstand. Sofern diese zuvor geändert wurde, zeigt sich, daß die vom Bundestag beschlossenen Änderungen zwischen Bund und Ländern derartig kontrovers und umstritten waren, daß eine informelle Vorwegeinigung, wie sie angesichts des $^2/_3$ Mehrheitsquorums nötig gewesen wäre und ansonsten der Staatspraxis entspricht, nicht möglich war, sondern auf die Ausgleichsmittel des Grundgesetzes zurückgegriffen werden mußte. Der Grund dafür kann nur in der herausragenden Bedeutung, die eine Änderung der

Finanzverfassung für die finanzpolitische Selbständigkeit der Länder und damit für deren politische Eigenständigkeit hat, liegen.

Daß diese Bedeutung in allen Legislaturperioden gleich hoch ist, liegt auf der Hand.

IV. Rechtsverordnungen

Der Bundesrat hat insgesamt 4587 Rechtsverordnungen beraten und in 36 Fällen die Zustimmung verweigert.

Diese Zahlen verteilen sich wie folgt auf die einzelnen Legislaturperioden:

Legislaturperiode	Vorlagen	Zustimmungsverweigerungen
1.	425	7
2.	586	13
3.	465	7
4.	692	2
5.	651	2
6.	485	3[40]
7.	730	-
8.	553	2

Von den Zustimmungsverweigerungen wurden folgende Sachbereiche betroffen:

Sachbereich	1. LP	2. LP	3. LP	4. LP	5. LP	6. LP	7. LP	8. LP
Inneres	1	1	-	-	2	-	-	1
Justiz	-	1	-	-	-	-	-	-
Finanzen/Steuern	-	1	1	-	-	-	-	-
Wirtschaft	-	-	1	1	-	-	-	-
Agrar	4	4	3	1	-	2[40]	-	1
Arbeit und Soziales	-	1	1	-	-	1	-	-
Familie/Jugend/ Gesundheit	2	-	-	-	-	-	-	-
Städtebau und Wohnungswesen	-	4	-	-	-	-	-	-
Bildung/Wissenschaft/ Forschung	-	-	1	-	-	-	-	-
Vertriebene/ Flüchtlinge	-	1	-	-	-	-	-	-

[40] Eine RVO wurde zweimal eingebracht und als 2. RVO behandelt, BR-Drs. 243/72, 400/71.

Die Zustimmungsverweigerungen wurden begründet mit

	Zustimmungsverweigerungen
1. Legislaturperiode	
Rechtliche Gründe	3
Gesetzestechnische Gründe	2
Allgemeinpolitische und rechtliche Gründe	1
Allgemeinpolitische und gesetzestechnische Gründe	1
2. Legislaturperiode	
Allgemeinpolitische Gründe	2
Rechtliche Gründe	2
Gesetzestechnische Gründe	4
Allgemeinpolitische und rechtliche Gründe	1
Allgemeinpolitische und finanzpolitische Gründe	1
Allgemeinpolitische Gründe und gesteigerte Länderinteressen	1
Allgemeinpolitische, gesetzestechnische, verwaltungsverfahrensbezogene Gründe	1
Rechtliche, gesetzestechnische und verwaltungsverfahrensbezogene Gründe	1
3. Legislaturperiode	
Gesetzestechnische Gründe	1
Allgemeinpolitische Gründe	3
Rechtliche Gründe	3
4. Legislaturperiode	
Rechtliche Gründe	1
Gesetzestechnische Gründe	1
5. Legislaturperiode	
Allgemeinpolitische Gründe	1
Allgemeinpolitische und finanzpolitische Gründe	1
6. Legislaturperiode	
Gesetzestechnische und verwaltungsverfahrensbezogene Gründe	3
8. Legislaturperiode	
Allgemeinpolitische Gründe	2

Wie oben[41] bereits dargelegt, bedeuten die geringen Zahlen und die vom Bundesrat genutzte Möglichkeit der Zustimmung nach Maßgabe bestimmter Änderungen, daß die Untersuchungsergebnisse von nur beschränkter Aussagefähigkeit sind. Dies gilt daher auch bei einer Betrachtung, die sich auf die einzelnen Legislaturperioden bezieht.

[41] Siehe oben Kap. 2 IV. 4.

Auffällig ist immerhin das Fehlen von Zustimmungsverweigerungen in der 7. Legislaturperiode, die bei den Zustimmungsgesetzen und den Einspruchsgesetzen so viele Besonderheiten aufweist und als ein Höhepunkt der Konfrontation zwischen Bundesrat und Bundestag bzw. Bundesregierung gelten kann. Als Grund hierfür muß angenommen werden, daß Rechtsverordnungen in der Regel Materien regeln, die außerhalb der öffentlichen Diskussion stehen und sich deshalb für öffentliche Kontroversen nicht eignen und wenig Anlaß für sie bieten.

Zum anderen ist die Kompetenz des Bundesrates beim Erlaß von Rechtsverordnungen so stark, daß er quasi jede Rechtsverordnung mit dem ihm genehmen Inhalt durchsetzen kann, wenn er sie auch nicht initiieren kann und insoweit von einer Vorlage abhängig ist.

Die Begründungen, die im Laufe der acht Legislaturperioden beschlossen wurden, lassen darauf schließen, daß die wenig in der öffentlichen Diskussion stehenden Verordnungsmaterien selbst für die Kontroversen entscheidend waren. Es dominieren deutlich die rechtlichen und gesetzestechnischen Gründe. Dies bedeutet, daß die sachbezogene Diskussion die politische Auseinandersetzung überwog.

Ansonsten sind keine Besonderheiten in den einzelnen Legislaturperioden, die Gewicht hätten, feststellbar. Auch die Fälle der Zustimmungsverweigerungen, die mit mehreren Begründungen beschlossen wurden, zeigen keine zeitlich eingrenzbaren Besonderheiten.

Exkurs: Allgemeine Verwaltungsvorschriften

Die vorliegenden Daten lassen keine Aussagen über eine zeitliche Entwicklung zu.

V. Zusammenfassung

Zusammenfassend läßt sich sagen, daß hinsichtlich zeitlicher Faktoren Aussagen nur über die Behandlung von Zustimmungs- und Einspruchsgesetze gemacht werden können, da das zur Verfügung stehende Material über verfassungsändernde Gesetze und Rechtsverordnungen nicht aussagefähig genug ist.

Hinsichtlich der Art der Wahrnehmung der Kompetenzen, die dem Bundesrat bei Zustimmungs- und Einspruchsgesetzen eingeräumt sind, zeigen sich in zeitlicher Hinsicht keine besonderen Unterschiede, die von Anfang an etwa vorhanden gewesen sein könnten oder im Laufe der Zeit eingetreten sein könnten. Der Bundesrat macht insoweit keine Unterschiede zwischen Zustimmungs- und Einspruchsgesetzen.

In den acht Legislaturperioden läßt sich hinsichtlich der Kompetenzwahrnehmung eine allgemeine Tendenz dahingehend feststellen, daß eine zunächst starke Kompetenzinanspruchnahme in den ersten beiden Legislaturperioden von der 3. bis zum Abschluß der 6. Legislaturperiode abnahm und stagnierte, um dann in der 7. und 8. Legislaturperiode sprunghaft wieder anzusteigen. Dies gilt nicht nur für das Auswahlverhalten des Bundesrates. Auch die Ergebnisse der Untersuchung des Begründungsverhaltens und des Erfolges der jeweiligen Einflußnahme zeigen in diesem zeitlichen Rhythmus Besonderheiten. Lediglich der fehlende Zusammenhang zwischen Zustimmungsnorm und Begründungskategorie bei Zustimmungsgesetzen macht hier eine Ausnahme. Er ist keinen zeitlichen Einflüssen unterworfen.

Die Daten über die Einspruchs- und Zustimmungsgesetze zeigen, daß es nicht ohne weiteres möglich ist, die Arbeit des Bundesrates kurzfristig in seiner Zielrichtung und Funktion zu ändern, auch wenn die politische Absicht hierzu bestehen sollte.

Der Bundesrat hat sich im Laufe der acht Legislaturperioden mehr dahingehend verhalten, daß er politischen Einfluß in der Weise geltend machen will, indem er versucht, positiv gestaltend tätig zu werden und weniger verhindernd tätig zu sein. Die aktive Mitgestaltung stand im Vordergrund. Auch die Zunahme der Einsprüche in den letzten beiden Legislaturperioden steht dem nicht entgegen.

Ab der 7. Legislaturperiode läßt sich eine vorher nicht dagewesene Konfliktbereitschaft und Konfliktabsicht auf Seiten des Bundesrates feststellen und nachweisen, die sich gegen die Bundestagsmehrheit und die Bundesregierung richtet.

Die vom Bundesrat wahrgenommene Rechtskontrolle steht in Zeiten hoher politischer Kontroversen etwas hintenan. Dies gilt vor allem für Zustimmungsgesetze.

Parteipolitisch motivierte Polemik und Auseinandersetzung führt zu einem abweichenden Begründungsverhalten des Bundesrates derart, daß der Begründungsdruck größer wird. Dies äußert sich bei Zustimmungsgesetzen durch die Zunahme mehrfacher Begründungen. Bei Einspruchsgesetzen ist eine solche Entwicklung allerdings nicht festzustellen.

Die Zunahme politischer Kontroversen bedingt eine Zunahme an Kompromissen. Diese werden in der Regel politisch, nicht rechtlich verbindlich im Vermittlungsausschuß ausgehandelt. Dessen Gewicht und Bedeutung wächst dadurch.

Im Begründungsverfahren spielten allgemeinpolitische Gründe schon immer eine besondere Rolle. Eine Steigerung dieser Bedeutung ist ab der 7. Legislaturperiode festzustellen. Die Wahrnehmung gesteigerter

Länderinteressen war dagegen nur am Anfang der Tätigkeit des Bundesrates von Bedeutung. Schon frühzeitig spielten sie keine bedeutende Rolle mehr.

Allgemein läßt sich sagen, daß der gravierendste Einschnitt in der Tätigkeit des Bundesrates zu Beginn der 7. Legislaturperiode liegt. Da dieser Umstand im wesentlichen auf die parteipolitisch unterschiedlich zusammengesetzten Mehrheiten in Bundestag und Bundesrat zurückzuführen sind, überrascht es, daß diese Entwicklung erst 1973 eintrat, nicht schon mit Beginn der sozialliberalen Koalition im Jahr 1969.

Im Vergleich zwischen der 7. und 8. Legislaturperiode fällt auf, daß bei den Zustimmungsgesetzen eine gewisse Abschwächung der mit der 7. Legislaturperiode einsetzenden Tendenz zu verzeichnen ist, während bei den Einspruchsgesetzen eine gegensätzliche Entwicklung bemerkbar ist. Hieraus eine Tendenzwende ableiten zu wollen, erscheint angesichts des uneinheitlichen Verhaltens bei Zustimmungs- und Einspruchsgesetzen und der geringen Vergleichsbasis nicht zulässig.

Je mehr politische und parteipolitische Kontroversen zwischen Bundesrat und Bundestag zunehmen, um so mehr werden die Erfolgsaussichten des Bundesrates, seine Vorstellungen in das Gesetz einzubringen, geschmälert, da die Fronten sich verhärten. Dies führt zu einem teilweisen Funktionsverlust des Vermittlungsausschusses. Dessen Aufgabe, eine für Bundestag und Bundesrat akzeptable Kompromißmöglichkeit zu suchen und zu erarbeiten, wird bei der mit einer Verhärtung der politischen Standpunkte einhergehenden Abnahme der Kompromißbereitschaft und — bedingt durch öffentliche Festlegung — Kompromißfähigkeit, immer schwieriger. So ist es nur eine logische Folge der Zunahme der Auseinandersetzungen in der 7. und 8. Legislaturperiode, daß erstmals in diesem Zeitraum der Vermittlungsausschuß neunmal keinen Einigungsvorschlag machte, obwohl die Möglichkeit, ein Vermittlungsverfahren ohne förmlichen Einigungsvorschlag zu beenden, schon seit Beginn der Tätigkeit des Vermittlungsausschusses in dessen Geschäftsordnung vorgesehen war[42]. Von 1973 bis 1980 machte er dagegen in 9 Fällen keinen Vorschlag.

Insgesamt läßt sich feststellen, daß ab 1973 ein Bruch in der bis dahin im wesentlichen eher gleichförmigen Arbeit des Bundesrates zu verzeichnen ist. Der Grund hierfür liegt in der vom Bundesrat gesuchten und betriebenen Auseinandersetzung zwischen den am Gesetzgebungsverfahren beteiligten Verfassungsorganen.

[42] Vgl. § 12 GO-VA, BGBl. 1951, Teil II, S. 102.

Kapitel 4

Die Art der Kompetenzinanspruchnahme im Hinblick auf wechselnde politische Mehrheiten in Bundestag und Bundesrat

Nach der Darstellung der unterschiedlichen Verhaltensweisen des Bundesrates im Verlauf der einzelnen Legislaturperioden soll im folgenden dargelegt werden, welche Einflüsse die jeweiligen Mehrheitsverhältnisse in Bundestag und Bundesrat dabei gehabt haben.

I. Entwicklung der Mehrheitsverhältnisse und Stimmenverteilung im Bundesrat

Bei der Darstellung der Mehrheitsverhältnisse kommt es im vorliegenden Zusammenhang in erster Linie auf die Zusammensetzung der Landesregierungen an, nicht so sehr auf die Kräfteverhältnisse in den Landesparlamenten. Dies folgt aus dem Umstand, daß die Regierungsvertreter im Bundesrat verbindlich entscheiden. Etwaige Bindungen der jeweiligen Landesregierungen an Entscheidungen der Landtage berühren das „Außenverhältnis" nicht. Abweichungen dürften jedoch sehr gering sein, da regelmäßig die Zusammensetzung der Landesregierungen das Kräfteverhältnis in den Parlamenten widerspiegelt[1].

---

[1] Daß dies nicht immer so sein muß, zeigt Niedersachsen 1976, als die CDU-Regierung im Parlament keine eindeutige Mehrheit hatte.

1. Landesregierungen

Im Bundesrat wurden die Länder in den acht Legislaturperioden vertreten von:

	1949	1950	1951	1952	1953
Baden	Wohleb CDU			2. Maier FDP, SPD	
Württemberg -Baden	Maier FDP, CDU, SPD		11. Maier FDP, SPD	10. Müller CDU, SPD, FDP, BHE	
Württemberg -Hohenzollern	Bock CDU, DVP, SPD				
Bayern	Ehard CSU, SPD	12. Ehard CSU, SPD, BHE			
Berlin	Reuter SPD, CDU, FDP		1. Reuter SPD, CDU, FDP		10. Schreiber CDU, FDP
Bremen	Kaisen SPD, FDP		11. Kaisen SPD, FDP, CDU		
Hamburg	Brauer SPD, FDP	1. Brauer SPD, FDP			12. Sieveking CDU, FDP, DP
Hessen	Stock SPD, FDP	1. Stock SPD, FDP	1. Zinn SPD, FDP		
Nieder- sachsen	Kopf SPD, CDU DP, DZP		6. Kopf SPD, DZP, BHE,		
Nordrhein- Westfalen	Arnold CDU, SPD, FDP, Z, KPD	8. Arnold CDU, Z			
Rheinland- Pfalz	Altmeier CDU, SPD, KPD		6. Altmeier CDU, FDP		
Saarland					
Schleswig- Holstein	Lüdemann SPD	9. Bartram CDU, FDP, DP, BHE	6. Lübke CDU, FDP, DP, BHE		

Erläuterung: Die Zahlen geben den Monat der Regierungsbildung an. Die erstgenannte Partei stellte den Ministerpräsident.

	1954	1955	1956	1957	1958
Baden-Württemberg			5. Müller CDU, SPD, FDP, BHE		12. Kiesinger CDU, SPD, FDP, BHE
Bayern	12. Hoegner SPD, FDP, BP, BHE			10. Seidel CDU, FDP, BHE	
Berlin		1. Suhr SPD, CDU		10. Brandt SPD, CDU	
Bremen		12. Kaisen SPD, CDU, FDP			
Hamburg				12. Brauer SPD, FDP	
Hessen		1. Zinn SPD, GB/BHE			
Niedersachsen		5. Hellwege DP, CDU, FDP, BHE		1. Hellwege DP, CDU, SPD	
Nordrhein-Westfalen	7. Arnold CDU, FDP, Z		6. Steinhoff SPD, Z, FDP		7. Meyers CDU
Rheinland-Pfalz		6. Altmeier CDU, FDP			11. Altmeier CDU
Saarland				1. Reinert CDU, FDP, SPD, DPS	
Schleswig-Holstein	10. v. Hassel CDU, FDP				10. v. Hassel CDU, FDP

	1959	1960	1961	1962	1963
Baden-Württemberg		6. Kiesinger CDU, FDP 7. Kiesinger CDU, FDP, BHE			
Bayern		1. Ehard CSU, FPD, BHE		12. Goppel CSU, BP	
Berlin	1. Brandt SPD, CDU				3. Brandt SPD, FDP
Bremen	12. Kaisen SPD, FDP				11. Kaisen SPD, FDP
Hamburg			1. Nevermann SPD, FDP 12. Nevermann		
Hessen	1. Zinn SPD, GB/BHE				1. Zinn SPD, GB, BHE
Nieder-sachsen	5. Kopf SPD, FDP, BHE		12. Diederichs SPD, FDP, BHE		6. Diederichs SPD, FDP, BHE
Nordrhein-Westfalen			7. Meyers CDU, FDP		
Rheinland-Pfalz	5. Altmeier CDU, FDP				5. Altmeier CDU, FDP
Saarland	4. Röder CDU, SPD		1. Röder CDU, DPS		
Schleswig-Holstein				11. v. Hassel CDU	1. Lemke CDU 2. Lemke CDU, FDP

	1964	1965	1966	1967	1968
Baden-Württemberg	6. Kiesinger CDU, FDP		12. Filbinger CDU, SPD		6. Filbinger CDU, SPD
Bayern			12. Goppel CSU		
Berlin			12. Albertz SPD, FDP	4. Albertz SPD, FDP 10. Schütz SPD, FDP	
Bremen		7. Dehnkamp SPD, FDP		11. Koschnik SPD, FDP	
Hamburg		6. Weichmann SPD, FDP	4. Weichmann SPD		
Hessen				1. Zinn SPD	
Niedersachsen				7. Diederichs SPD, CDU	
Nordrhein-Westfalen			7. Meyers CDU, FDP 12. Kühn SPD, FDP		
Rheinland-Pfalz				5. Altmeier CDU, FDP	
Saarland		7. Röder CDU, FDP			
Schleswig-Holstein				5. Lemke CDU, FDP	

	1969	1970	1971	1972	1973
Baden-Württemberg				6. Filbinger CDU	
Bayern		12. Goppel CSU			
Berlin			4. Schütz SPD		
Bremen			12. Koschnik SPD		
Hamburg		4. Weichmann SPD, FDP	6. Schulz SPD, FDP		
Hessen	10. Osswald SPD	12, Osswald SPD, FDP			
Niedersachsen		7. Kubel SPD			
Nordrhein-Westfalen		7. Kühn SPD, FDP			
Rheinland-Pfalz	5. Kohl CDU, FDP		5. Kohl CDU		
Saarland		7. Röder CDU			
Schleswig-Holstein			5. Stoltenberg CDU		

	1974	1975	1976	1977	1978
Baden-Württemberg			6. Filbinger CDU		6. Späth CDU
Bayern	12. Goppel CSU				11. Strauß CSU
Berlin		4. Schütz SPD, FDP		5. Stobbe SPD, FDP	
Bremen		11. Koschnik SPD			
Hamburg	4. Schulz SPD, FDP 11. Klose SPD, FDP				6. Klose SPD, FDP
Hessen	12. Osswald SPD, FDP		10. Börner SPD, FDP		12. Börner SPD, FDP
Nieder-sachsen	7. Kubel SPD, FDP		2. Albrecht CDU 12. Albrecht CDU, FDP		6. Albrecht CDU
Nordrhein-Westfalen		8. Kühn SPD, FDP			9. Rau SPD, FDP
Rheinland-Pfalz		5. Kohl CDU	12. Vogel CDU		
Saarland		7. Röder CDU		3. Röder CDU, FDP	
Schleswig-Holstein		5. Stoltenberg CDU			

	1979	1980
Baden-Württemberg 5 Stimmen		6. Späth CDU
Bayern 5 Stimmen		
Berlin 4 Stimmen	4. Stobbe SPD, FDP	
Bremen 3 Stimmen	11. Koschnik SPD	
Hamburg 3 Stimmen		
Hessen 4 Stimmen		
Niedersachsen 5 Stimmen		
Nordrhein-Westfalen 5 Stimmen		5. Rau SPD
Rheinland-Pfalz 4 Stimmen	5. Vogel CDU	
Saarland 3 Stimmen	6. Klumpp FDP, CDU 7. Zeyer CDU, FDP	5. Zeyer CDU, FDP
Schleswig-Holstein 4 Stimmen	5. Stoltenberg CDU	

Quelle: Archiv der Gegenwart

2. Bundesregierung und Bundestag

Die Bundesregierung und der Bundestag waren in den acht Legislaturperioden wie folgt besetzt[2]:

1949	Bundesregierung:	Adenauer CDU/CSU, FDP, DP			
	Bundestag:	CDU/CSU	139 Sitze,	KPD	15 Sitze
		SPD	131 Sitze,	DRP	5 Sitze
		FDP/DVP	52 Sitze,	WAV	12 Sitze
		DP	17 Sitze,	SSW	1 Sitz
		Z	10 Sitze,	Unabh.	3 Sitze
		BP	17 Sitze,		
1953	Bundesregierung:	Adenauer CDU/CSU, FDP, BHE, DP, Pl (1)			
	Bundestag:	CDU/CSU	143 Sitze,	DP	15 Sitze
		SPD	151 Sitze,	GDP/BHE	27 Sitze
		FDP/DVP	48 Sitze,	Z	3 Sitze
1956	Bundesregierung:	Adenauer CDU/CSU, FDP, DP			
1957	Bundesregierung:	Adenauer CDU/CSU, FDP			
	Bundestag:	CDU/CSU	270 Sitze,	DP	17 Sitze
		SPD	169 Sitze		
		FDP/DVP	41 Sitze		
1961	Bundesregierung:	Adenauer CDU/CSU, FDP			
	Bundestag:	CDU/CSU	242 Sitze		
		SPD	190 Sitze		
		FDP	67 Sitze		
1962	Bundesregierung:	Adenauer CDU/CSU, FDP			
1963	Bundesregierung:	Erhard CDU/CSU, FDP			
1965	Bundesregierung:	Erhard CDU/CSU			
	Bundestag:	CDU/CSU	245 Sitze		
		SPD	202 Sitze		
		FDP	49 Sitze		
1966	Bundesregierung:	Kiesinger CDU/CSU, SPD			
1969	Bundesregierung:	Brandt SPD, FDP			
	Bundestag:	CDU/CSU	242 Sitze		
		SPD	224 Sitze		
		FDP	30 Sitze		
1972	Bundesregierung:	Brandt SPD, FDP			
	Bundestag:	SPD	230 Sitze		
		CDU/CSU	225 Sitze		
		FDP	41 Sitze		
1974	Bundesregierung:	Schmidt SPD, FDP			
1976	Bundesregierung:	Schmidt SPD, FDP			
	Bundestag:	CDU/CSU	243 Sitze		
		SPD	228 Sitze		
		FDP	39 Sitze		
1980	Bundesregierung:	Schmidt SPD, FDP			
	Bundestag:	CDU/CSU	237 Sitze		
		SPD	228 Sitze		
		FDP	54 Sitze		

[2] Quelle: Archiv der Gegenwart; Storbeck.

3. Stimmenverhältnisse im Bundesrat

Verteilt man die Stimmen im Bundesrat nach parteipolitischen Gesichtspunkten, so ergibt sich folgendes Bild:

	CDU/CSU	SPD	CDU/CSU SPD	CDU/CSU FDP	SPD/FDP	CDU/CSU SPD/FDP
1949	3	4	17	-	6	13 (4)[3]
1950	8	4	13	4	6	8 (4)
1951	8	9[4]	8	8	7	3 (4)
1952	5	9[4,5]	5[5]	8[5,6]	8	3 (4)
1953	5	9[4]	5	11 (4)	-	8
1954	-	9[4]	-	16 (4)	5[5,7]	8
1955	-	4[5,8]	- (4)	21	5[5,7]	8
1956	-	4[5,8]	- (4)	16	10	8
1957	-	7[5,8]	5 (4)	13	5[4]	11
1958	9	7[5,8]	5[6] (4)	9	-	11
1959	5	7[5,8]	3 (4)	13	8[5]	5
1960	5	7[5,8]	3 (4)	18	8[5]	-
1961	8[9]	7[5]	- (4)	18	8[5]	-
1962	12[9]	7[5,10]	- (4)	14	8[5]	-
1963	8[9]	7[5,10]	-	18	8 (4)	-
1964	8[9]	7[5,10]	-	18	8 (4)	-
1965	5[9]	4[5,10]	-	21	11 (4)	-
1966	5	7[5,10]	5	16	8 (4)	-
1967	5	7	10	11	8 (4)	-
1968	5	7	10	11	8 (4)	-
1969	5	7	10	11	8 (4)	-
1970	8	5	5	8	15 (4)	-
1971	16	8 (4)	5	-	12	-
1972	21	8 (4)	-	-	12	-
1973	21	8 (4)	-	-	12	-
1974	21	3 (4)	-	-	17	-
1975	21	3	-	-	17 (4)	-
1976	26	3	-	-	12 (4)	-
1977	18	3	-	8	12 (4)	-
1978	23	6	-	3	9 (4)	-
1979	23	6	-	3	9 (4)	-
1980	23	11	-	3	4 (4)	-

[3] Die vier Stimmen in Klammern betreffen das Land Berlin.
[4] Gemeinsam mit Z.
[5] Gemeinsam mit BHE.
[6] Gemeinsam mit DP.
[7] Gemeinsam mit BP.
[8] Gemeinsam mit GB.
[9] Gemeinsam mit DPS.
[10] Gemeinsam mit GDP.

Stellt man nun die Mehrheitsverhältnisse in Bundestag und Bundesrat gegenüber, so zeigt sich, daß eine eindeutige Divergenz zwischen den Parteien, die die Regierungskoalition auf Bundesebene bildeten und den Oppositionsparteien im Bundestag lediglich von 1972 bis einschließlich 1976 bestand. In allen anderen Jahren war eine Partei, die der Bundesregierung angehörte, auf Landesebene in einer Koalition mit der Partei, die die Bundesopposition trug. Die auf eine solche Koalition entfallenden Stimmen können nicht durch Vermutungen und Einschätzungen der politischen Gewichte der einen oder anderen Seite zugeschlagen werden[11]. Diese Stimmen sind parteipolitisch als neutralisiert anzusehen, da die Stimmabgabe in den Länderkabinetten vorbereitet wird[12] und daher ein Klärungsprozeß den Entscheidungen vorausgehen muß. Die Koalitionspartner müssen sich demnach mit dem jeweiligen Einzelfall auseinandersetzen. Daß ein Koalitionspartner hierbei auch die Interessen der eigenen Bundespartei berücksichtigt, muß angenommen werden. Auch wo einer Partei die Stimmführerschaft im Bundesrat überlassen worden ist, ist es nicht vorstellbar, daß sie die Stimmabgabe ohne Rücksicht auf die Interessen des Koalitionspartners ausübt. Daß man diese Art von Stimmen nicht einfach dem politisch stärkeren Koalitionspartner zuweisen kann, zeigen deutlich die in den letzten Jahren von der CDU an die FDP gemachten Koalitionsangebote, die immer eine Möglichkeit enthielten, der FDP auf Landesebene eine Koalition zu ermöglichen, ohne im Bundesrat die sozialliberale Bundesregierung zu gefährden[13].

Wenn die auf Koalitionsregierungen im Bundesrat entfallenden Stimmen auch nicht einer bestimmten Partei zugerechnet werden können, so sind sie doch häufig ausschlaggebend bei den Beschlüssen des Bundesrates.

Ebenso ist es nicht möglich, die Stimmverteilung im Bundesrat danach vorzunehmen, welcher Partei der Ministerpräsident bzw. Erste Bürgermeister angehört. Zwar können die Stimmen eines Landes im Bundesrat nur einheitlich abgegeben werden, Art. 51 Abs. 3, und ist für die Gültigkeit der Stimmabgabe allein das Außenverhältnis maßgeblich, so daß etwa das Abweichen eines Ministerpräsidenten vom zuvor mit dem Koalitionspartner beschlossenen Kabinettsbeschluß die Wirksamkeit der Stimmabgabe nicht berührt. Es ist jedoch politisch nicht vorstellbar und bisher auch noch nicht bekannt geworden, daß im Bundesrat mehrmals entgegen einem Kabinettsbeschluß abgestimmt wurde. Der Zwang zur Einigung zum Kompromiß ist gerade in einer Koali-

[11] So aber in den meisten Fällen Bandorf, S. 114, ohne die Gründe der Zuweisung und ihre Kriterien darzulegen.

[12] Vgl. Laufer / Wirth, S. 142 ff.

[13] Siehe oben Kap. 1 I. 1; Bandorf in ZRP 77, 81.

tionsregierung viel zu groß. Ein in obiger Weise mehrfach desavouierter Koalitionspartner hätte schon der eigenen Glaubwürdigkeit wegen gar keine andere Wahl, als die Koalition zu verlassen.

Um die Stimmenverhältnisse im Bundesrat eindeutig im Hinblick auf die Mehrheiten im Bundestag verteilen zu können, müssen daher von der Regierungskoalition auf Bundesebene abweichende Landeskoalitionen als neutralisiert angesehen werden, auch wenn eine Zuordnung aller Stimmen zu den jeweils betroffenen Lagern nicht möglich ist und die neutralisierten Stimmen häufig entscheidend gewesen sein können.

Unter Berücksichtigung dieser Überlegungen sind die Bundesratsstimmen wie folgt zu verteilen:

Jahr	Stimmen insgesamt	Reg.koal.[14]	Opposition[15]	Neutralisiert
1949	43	3	4	36
1950	43	12	4	27
1951	43	16	9	18
1952	38	13	9	16
1953	38	16	9	13
1954	38	16	9	13
1955	38	21	4	13
1956	38	16	4	18
1957	41	13	7	21
1958	41	18	7	16
1959	41	18	7	16
1960	41	23	7	11
1961	41	26	7	8
1962	41	26	7	8
1963	41	26	7	8
1964	41	26	7	8
1965	41	26	4	11
1966	41	21	7	13
1967	41	22	-	19
1968	41	22	-	19
1969[16]	41	22	-	19
1970	41	20	8	13
1971	41	20	16	5
1972	41	20	21	-
1973	41	20	21	-

Fortsetzung nächste Seite

[14] Reg.koal. bezeichnet die Stimmen, die parteipolitisch der Regierungskoalition im Bundestag zuzurechnen sind.

[15] Opposition bezeichnet die Stimmen, die parteipolitisch der Opposition im Bundestag zuzurechnen sind.

[16] Bei der Stimmenverteilung 1969 ist zu berücksichtigen, daß die sozialliberale Regierung erst Ende Oktober die Amtsgeschäfte aufnahm. Die FDP war daher Oppositionspartei während des größten Teils des Jahres.

Jahr	Stimmen insgesamt	Reg.koal.[14]	Opposition[15]	Neutralisiert
1974	41	20	21	-
1975	41	20	21	-
1976[17]	41	15	26	-
1977	41	15	18	8
1978	41	15	23	3
1979	41	15	23	3
1980	41	15	23	3

Die Aufstellung zeigt, daß es drei unterschiedliche Perioden in der Mehrheitsstruktur des Bundesrates im Vergleich zu den Mehrheiten im Bundestag gibt.

Die jeweilige Regierungskoalition im Bundestag hatte von 1960 bis einschließlich 1969 sowie im Jahre 1955 eine eindeutige, durch Koalitionspartner nicht eingeschränkte Mehrheit unter parteipolitischen Gesichtspunkten im Bundesrat. In der Zeit der sog. großen Koalition von 1966 bis 1969 war dieser Zusammenhang der Mehrheitsverhältnisse besonders stark ausgeprägt, da die Opposition im Bundestag, die FDP auf Länderebene in sechs Regierungen vertreten war und sowohl mit der CDU als auch mit der SPD koalierte. Allein der Opposition zuzurechnende Stimmen gab es in dieser Zeit nicht.

Von 1972 bis 1980 mit Ausnahme des Jahres 1977 hatten die Oppositionsparteien im Bundesrat eine eindeutige, uneingeschränkte Mehrheit.

In den übrigen Jahren[18] bestand die gleiche Mehrheitsstruktur im Prinzip ebenfalls. Entweder hatten die Regierungskoalitionen oder die Opposition im gegenseitigen Vergleich die Mehrheit. Diese Mehrheiten waren jedoch durch Länderkoalitionen, die in ihrer Zusammensetzung von der auf Bundesebene abwichen, jeweils beeinflußbar. Die Stimmen, die auf Länder entfielen, die von einer Koalitionsregierung regiert wurde, konnten der einen oder der anderen Seite die absolute Mehrheit verschaffen. Wie die Jahre 1959 und 1977 beispielhaft zeigen, waren bei dieser Mehrheitsstruktur sowohl die Regierungskoalitionsparteien als auch die Oppositionsparteien Mehrheitsträger.

[17] Die im Februar angetretene Regierung Albrecht nahm erst im Dezember den Koalitionspartner FDP in die Regierung. Die Stimmen Niedersachsens zählen 1976 daher zur Opposition.

[18] Mit Ausnahme des Jahres 1949, das wegen seiner Besonderheiten nicht ohne weiteres zu einem Vergleich herangezogen werden kann.

II. Auswirkungen der Mehrheitsverhältnisse auf die Kompetenzinanspruchnahme

Bei der nachfolgenden Untersuchung über die Auswirkungen der Mehrheitsverhältnisse in Bundestag und Bundesrat auf die Tätigkeit des Bundesrates werden nur die Zustimmungs- und Einspruchsgesetze zur Beurteilung herangezogen, da den Daten über verfassungsändernde Gesetze und Rechtsverordnungen wegen der geringen Zahl der zur Verfügung stehenden und untersuchten Fälle nur wenig Aussagekraft zukommt.

Dies war auch nicht anders zu erwarten. Bei verfassungsändernden Gesetzen besteht für den Initianten wegen des $^2/_3$ Quorums nur dann Aussicht auf Erfolg, wenn er die parteipolitischen Gegner von vorneherein durch entsprechende Kompromißbereitschaft für die angestrebte Änderung des Grundgesetzes gewinnen kann. Somit sind diese Fälle nicht dafür geeignet, parteipolitische Auseinandersetzungen zu führen. Wenn die parteipolitischen Gegensätze unüberwindbar sind, kommt es erst gar nicht zu einem Gesetzgebungsverfahren.

Bei den Rechtsverordnungen lassen sich Besonderheiten aufgrund bestimmter Mehrheitsverhältnisse auch deshalb nicht ausmachen, weil eine eventuell parteipolitische Einflußnahme wirkungsvoller mit dem Mittel der Maßgabezustimmung erreicht werden kann als mit der Zustimmungsverweigerung. Denn die Zustimmungsverweigerung ist zum aktiven Mitgestalten des Verordnungsinhalts ungeeignet. Der Einfluß der Mehrheitsverhältnisse auf das Verhalten bei Maßgabezustimmungen ist hier aber nicht nachvollziehbar.

Entsprechendes gilt für die allgemeinen Verwaltungsvorschriften.

Da Zustimmungs- und Einspruchsgesetze den wesentlichen Teil der Arbeit des Bundesrates, der nachvollziehbar ist, ausmachen, schadet diese Einschränkung nicht.

Setzt man die aufgezeigten Perioden bestimmter Mehrheitsverhältnisse in Bundesrat und Bundestag zu den einzelnen Legislaturperioden mit ihren Daten in Beziehung, so kann man eine Zuordnung dahingehend treffen, daß von wenigen einzelnen Jahren abgesehen in der 1. und 2. Legislaturperiode die jeweilige Mehrheit im Bundestag eine durch vielfältige Länderkoalitionen eingeschränkte Mehrheit im Bundesrat hatte. Von der 3. bis einschließlich 5. Legislaturperiode hatten die Parteien der Regierungskoalition im Bund eine nicht durch Einflüsse aus Länderkoalitionen eingeschränkte Mehrheit[19]. Die 7. und

[19] Zwar begann die 3. Legislaturperiode bereits Ende 1957, jedoch sind die letzten beiden Jahre einer Legislaturperiode für die Arbeit des Bundesrates entscheidender, da die im Bundestag beschlossenen Gesetze immer mit er-

8. Legislaturperiode entsprechen mit Ausnahme des Jahres 1977 der Zeit, in der die Mehrheit der Bundestagsoppositionsparteien im Bundesrat uneingeschränkt war.

Während der 6. Legislaturperiode schließlich bestand 1970 und 1971 eine eingeschränkte Mehrheit der Regierungskoalitionsparteien[20]. Die 6. Legislaturperiode entspricht mithin der 1. und 2. Legislaturperiode hinsichtlich ihrer Mehrheitsstruktur. Die drei verschiedenen Perioden unterschiedlicher Mehrheitsstrukturen weisen Abweichungen im Verhalten des Bundesrates jeweils zueinander auf. Es gibt aber auch Aspekte in der Arbeit des Bundesrates, die von den Mehrheitsverhältnissen eindeutig unabhängig sind.

1. Auswahlverhalten

Vor diesem Hintergrund lassen sich folgende Aussagen treffen: Die Absicht des Bundesrates, seine im Grundgesetz vorgesehenen Rechte mit der Zielrichtung, gestaltend mitzuwirken, einzusetzen, ist von den jeweiligen Parteikonstellationen unabhängig. Da hinsichtlich dieser Haltung schon keine zeitlichen Besonderheiten festzustellen sind[21], und im vorliegenden Zusammenhang ebenfalls keine Anhaltspunkte für unterschiedliches Verhalten feststellbar sind, kann geschlossen werden, daß bei der grundsätzlichen Auffassung der Ländervertreter über die Arbeit und Bedeutung des Bundesrates ein Rollenverständnis vorherrscht, demzufolge die Eigenschaft, Vertreter in einem Bundesorgan zu sein, höher eingeschätzt wird, als Funktionär einer Partei zu sein. Besonders deutlich zeigt sich dies in der 7. und 8. Legislaturperiode, in denen bei einer Mehrheit der Oppositionsparteien im Bundesrat die Beeinflussung eines Gesetzes und nicht dessen Verhinderung im Vordergrund stand, wie sich aus den geringen Zahlen von Zustimmungsverweigerungen ohne vorheriges Vermittlungsverfahren und den wenigen Anrufungen des Vermittlungsausschusses mit dem Ziel der Aufhebung bei Einspruchsgesetzen[22] ergibt. Daß auch politische Opportu-

heblicher zeitlicher Verzögerung vom Bundesrat beraten werden. In der 3. Legislaturperiode betrug die durchschnittliche Dauer des Gesetzgebungsverfahrens von der Einbringung bis zur Verabschiedung durch den Bundestag mehr als 6 Monate, vgl. Parlamentsstatistik in ZParl. 81, 13. Dies rechtfertigt die obige Zuordnung zu der 3. Legislaturperiode.

[20] Die 6. Legislaturperiode begann Ende Oktober 1969, so daß dieses Jahr noch zur alten Mehrheit zugerechnet werden muß. Das Jahr 1972 zeichnet sich dadurch aus, daß ab Ende Mai die Regierungsfraktionen im Bund keine Mehrheit mehr besaßen. Im Bundestag war ein Patt entstanden. Derartige kurzzeitige Unterschiede können die Zuordnung nicht beeinflussen, da sie sich nicht nachweisbar in den Daten niederschlagen.

[21] Siehe oben Kap. 3 I. 6.

[22] Vier von 30 Zustimmungsverweigerungen ohne vorheriges Vermittlungsverfahren und zwei von zwölf Vermittlungsbegehren mit Aufhebungsziel fallen in diese Zeit.

nität ein solches Verhalten der Bundesratsmehrheit nahelegte, ändert an dieser grundsätzlichen Aussage nichts.

Auch zu Zeiten parteipolitisch paralleler Mehrheiten wurde bei Konflikten vor allem versucht, Einfluß durch Mitgestalten zu nehmen.

Besteht im Bundesrat eine der Mehrheit im Bundestag entsprechende Mehrheit, führt dies zu geringeren Aktivitäten des Bundesrates. Die parteipolitischen Verflechtungen der Regierenden führt offensichtlich zu einer Verringerung des Konfliktpotentials zwischen den Verfassungsorganen. Unterschiedliche Auffassungen können auf anderen Ebenen ausgeräumt werden. Die parteipolitische Verflechtung ermöglicht es dabei, daß der Klärungsprozeß schon auf Parteiebene stattfindet. Dies zeigen die Jahre 1960 bis 1969 mit ihren geringen Zahlen von Anrufungen des Vermittlungsausschusses, Zustimmungsverweigerungen und Einsprüchen. Besonders deutlich wird dies in der Zeit der großen Koalition. In keiner Legislaturperiode wurde prozentual seltener der Vermittlungsausschuß angerufen.

Bei der Beurteilung dieser Phase paralleler Mehrheitsverhältnisse ist allerdings zu berücksichtigen, daß die untersuchten Beschlüsse des Bundesrates die jeweilige Mehrheitsmeinung wiedergeben. Oppositionell geführte Länder konnten eine eventuell vorhandene Konfrontationspolitik gar nicht durchsetzen.

Genau das Gegenteil tritt ein, wenn die jeweiligen Mehrheitsverhältnisse eindeutig divergieren. Das Konfliktpotential vermehrt sich. Die Bundesratsmehrheit nutzt ihre Rechte extensiver. Dabei können politische Vorstellungen und Änderungswünsche, die im Bundestag nicht durchzusetzen waren, entweder noch in den Gesetzesbeschluß eingebracht werden oder aber als andere Ansicht nochmals dargestellt werden. Daraus erklären sich die hohen Zahlenwerte in der 7. und 8. Legislaturperiode. Dabei kann, muß es sich aber nicht um parteipolitisch kontrovers behandelte Fragen handeln. Ob es sich um solche Kontroversen handelte, läßt sich exakt nur beantworten, wenn man die Änderungswünsche der Bundestagsopposition mit denen der Bundesratsmehrheit vergleicht. Aus der Zunahme der allgemeinpolitischen Gründe in dieser Zeit[23] läßt sich aber schließen, daß insoweit ein enger Zusammenhang besteht.

Diese These wird gestützt durch die Tatsache, daß Gestaltungsmittel wie der Einspruch verstärkt der politischen Selbstdarstellung wegen eingelegt wurden. Dies ergibt sich daraus, daß die Gesetzesbeschlüsse, zu denen der Bundesrat Einspruch erhob, mit einer Ausnahme parteipolitisch besonders kontrovers waren[24]. Die Bundesratsmehrheit konnte

---

[23] Siehe unten Kap. 4 II. 2.

dabei nicht erwarten, daß sich im Bundestag für eine Zurückweisung keine Mehrheit gefunden hätte. Dazu waren die gegenseitigen Ansichten zu konträr. So wurden neun der zwölf Einsprüche vom Bundestag zurückgewiesen und konnte zweimal der Antrag auf Zurückweisung nicht mehr bis zum Ablauf der Legislaturperiode gestellt werden. Da Anhaltspunkte dafür fehlen, daß Konflikte föderativer Natur häufiger als sonst bestanden und deshalb eine Zunahme der Anrufungen des Vermittlungsausschusses sowie der Einsprüche nicht hierauf beruhen kann, kann der Grund für die festgestellte Zunahme der Kontroversen nur in der politischen Auseinandersetzung liegen. Weil aber die parteipolitischen Mehrheiten divergierten, hat die Zunahme der Konflikte ihren Grund in der parteipolitischen Auseinandersetzung.

Die Zunahme von Kontroversen und Auseinandersetzungen ist jedoch nicht allein davon abhängig, daß die parteipolitischen Gegensätze sich in entsprechenden uneingeschränkten Mehrheiten in den Bundesorganen ausdrücken. Wie die Zahlen der ersten beiden Legislaturperioden zeigen, kommt es auch dann zu einem erhöhten Maß an Auseinandersetzungen, wenn die Mehrheiten nicht als generell festgelegt bezeichnet werden können. Dies ist dann der Fall, wenn viele, unterschiedlich zusammengesetzte Länderkoalitionen bestehen. Der mögliche parteipolitische Konflikt findet dann schon auf Landesebene statt, kann dort aber wegen der unterschiedlichen Interessenlagen nicht allein unter bundesparteipolitischen Gesichtspunkten gelöst werden. Der Zwang, sich auf Länderebene einigen zu müssen, ermöglicht es Mehrheits- wie Minderheitsparteien, unter Hinweis auf ihre Landeskoalition ein höheres Maß an Kompromißbereitschaft zu zeigen, als es eine reine parteipolitische Betrachtung erlauben würde. Unterschiedliche Landeskoalitionen sind somit ein Garant für die Kompromißfähigkeit der Parteien untereinander im Bundesrat.

Die unterschiedlichen Koalitionen haben dazu geführt, daß der Bundesrat im Umfang seiner gesamten Tätigkeit seine Kompetenzen extensiv wahrnimmt, und zwar auch dann, wenn die die Bundesregierung tragenden Parteien im Bundesrat auch die Mehrheit haben. Dies bedeutet aus der Sicht der Bundesregierung, daß nur uneingeschränkte

[24] Die Einsprüche betrafen das Haushaltsstrukturausführungsgesetz, BR-Drs. 739/75; § 218 StGB, BR-Drs. 140/76; die Bekämpfung des Terrorismus, BR-Drs. 100/76, 303/78, 423/80; das Presserecht, BR-Drs. 189/76; die Rentenanpassung, BR-Drs. 223/77; das elterliche Sorgerecht, BR-Drs. 218/79; die Regelung der lebenslänglichen Haft, BR-Drs. 278/80; die Filmförderung, BR-Drs. 226/79 sowie der Vertrag zwischen der Bundesrepublik Deutschland und der CSSR aus dem Jahr 1974, BR-Drs. 449/74. Der einzige Einspruch, bei dem es sich nicht um ein „hochpolitisches" Gesetz handelte, richtete sich gegen eine Mitwirkung des Bundestages beim Erlaß einer Rechtsverordnung, BR-Drs. 651/75. Gegen eine solche Mitwirkung des Bundestages hat sich der Bundesrat schon immer gewehrt, vgl. etwa BR-Drs. 488/51.

Mehrheiten im Bundesrat die Möglichkeit eröffnen, die möglichen Konflikte mit den Ländern schon auf Parteiebene zu lösen und auszutragen.

Da die Koalitionen unterschiedlich zusammengesetzt sind, kann eine Blockbildung und Blockpolitik nicht entstehen. Eine parteipolitisch motivierte, auf Konfrontation ausgerichtete Politik der Bundesratsmehrheit ist dann genausowenig durchsetzbar wie eine strikt auf Unterstützung der Bundesregierung ausgerichtete Politik.

Daraus ist zu folgern, daß Landesregierungen, in denen Parteien miteinander koalieren, von denen auf Bundesebene je eine entweder der Regierungskoalition oder der Opposition angehört, als Vertreter im Bundesrat in Fällen, in denen das Land die ausschlaggebende Stimmenzahl hat, eine Garantie dafür sind, daß der Bundesrat über die Parteien weder zum Opponenten der Bundesregierung noch zum Unterstützer derselben gleichgeschaltet werden kann. Je mehr unterschiedlich zusammengesetzte Koalitionen auf Landesebene bestehen, um so höher ist die Wahrscheinlichkeit, daß der Bundesrat seine Kompetenzen extensiv wahrnimmt, ohne dabei parteipolitisch festgelegt zu sein. Denn dies erlauben und ermöglichen die unterschiedlichen Zusammensetzungen der Koalitionen nicht. Die Zahlenwerte der ersten beiden und der sechsten Legislaturperiode erlauben diese Schlüsse.

2. Begründungsverhalten

Unabhängig von den jeweiligen Mehrheitsverhältnissen in Bundesrat und Bundestag ist die Tatsache, daß der Normzweck der Norm, die die Zustimmungsbedürftigkeit ausgelöst hat, bei der Beschlußfassung des Bundesrates keine Rolle spielte. In allen Perioden unterschiedlicher Mehrheitsstrukturen im Bundesrat war der Normzweck bedeutungslos.

Im Begründungsverhalten insgesamt sind weniger Besonderheiten festzustellen, die sich auf die unterschiedlichen parteipolitischen Konstellationen zurückführen lassen als im Auswahlverhalten.

Die Argumentationen mit allgemeinpolitischen Gründen sind über die gesamte Zeit hinweg dominierend. Allerdings läßt sich feststellen, daß sich bei einer Mehrheit der Oppositionsparteien im Bundesrat die prozentualen Anteile der allgemeinpolitischen Gründe vermehren. Dies bedeutet, daß die Bundesratsmehrheit ihre Kompetenzen dahingehend ausgeübt hat, daß sie sich auch als Gegenpol der Parlamentsmehrheit versteht, und zwar noch mehr als bei anderen Mehrheitsstrukturen. Wenn diese Verstärkung mit der uneingeschränkten Mehrheit der Oppositionsparteien im Bundesrat einsetzt, muß in den parteipolitischen Divergenzen der Grund dafür gesucht werden. In dieses Bild paßt der parallel zu beobachtende Rückgang rechtlicher Gründe ab der Zeit, in der die Parteien der Bundestagsopposition die uneingeschränkte Mehrheit hatten. Die politische Auseinandersetzung wurde verstärkt betrieben.

Dies zeigt sich auch daran, daß im selben Zeitraum die Begründungen komplexer und umfangreicher wurden. Dies ist zum einen auf den erhöhten Begründungsdruck zurückzuführen, dem die Bundesratsmehrheit ausgesetzt war[25]. Darüber hinaus bedeutet dies jedoch auch, daß bei einer Oppositionsmehrheit im Bundesrat grundsätzlich auch quantitativ mehr Einwände seitens der Bundesratsmehrheit und nicht nur qualitativ andere Einwände, wie z. B. die verstärkte Bedeutung allgemeinpolitischer Gründe, vorgebracht werden. Der Bundesrat betreibt insoweit Oppositionspolitik. Dies muß nicht bedeuten, daß er lediglich ein parteipolitisch verlängerter Arm der Bundestagsopposition ist, der in Absprache mit dieser sein Verhalten bestimmt[26]. Vielmehr wird das Spektrum der politischen Auseinandersetzung generell erweitert, wie die geringeren Zahlen mehrfacher Begründungen zuzeiten paralleler Mehrheiten zeigen. Diese Erweiterung kann, muß aber nicht allein parteipolitisch bzw. parteitaktisch ausgerichtet sein. Bei einer Mehrheitskonstellation wie in der 7. und 8. Legislaturperiode übt der Bundesrat eine Oppositionsrolle derart aus, daß er Einwände und Änderungswünsche in einem umfangreicheren und komplexeren Maße geltend macht als sonst und dabei allgemeinpolitische Gründe noch wichtiger und dominierender sind als schon zuvor.

3. Erfolg der Einflußnahme

Uneingeschränkte parallele Mehrheiten bedeuten für den Bundesrat, daß er seine Begehren mit größerer Aussicht auf Erfolg durchsetzen kann. Mit der Abnahme seiner Aktivitäten geht eine erhöhte Durchsetzbarkeit der Vorstellungen des Bundesrates einher. Bewirkt die parteipolitische Verflechtung einerseits, daß Konflikte schon weitgehend auf Parteiebene ausgetragen werden, so gibt sie andererseits der Bundesratsmehrheit die Möglichkeit, in Fällen, in denen der parteiinterne Interessenausgleich nicht funktioniert, ihre Interessen durchzusetzen, da es regelmäßig für die Bundesregierung unerträglich sein dürfte, von Länderregierungen der eigenen politischen Couleur im Bundesrat desavouiert zu werden. Dies bringt eine erhöhte Kompromißbereitschaft den Wünschen des Bundesrates gegenüber mit sich. Die hohe Erfolgsquote und der hohe Anteil von Kompromissen in der

[25] Siehe oben Kap. 3 I. 6.
[26] Vgl. hinsichtlich solcher Absprachen Herzog in ZParl 76, 291.

3. und 5. Legislaturperiode zeigen dies, wenn man die Daten der Zustimmungs- und Einspruchsgesetze zusammen betrachtet.

Grundsätzlich gilt das Gesagte auch für die Zeit der lediglich eingeschränkten Mehrheiten. Auffallend hier im Vergleich zur 3. bis 5. Legislaturperiode ist jedoch zusätzlich das eindeutige Dominieren des Kompromisses. In dieser Zeit hoher Aktivitäten bewirkt eine Vielzahl unterschiedlich zusammengesetzter Landeskoalitionen einen Zwang zu Kompromiß und Ausgleich. Ein Umstand, der ein weiteres Mal die Bedeutung unterschiedlicher Koalitionen auf Landesebene beweist. Diese bewirken für den Bundesrat, daß er seine Vorstellungen insgesamt am erfolgreichsten, wenn auch nur zum Teil durch Kompromiß verwirklichen kann. Die geringe Quote des Mißerfolges zeigt dies.

Der Zwang und die Bereitschaft zum Kompromiß ist auch in der Periode, in der die Bundestagsopposition die Mehrheit hat, groß. Dies ist verständlich, wollen doch die Bundesregierung und die sie tragende Parteien ihre Vorstellungen durchsetzen, auch um den Preis eines Kompromisses. Der Unterschied zu den ersten beiden Legislaturperioden liegt jedoch darin, daß die oppositionellen Parteien im Bundesrat eine besonders hohe Erfolglosigkeitsquote aufweisen.

Diese Quote ist zum einen ein Hinweis darauf, daß einer bewußt betriebenen Oppositionspolitik im Bundesrat auch bei starken Kompetenzen Grenzen gesetzt sind.

Zum anderen muß aus ihr gefolgert werden, daß eine uneingeschränkte Mehrheit der Oppositionsparteien und die damit verbundenen Auseinandersetzungen zu einer Verhärtung der Positionen der Beteiligten führt, die es dem Bundesrat nicht ermöglicht, erfolgreicher zu sein als bei einer Vielzahl von Koalitionen. Der Kompromißdruck ergibt sich hier nicht wie in den ersten beiden Legislaturperioden aus dem Suchen nach Mehrheiten, sondern aus der mit der Konfrontation verbundenen gegenseitigen Abhängigkeit bei der Durchsetzung politischer Ziele. Dieser Konflikt geht in toto zu Lasten des Bundesrates, auch wenn einige spektakuläre Fälle in der Öffentlichkeit für das Gegenteil zu sprechen scheinen. Die Konfrontation führt zu Verhärtungen auf beiden Seiten. Da der Bundesrat sein Handeln immer mehr auf Mitgestalten ausgerichtet hat, war er häufiger gezwungen, bei fehlender Kompromißbereitschaft nachzugeben, um ein Scheitern der Vorlage zu verhindern. Daß der Bundesrat öfter nachgeben mußte, hat seine Logik aber auch darin, daß er von der Kompetenzlage her auf Maßnahmen und Beschlüsse reagiert, während Bundesregierung und Bundestag erst einmal agieren müssen. Zu erwartende Widerstände, die unüberwindbar erscheinen, kann der Initiant noch am ehesten berücksichtigen und sich insoweit einen taktischen Vorteil sichern.

Bei den Zustimmungsverweigerungen und Einsprüchen lassen sich Besonderheiten im Erfolg bzw. Mißerfolg, die auf die jeweiligen parteipolitischen Konstellationen zurückzuführen wären und aus dem Rahmen des bisher zu den Anrufungen des Vermittlungsausschusses Gesagten herausfielen, nicht feststellen. Die Erfolglosigkeit dieser Gestaltungsmittel ist während der unterschiedlichen Perioden annähernd gleich geblieben.

III. Zusammenfassung

Die Mehrheits- und Stimmenverhältnisse im Bundesrat lassen sich, verglichen mit den Mehrheitsverhältnissen im Bundestag, hinsichtlich der Mehrheitsstruktur in drei Perioden aufteilen. Von 1960 bis 1969 entsprach parteipolitisch der jeweiligen Mehrheit im Bundestag auch im Bundesrat eine eindeutige, uneingeschränkte Mehrheit. Von 1972 bis 1980 traf dies für die Parteien der Bundestagsopposition zu. Während der übrigen Zeit hatten entweder die Regierungskoalitionen auf Bundesebene oder die Bundesoppositionsparteien eine Mehrheit, die durch Landesregierungskoalitionen eingeschränkt waren. Die Stimmen solcher Koalitionsregierungen waren häufig ausschlaggebend bei Beschlüssen des Bundesrates. Die Konstituanten dieser drei Perioden haben unterschiedlichen Einfluß auf die Tätigkeit des Bundesrates gehabt.

Unabhängig von der Parteienkonstellation ist die Praxis des Bundesrates, vorwiegend mitzugestaltend, weniger verhindernd auf Gesetzesbeschlüsse einzuwirken. Entsprechendes gilt für die Tatsache, daß der Normzweck der Normen, die die Zustimmungsbedürftigkeit auslösen, keinerlei Bedeutung für die Arbeit des Bundesrates hat.

Parallele Mehrheiten in Bundestag und Bundesrat bewirken einen Rückgang der Aktivitäten des Bundesrates und damit zeitlich einhergehend einen größeren Erfolg in der Durchsetzung seiner an sich reduzierten Einflußnahmen. Beschlüsse werden zwar nicht ausschließlich, aber vorwiegend einfach begründet, d. h. Gesetze werden lediglich in einzelnen Punkten angegriffen.

Bei uneingeschränkt divergierenden Mehrheitsverhältnissen überwiegen dagegen die mehrfachen Begründungen. Gesetzesbeschlüsse werden mit einer Fülle sehr unterschiedlicher Begründungen angegriffen. Weiterhin erhöhen sich in dieser Zeit die Aktivitäten des Bundesrates und gewinnen die allgemeinpolitischen Gründe eine noch größere Bedeutung als sie schon zuvor hatten. Daraus läßt sich insgesamt ableiten, daß der Bundesrat bei divergierenden Mehrheiten eine Oppositionsrolle gegenüber der Bundestagsmehrheit spielt. Dies muß nicht bedeuten, daß sie von der Bundestagsopposition gesteuert wird. Einer solchen Oppositionsrolle ist jedoch weniger Erfolg beschieden, als die öffentlichen Kontroversen um einige „hochpolitische" Gesetze glauben machen. In der Periode uneingeschränkter Mehrheiten der Bundestagsoppositionsparteien ist zwar die Quote des Kompromisses auch hoch, jedoch fällt auf, daß die Quote des Mißerfolges ebenfalls sehr hoch ist. Der Bundesrat unterliegt trotz seiner formal starken Kompetenzen einem großen Druck, bei Interessengegensätzen nachzugeben. Dies ist eine Konsequenz seiner ständigen Praxis, mitgestaltend tätig zu werden.

Die hohe Mißerfolgsquote zeigt, daß einer bewußt betriebenen Oppositionspolitik Grenzen gesetzt sind, sofern nicht der Bundesrat von einem Mitgestalten zu einem Ratifizieren und damit eben auch zu einem denkbaren Nichtratifizieren übergeht.

Bei eingeschränkten Mehrheiten neigt der Bundesrat zu vielen Aktivitäten. Je mehr Landeskoalitionen unterschiedlicher politischer Couleur bestehen, um so größer ist die Wahrscheinlichkeit, daß der Bundesrat am erfolgreichsten seine Vorstellungen durchsetzen kann, besonders aktiv seine Rechte wahrnimmt, ohne dabei parteipolitisch einseitig ausgerichtet zu sein.

Eine Fülle von parteipolitisch unterschiedlich zusammengesetzten Landesregierungen verhindern, daß der Bundesrat über die Parteien zum Opponenten oder zum Unterstützer der von Bundestag und Bundesregierung betriebenen Politik wird.

Bei unterschiedlichen Landesregierungskoalitionen findet eine denkbare parteipolitische Auseinandersetzung schon auf Länderebene statt, kann dort aber nicht allein unter bundesparteipolitischen Gesichtspunkten entschieden werden. Dadurch wird die Kompromißbereitschaft der politischen Parteien untereinander auf Bundesratsebene gestärkt. Dadurch steigen seine Erfolgschancen.

Beim Einsatz der Gestaltungsmittel Zustimmungsverweigerung und Einspruch in die insgesamt festzustellende Erfolglosigkeit des Bundesrates offensichtlich von den jeweiligen parteipolitischen Zusammensetzungen der Verfassungsorgane nicht abhängig.

Kapitel 5

Thesenförmige Zusammenfassung

1. Der Bundesrat ist ein politisches Organ des Bundes und nimmt an dessen Gesetzgebung und Verwaltung teil. Dabei sind die in ihm vertretenen Länder nicht auf die Geltendmachung von Länderinteressen beschränkt, sondern können auch politische sowie parteipolitische Einwände erheben. Die vom Bundesrat erhobenen Einwände müssen sich dabei unmittelbar auf die vom Bundestag beschlossene Gesetzesvorlage beziehen.

2. Sein Mitwirkungsrecht aus Art. 50 hat der Bundesrat vor allem zum Mitgestalten genutzt, weniger zum Verhindern von Beschlüssen der Bundesregierung oder des Bundestages. Da ihm dabei großer Erfolg beschieden war, liegt in dieser Mitgestaltungsfunktion die eigentliche Bedeutung und das Gewicht der Arbeit des Bundesrates, nicht dagegen im „Blockieren" von Gesetzesbeschlüssen oder Rechtsverordnungen.

3. Für den Bundesrat sind bei seinen Beschlüssen vor allem allgemeinpolitische und rechtliche Gründe sowie finanzpolitische Gründe maßgeblich. Dadurch wird der Bundesrat in einem hohen Maß zu einem politischen und rechtlichen Kontrollinstrument auf Bundesebene und erfüllt wirksame Aufgaben, die sich aus dem Prinzip der vertikalen Gewaltenteilung ergeben. Die Rechtskontrolle wird dabei am kompromißlosesten ausgeübt.

4. Die hohe Zahl rechtlicher Begründungen kann als Indikator für die große Bedeutung und den Einfluß dienen, der den Landesbürokratien auf die Arbeit des politischen und mit Politikern besetzten Verfassungsorgans zukommt. Die ausgeübte Kontrolle wird nicht nur von Landespolitikern, sondern auch von den Landesadministrationen wahrgenommen. Damit wird auch sichtbar, daß die Erwartung, über den Bundesrat werde Sachverstand und Erfahrung aus den Ländern in den Willensbildungsprozeß des Bundes eingebracht, sich insoweit erfüllt hat.

5. Allein finanzpolitische Gründe haben einen unmittelbaren Länderbezug. Daneben tritt die Geltendmachung sonstiger Länderbelange in den Hintergrund.

6. Das Begründungsverhalten des Bundesrates bei Zustimmungs-, Einspruchs- und verfassungsändernden Gesetzen sowie bei Rechtsverordnungen ist im wesentlichen gleich.

7. Die Ratio der Normen des Grundgesetzes, die die Zustimmungsbedürftigkeit von Gesetzen auslösen, hat für die Beschlußfassung des Bundesrates keine Bedeutung. Insofern findet eine Sinnentleerung dieser Vorschriften statt.

8. Gründe, die für ein Vermittlungsbegehren ausschlaggebend sind, sind nicht automatisch dieselben wie bei einer Zustimmungsverweigerung, wohl aber bei einem Einspruch. Der Bundesrat gewichtet demnach seine Begründungen danach, ob seine Beschlußfassung zum Scheitern der Vorlage führen kann.

9. Die Einflußnahme des Bundesrates ist insgesamt erfolgreich. Dabei ist der Bundesrat am erfolgreichsten, wenn er bei starker Kompetenz durch die Wahl seines Mitwirkungsrechtes Kompromißbereitschaft andeutet. Ein Vermittlungsbegehren ist im Durchschnitt erfolgreicher als eine Zustimmungsverweigerung. Im übrigen bestimmt sich der Erfolg grundsätzlich nach der Stärke der Kompetenz.

10. Während das Begründungsverhalten bei den untersuchten Normarten im wesentlichen gleich ist, zeigen sich deutliche Unterschiede im Auswahlverhalten. Dieses richtet sich nach dem Kompetenzumfang.

11. Bei Rechtsverordnungen nimmt der Bundesrat seinen Einfluß vor allem mittels Maßgabezustimmungen wahr. Dieses Verfahren ist höchst effektiv, aber wenig transparent.

12. Verfassungsänderungen weichen in den Ergebnissen am stärksten von den anderen Normarten ab. Dies liegt an der besonderen Bedeutung einer Änderung des Grundgesetzes und der besonderen Betroffenheit der Länder durch die streitigen Fälle der verfassungsändernden Gesetze.

13. Der Vermittlungsausschuß wird seinem Auftrag, einen Interessenausgleich mittels Kompromiß zwischen den Verfassungsorganen vorzunehmen, in hohem Maße gerecht. Seine Entscheidungen sind im wesentlichen endgültig und politisch verbindlich.

14. Die Wahrnehmung der Kompetenzen durch den Bundesrat unterlag einem zeitlichen Rhythmus. Nach einer Phase starker Kompetenzinanspruchnahme folgte eine Periode der Abschwächung, die von einer sprunghaften Zunahme der Aktivitäten abgelöst wurde.

15. Die Absicht des Bundesrates, in erster Linie mitzugestalten, war von Anfang an vorhanden und nahm ständig zu.

16. Ab der 7. Legislaturperiode zeigt der Bundesrat eine hohe politische Konfliktbereitschaft. Dadurch tritt die Rechtskontrolle in ihrer Bedeutung zurück.

17. Der Erfolg des Bundesrates nimmt dabei jedoch ab. Dies folgt aus einer mit der erhöhten Konfliktbereitschaft einhergehenden Verhärtung der Positionen der Beteiligten.

18. Der Bundesrat unterliegt dabei einem erhöhten Begründungsdruck.

19. Die Verhärtung der Positionen bewirkt auch einen teilweise festzustellenden Funktionsverlust des Vermittlungsausschusses.

20. Die Mehrheitsstrukturen im Bundesrat beeinflussen seine Arbeit. Der vorherrschende Wille, vor allem mitzugestalten, ist dabei allerdings nicht von der parteipolitischen Zusammensetzung des Bundesrates abhängig.

21. Parallele Mehrheitsverhältnisse in Bundestag und Bundesrat vermindern die Aktivitäten des Bundesrates. Ein Interessenausgleich kann auf anderen Ebenen erfolgen.

22. Divergierende Mehrheiten bewirken, daß der Bundesrat zu einer Oppositionsrolle übergeht, mit der er allerdings weniger Erfolg hat.

23. Einer bewußt betriebenen Oppositionsrolle sind daher Grenzen gesetzt. Auch läßt sich eine politisch eventuell gewollte Umorientierung der Arbeit des Bundesrates in diesem Sinn nicht kurzfristig realisieren.

24. Unterschiedlich zusammengesetzte Länderkoalitionen, durch die eine eingeschränkt parallele Mehrheit in Bundestag und Bundesrat entsteht, bewirken ein besonders hohes Maß an Aktivitäten des Bundesrates und einen hohen Erfolg seiner Einflußnahme.

25. Unterschiedlich zusammengesetzte Länderkoalitionen bei eingeschränkten Mehrheiten sind ein Garant dafür, daß der Bundesrat weder zum Opponenten noch zum Unterstützer der im Bund betriebenen Politik gleichgeschaltet wird.

Literaturverzeichnis

Achterberg, N.: Systemverschiebung statt Mitverantwortung, in DÖV 75, 158

Anschütz, G.: Die Verfassung des Deutschen Reiches, Heidelberg 1933, 14. Auflage

Bandorf, W. R.: Der Bundesrat als Instrument der Parteipolitik, Diss. jur. Mannheim 1978

— Das Stimmverhalten des Bundesrates als Gegenstand von Koalitionsvereinbarungen, in ZRP 77, 81

Bayer, H. W.: Die Bundestreue, Diss. jur. Tübingen, 1961

Bericht der Enquete-Kommission Verfassungsreform: Fragen der Verfassungsreform, Zwischenbericht der Enquete-Kommission des Deutschen Bundestages, Zur Sache 1/73, Beratungen und Empfehlungen zur Verfassungsreform (I), Zur Sache 3/76

Bermbach, U.: Stationen der Regierungsbildung 1969, in ZParl 70, 1

— Stationen der Regierungs- und Oppositionsbildung 1976, in ZParl 77, 159

Bettermann, K. A.: Legislative ohne Posttarifhoheit, Beiträge zu Art. 80 GG, in Beiträge zum Rundfunkrecht, Band 10, 1967

v. Beyme, K.: Die Funktionen des Bundesrates, in: Der Bundesrat als Verfassungsorgan und politische Kraft, Beiträge zum fünfundzwanzigjährigen Bestehen des Bundesrates der Bundesrepublik Deutschland, Bad Honnef / Darmstadt 1974, S. 365

Bonner Kommentar: Kommentar zum Bonner Grundgesetz, Loseblattsammlung, Stand: April 1981, 7 Bände, Hamburg

Bos, W.: Der Bundesrat als Träger der auswärtigen Gewalt, Tübingen 1977

Bullinger, M.: Ungeschriebene Kompetenzen im Bundesstaat, in AöR 96, 237

— Die Zuständigkeit der Länder zur Gesetzgebung, in DÖV 70, 761

Denninger, E.: Staatsrecht 2, Einführung in die Grundprobleme des Verfassungsrechts der Bundesrepublik Deutschland, Hamburg 1979, 1. Auflage

v. Ditfurth, H.: Die Zustimmung des Bundesrates bei der Gesetzgebung nach dem Grundgesetz, Diss. jur. Bonn 1960

Doehring, K.: Staatsrecht, 1. Auflage, 1976 Frankfurt am Main

Engisch, K.: Einführung in das juristische Denken, Stuttgart-Berlin-Köln-Mainz 1971, 5. Auflage

Eschenburg, Th.: Bundesrat-Reichsrat-Bundesrat, in: Der Bundesrat als Verfassungsorgan und politische Kraft, Beiträge zum fünfundzwanzigjährigen Bestehen des Bundesrates der Bundesrepublik Deutschland, Bad Honnef / Darmstadt 1974, S. 35

Fabritius, G.: Der Bundesrat, Transmissionsriemen für die Unitarisierung der Bundesrepublik, in ZParl 76, 448

Feuchte, P.: Die bundesstaatliche Zusammenarbeit in der Verfassungswirklichkeit der Bundesrepublik Deutschland, in AöR 98, 473

Fiedler, J.: Zur Aufspaltung von Gesetzesentwürfen, in ZRP 77, 9

Franssen, E.: Zustimmungsbedürftigkeit von Gesetzen nach Maßgabe der Mitverantwortungstheorie in JZ 74, 314

Friesenhahn, E.: Die Rechtsentwicklung hinsichtlich der Zustimmungsbedürftigkeit von Gesetzen und Verordnungen des Bundes, in: Der Bundesrat als Verfassungsorgan und politische Kraft, Beiträge zum fünfundzwanzigjährigen Bestehen des Bundesrates der Bundesrepublik Deutschland, Bad Honnef / Darmstadt 1974, S. 251

Fröchling, H.: Der Bundesrat in der Koordinierungspraxis von Bund und Ländern, Freiburg 1972

Fromme, F. K.: Gesetzgebung im Widerstreit, Wer beherrscht den Bundesrat? Stuttgart 1976

— Die beiden „Kammern" im Widerstreit, in ZRP 76, 201

— Ist der Bundesrat nur eine „Ländervertretung"? in FAZ v. 16. 8. 1974

Frowein, J.: Bemerkungen zu den Beziehungen des Bundesrates zu Bundestag, Bundesregierung und Bundespräsident, in: Der Bundesrat als Verfassungsorgan und politische Kraft, Beiträge zum fünfundzwanzigjährigen Bestehen des Bundesrates der Bundesrepublik Deutschland, Bad Honnef / Darmstadt 1974, S. 115

Gräber, F.: Zur Frage der Zustimmungsgesetze, in DÖV 59, 893

Haas, D.: Bundesgesetze über Organisation und Verfahren der Landesbehörden, in AöR 80, 81

Halblitzel, H.: Das politische Mandat des Bundesrates in BayVBl. 79, 1

Hamann, A. / *Lenz*, H.: Das Grundgesetz für die Bundesrepublik Deutschland vom 23. Mai 1949, Neuwied / Berlin 1970, 3. Auflage

Hase, W. R.: Die Mitverantwortungstheorie als Verfassungsdurchbrechung, in DÖV 73, 838

v. Hausen, H.: Nochmals: Die Zuständigkeit des Bundesgesetzgebers aus Art. 84 und 85 GG, in DÖV 60, 1

von der Heide, W.: Der Vermittlungsausschuß, Praxis und Bewährung, in DÖV 53, 129

Held, K.: Der autonome Verwaltungsstil der Länder und das Bundesratsveto nach Art. 84 I des GG, in AöR 80, 50

Herzog, R.: Der Einfluß des Bundesrates auf die Gesetzgebung und Verwaltung des Bundes seit 1949, in: Der Bundesrat als Verfassungsorgan und politische Kraft, Beiträge zum fünfundzwanzigjährigen Bestehen des Bundesrates der Bundesrepublik Deutschland, Bad Honnef / Darmstadt 1974, S. 237

— Der Bundesrat als politisches Führungsorgan, in BayVBl. 66, 181

— Konsequenzen aus den unterschiedlichen Mehrheiten in Bundestag und Bundesrat für die Interessenwahrnehmung der Länder, in ZParl 76, 298

Hesse, K.: Grundzüge des Verfassungsrechts der Bundesrepublik Deutschland, Heidelberg, Karlsruhe 1980, 12. Auflage

— Bundesstaatsreform und Grenzen der Verfassungsänderung, in AöR 98, 1

— Die Regelung von Rundfunkleistungen der Bundespost durch Rechtsverordnung, Beiträge zum Rundfunkrecht, Band 8, 1966

Hesselberger, D.: Die Stellung des Bundesrates und das demokratische Parteiensystem in der Bundesrepublik Deutschland, gemeinsam mit Leibholz in: Der Bundesrat als Verfassungsorgan und politische Kraft, Beiträge zum fünfundzwanzigjährigen Bestehen des Bundesrates der Bundesrepublik Deutschland, Bad Honnef / Darmstadt 1974, S. 99

Jahn, G.: Tendenzen zum „Parteienbundesstaat" seit 1969, in ZParl 76, 291

Janson, B.: Die Aufspaltung von Bundesgesetzen in einen zustimmungsfreien und einen zustimmungsbedürftigen Teil, in DVBl. 78, 318

Kewenig, W.: Bundesrat und föderatives System im Lichte der Arbeit der Enquete-Kommission Verfassungsreform, in: Der Bundesrat als Verfassungsorgan und politische Kraft, Beiträge zum fünfundzwanzigjährigen Bestehen des Bundesrates der Bundesrepublik Deutschland, Bad Honnef / Darmstadt 1974, S. 483

Kipke, R.: Der Bundesrat als Gesetzgebungsorgan, in Recht und Politik 1978, 133

Kisker, G.: Kooperation im Bundesstaat, Tübingen 1971

Klein, H. H.: Parteipolitik im Bundesrat, in DÖV 71, 325

Knies, W.: Der Bundesrat, Zusammensetzung und Aufgaben, in DÖV 77, 575

Konow, G.: Zustimmungsbedürftigkeit von Änderungsgesetzen, in ZRP 73, 158

— Zur Funktionsfähigkeit der bundesstaatlichen Verfassungsordnung, in DÖV 70, 22

Köttgen, A.: Das Verwaltungsverfahren als Gegenstand der Bundesgesetzgebung, in DÖV 52, 422

Kratzer, J.: Zustimmungsgesetze, in AöR 11, 166

Krause, J.: Außenpolitische Opposition im und über den Bundesrat, in ZParl 80, 423

Küchenhoff, G. / *Küchenhoff*, E.: Allgemeine Staatslehre, Stuttgart, Berlin, Köln, Mainz 1977, 8. Auflage

Kunze, R.: Kooperativer Föderalismus in der Bundesrepublik, Diss. jur. Hamburg 1968

Kutscher, H.: Verfassungsrechtliche Fragen aus der Praxis des Bundesrates, in DÖV 52, 710

Larenz, K.: Methodenlehre der Rechtswissenschaft, Berlin, Heidelberg, New York, 1975, 3. Auflage

Laufer, H.: Der Bundesrat als Instrument der Opposition?, in ZParl 70, 318

— Das föderative System der Bundesrepublik Deutschland, München 1974, 2. Auflage

— Reform des Bundesrates? in: Der Bundesrat als Verfassungsorgan und politische Kraft, Beiträge zum fünfundzwanzigsten Bestehen des Bundesrates der Bundesrepublik Deutschland, Bad Honnef / Darmstadt 1974, S. 99

Laufer, H. / *Wirth*, J.: Die Landesvertretungen in der Bundesrepublik Deutschland, München 1974

Lechner, H.: Zur Entwicklung der Rechtsstellung des Bundesrates, in DÖV 52, 417

Leibholz, G.: Die Stellung des Bundesrates und das demokratische Parteiensystem in der Bundesrepublik Deutschland, gemeinsam mit D. Hesselberger, Erscheinungsort siehe dort

Leibholz, G. / *Rinck*, J.: Grundgesetz für die Bundesrepublik Deutschland, Kommentar anhand der Rechtsprechung des Bundesverfassungsgerichts, Köln 1976, 6. Auflage

Leibholz, G. / *Rupprecht*, R.: Bundesverfassungsgerichtsgesetz, Kommentar, Köln 1968, Nachtrag 1971

Lenz, H.: Die Landtage als staatsnotarielle Ratifikationsämter? in DÖV 77, 162

Lepa, M.: Probleme der Zustimmungsbedürftigkeit von Bundesgesetzen, in DVBl. 74, 399

v. Lucius, R.: Gesetzgebung durch Parlamentsausschüsse, in AöR 97, 568

v. Mangoldt, H. / *Klein*, F.: Das Bonner Grundgesetz, Band I, II, III, München 1957, 2. Auflage

Maunz, Th.: Deutsches Staatsrecht, München 1980, 23. Auflage

Maunz, Th. / *Dürig*, G. / *Herzog*, R. / *Scholz*, G.: Grundgesetz, Kommentar, 3 Bände, Loseblattsammlung, Stand: September 1980, München

Maunz, Th. / *Schmidt-Bleibtreu*, B. / *Klein*, F. / *Ulsamer*, G.: Bundesverfassungsgerichtsgesetz, Kommentar, Loseblattsammlung, Stand: September 1979, 1. Auflage, München

Meister, H.: Die Zustimmungsbedürftigkeit von Bundesgesetzen auf dem Gebiet der Gerichtsverfassung und des gerichtlichen Verfahrens, in DVBl. 76, 825

Meyer, H.: Das parlamentarische Regierungssystem des Grundgesetzes, in VVDStRL 33, 69

v. Münch, I. (Hrsg.): Grundgesetz-Kommentar, 1. Auflage, München, Band 1 1974, Band 2 1976, Band 3 1978

Neunreither, K. H.: Der Bundesrat zwischen Politik und Verwaltung, Heidelberg 1959

Niemann, H.: Die bundesstaatliche Bedeutung des Bundesrates unter besonderer Berücksichtigung der Funktion des Vermittlungsausschusses, Diss. jur. Göttingen 1978

Ossenbühl, F.: Zustimmung und Verantwortung des Bundesrates beim Erlaß von Bundesgesetzen, in Festschrift für Hermann Jahrreiß, 1974, S. 161

— Die Zustimmung des Bundesrates beim Erlaß von Bundesrecht, in AöR 99, 369

Pestalozza, Chr.: Das Vetorecht des Bundesrates, in JuS 75, 366

Pinney, E.: The role of the Bundesrat, Federalism, Bureaucracy and Party Politics in Western Germany, Chapel Hill 1962

Pollmann, H.: Repräsentation und Organschaft, Berlin 1969, Schriften zum Öffentlichen Recht, Band 89

Probst, H.: Ist ein Änderungsgesetz zu einem zustimmungsbedürftigen Gesetz seinerseits zustimmungsbedürftig? in Staats- und Kommunalverwaltung 76, 173

Püttner, G. / *Kretschmer*: Die Staatsorganisation, JuS-Schriftenreihe Heft 62, Band 2, München 1978, 1. Auflage

Rapp, A. / *Rössler*, H.: Der Bundesrat, Stuttgart 1974. Die Zustimmungsgesetzgebung in der Staatspraxis (1949—1967), Diss. jur. Heidelberg 1969

Rohwer-Kahlmann, H.: Verfassungsrechtliche Schranken der Zustimmungsgesetze (Art. 84 Abs. 1 GG), in AöR 79, 208

Rummel, A.: Föderalismus in der Bewährung, Stuttgart 1974

Schäfer, H.: Der Bundesrat, Köln, Berlin 1955

— Anmerkung zur Bundesrats-Entscheidung des Bundesverfassungsgerichts, in DVBl. 75, 101

— Lebendige Verfassung, in Festschrift für Heymanns Verlag, Köln-Bonn-Berlin-München 1965, S. 1

— Der Vermittlungsausschuß, in: Der Bundesrat als Verfassungsorgan und politische Kraft, Beiträge zum fünfundzwanzigjährigen Bestehen des Bundesrates der Bundesrepublik Deutschland, Bad Honnef / Darmstadt 1974, S. 277

Schenke, W. R.: Die Verfassungsorgantreue, Berlin 1977, Schriften zum öffentlichen Recht Band 325

Scheuner, U.: Kooperation und Konflikt, in DÖV 72, 585

Schmidt-Bleibtreu, B. / *Klein*, F.: Kommentar zum Grundgesetz für die Bundesrepublik Deutschland, 2. Auflage, Neuwied — Berlin 1969

Schmitt, R. W.: Der Bundesrat — keine zweite Kammer, in BayVBl. 74, 685

Schneider, H.: Die Gesetzgebung des Bundes, in DV 49, 324

— Kabinettsfrage und Gesetzgebungsnotstand nach dem Bonner Grundgesetz (Tragweite der Generalklausel Art. 19 Abs. 4 des Bonner Grundgesetzes,) Mitbericht, in VVDtRL 8, 43

— Die Zustimmung des Bundesrates zu Gesetzen, in DVBl. 53, 252

— Der Niedergang des Gesetzgebungsverfahrens, in Festschrift für G. Müller, 1970, 432 Tübingen

Schreckenberger, W.: Föderalismus als politischer Handlungsstil, in Verw-Arch. 78, 341

Schüle, A.: Die Informationspflicht der Bundesregierung gegenüber dem Bundesrat, in ZaöRV Heft 29, 441

Schulz, H.: Die föderativen Zustimmungsgesetze, Diss. jur. Kiel 1958

Schunck, E. / *de Clerk*, H.: Allgemeines Staatsrecht und Staatsrecht des Bundes und der Länder, Siegburg 1978, 8. Auflage

Schweitzer, M.: Die Zustimmung des Bundesrates zu Gesetzen, in Der Staat 1976, S. 169

Stein, E.: Staatsrecht, Tübingen 1978, 6. Auflage

Stern, K.: Das Staatsrecht der Bundesrepublik Deutschland, München, Band I 1977, Band II 1980, 1. Auflage

Storbeck, A. C.: Die Regierungen des Bundes und der Länder seit 1945, Zusatzband: bis 1973, München, Wien 1970, 1973

Strickrodt, G.: Das Recht des ersten Votums in der Politik des Bundesrates, in DÖV 50, 525

Vonderbeck, H. J.: Der Bundesrat — ein Teil des Parlaments der Bundesrepublik Deutschland? 1964, Meisenheim am Glan

Weides, P.: Mitwirkung des Bundesrates bei der Änderung eines zustimmungspflichtigen Bundesgesetzes, in JuS 73, 337

Zinn, G. A.: Der Bundesrat — Bemerkungen zum gleichnamigen Buch von Dr. Hans Schäfer, in DÖV 56, 209

Zippelius, R.: Allgemeine Staatslehre, München 1978, 7. Auflage

Quellenverzeichnis

Archiv der Gegenwart: Herausgegeben von Dr. v. Siegeler, Bonn—Wien—Zürich

Bericht über den Verfassungskonvent, Darst. Teil: Wiedergegeben in: Der Parlamentarische Rat 1948—1949, Akten und Protokolle, Band 2, Boppard am Rhein 1981

Entstehungsgeschichte der Artikel des Grundgesetzes: Bearbeitet von K. B. v. Doemming, R. W. Füsslein, W. Matz, in JÖR 1 (NF) 1951

Handbuch des Bundesrates: Herausgegeben vom Bundesrat, 4. Auflage, Stand: November 1980

Sach- und Sprechregister: Sach- und Sprechregister zu den Verhandlungen des Bundesrates, erstellt und herausgegeben vom Sekretariat des Bundesrates

FSC
www.fsc.org
MIX
Papier | Fördert
gute Waldnutzung
FSC® C083411

Kolibri 360 GmbH
Ferdinand-Jühlke-Straße 7
99095 Erfurt, Deutschland
produktsicherheit@kolibri360.de

Druck:
CPI Druckdienstleistungen GmbH
im Auftrag der
Kolibri 360 GmbH
Ferdinand-Jühlke-Str. 7
99095 Erfurt